Scott Kelby et Terry White

Zoom sur l'iPhone 4 iPod touch

Comment faire ce qui est important, utile et amusant avec votre iPhone

Publié par les éditions Pearson France
47 bis, rue des Vinaigriers
75010 PARIS
Tél. : 01 72 74 90 00
www.pearson.fr

Traduit par Paul Durand Degranges
et Olivier Engler

Réalisation p.a.o. : Léa B

ISBN : 978-2-7440-9362-3

Titre original : *The iPhone Book, Fourth Edition*

ISBN: 978-0-321-71477-0

www.peachpit.com
www.kelbytraining.com

Éditon originale publiée par Peachpit Press

Pour Terry White.
Mon ami très cher et l'une des personnes les plus sympathiques que je connaisse.

SCOTT KELBY

Pour ma mère, qui m'a toujours donné le bon conseil avant d'agir, et pour mon père, qui m'a donné l'inspiration et qui m'a motivé pour réussir.

TERRY WHITE

Remerciements de Scott

Ceci est le cinquième livre que j'ai la chance d'écrire avec Terry, et je peux vous dire d'expérience que le seul inconvénient qu'il y a à écrire un livre avec lui est que je n'ai que la moitié de l'espace nécessaire pour remercier tous les gens admirables qui ont contribué par leur aide, leurs encouragements et leur travail à faire ce livre.

Pour Kalebra. Ma femme merveilleuse, étonnante, amusante, superbe et amoureuse. Ton esprit, ta chaleur, ta beauté, ton intelligence, ta patience, ton amour sans faille ne cessent de faire la preuve de ce que tout le monde me dit : je suis un homme comblé.

Pour Jordan & Kira. Vous êtes deux bouts de chou qui apportent des joies incommensurables à mon existence, et je suis très fier d'être votre père. Je ne peux pas désirer plus.

Pour Jeff. Tu es le modèle même du frère. Pas étonnant que tout le monde t'aime tant !

Pour mon coauteur Terry White. Tu es celui qui m'a persuadé d'écrire ce livre. Sans tes nombreuses idées, ton influence et ta plume, jamais ce livre n'aurait vu le jour. Je suis vraiment honoré d'avoir partagé ces pages avec toi et de te compter parmi mes meilleurs amis.

Pour Kathy Siler (mon arme secrète). Sans toi, je serais encore assis dans mon bureau en train de ruminer en regardant le plafond. Merci pour avoir fait tout le « sale boulot » et pour avoir mis de l'ordre, du calme et du sens dans ma vie professionnelle, et tout cela dans la bonne humeur. Tu es la meilleure.

Pour mon éditeur, Kim Doty. J'adore travailler avec toi. Comment peut-il en être autrement quand on travaille avec quelqu'un de si souriant, si positif et si efficace ? Un merci ne suffit pas, mais en voici déjà un néanmoins.

Pour Cindy Snyder, Jessica Maldonado et Dave Damstra (mon équipe de réalisation éditoriale). J'apprécie énormément de travailler avec vous et je ne cesse d'être impressionné et abasourdi par la qualité de vos travaux, sans compter votre célérité.

Pour Felix Nelson, mon excellent directeur créatif. Que dire ? Tu es le meilleur dans la profession. Les idées et les dessins sortent de toi comme d'un distributeur de bonbons. Je suis chanceux de pouvoir ne serait-ce que travailler avec toi. Merci, mon ami, pour tout ce que tu fais pour moi et pour ma société.

Pour Dave Moser. Pouvoir travailler tous les jours avec mon meilleur copain est vraiment une bénédiction et la façon dont tu te soucies toujours de moi porte l'ensemble encore plus haut. :-)

Pour Jean A. Kendra. Merci de t'être soucié de l'autre partie de notre entreprise et d'être un si bon ami depuis tant d'années.

Pour Nancy Aldrich-Ruenzel, Ted Waitt, Sara Jane Todd, Scott Cowlin et tous mes amis chez Peachpit Press. Merci à vous d'avoir rendu quasiment indolore l'effort d'écriture de ce livre et de m'avoir choisi comme l'un de vos auteurs.

Pour John Graden, Jack Lee, Dave Gales, Judy Farmer et Douglas Poole. Votre science et vos encouragements m'ont beaucoup aidé tout au long de ma vie et je vous en suis infiniment redevable.

Remerciements de Terry

Ce n'est pas tous les jours qu'il m'est donné de travailler sur un projet autant ardu qu'agréable. Rédiger un tel livre demande beaucoup de concentration et d'attention aux détails. Il a réclamé bien des nuits blanches loin de ma famille, mais elle ne s'est jamais plainte. Ma femme est formidable et sait que la technologie et les gadgets sont une de mes passions. Elle a donc été très compréhensive quand je lui ai annoncé que j'allais écrire un livre sur l'iPhone avec Scott Kelby. Carla est mon repère et m'aide de tant de manières tous les jours. J'ai aussi deux filles merveilleuses : Ayoola est intelligente et sans cesse désireuse d'aller plus loin. Je suis stupéfait de voir tant de mes propres traits de caractère en elle. Sa petite sœur Sala a hérité de plusieurs de mes autres particularités. Elle me fait rire tous les jours et elle a soif de vivre. Toutes trois m'aident à supporter ces nuits et week-ends à rallonge et ces allers-retours de folie. En fin de compte, c'est pour elles que je fais tout cela. J'ai aussi une grande sœur, Pam, vers laquelle je me tourne dès que j'ai besoin d'un conseil. Qu'il est bon d'avoir une grande sœur, surtout quand c'est la meilleure dont un petit frère puisse rêver.

Je dois aussi remercier mes collègues « gadgetophiles » ! C'est avec eux que je traîne pour trouver l'inspiration, pour jouer et pour découvrir toutes sortes d'appareils. Mon collègue Dave Helmly (on le surnomme « Radar ») est sans doute encore plus passionné que moi. Neuf fois sur dix, quand je l'appelle pour lui parler d'un nouveau gadget, il l'a déjà eu entre les mains et commence à m'en apprendre à son sujet. Mon pote Larry Becker m'appelle sans cesse pour me présenter le dernier gadget qu'il a pu essayer et dont il a entendu parler. Un remerciement particulier à Jack Beckman et Chita Hunter pour leurs astuces de dernière minute, ainsi qu'à Sarah K, qui me tient toujours informée au sujet des musiques et applications que j'aurais ratées.

Merci aussi aux amis de ma boutique Apple Store, Linda, Mike, Carol, Amir, Shaun, Greg et Dave, qui me font toujours un accueil de star quand je passe les voir. Et il me faut bien sûr remercier tous mes amis de mon groupe d'utilisateurs Macintosh, le MacGroup-Detroit, notamment Mary, Jœ, Calvin, Jack, Chita, Phyllis, Yvonne, Bill, Shirley & Shirley, Brian & Char, Loretta, Mia, Michele, Leonard, Mike, Aquil et Harold. Remerciements spéciaux enfin à Erik Bernskiold et Andrei Burtica, qui m'ont aidé à réaliser les captures d'écrans.

Bien que je prenne grand plaisir à écrire, ce n'est pas pour moi un travail à temps complet. J'ai le meilleur boulot du monde dans la meilleure entreprise de la planète. Il me faut en remercier surtout ma supérieure, Jennifer Burrham, qui comprend mon addiction aux gadgets et me donne aussi la liberté et le temps requis pour m'adonner à mes autres passions pour la technologie. Je travaille avec certaines des personnes les plus remarquables du secteur et je tiens à remercier tout le monde chez Adobe Systems, Inc. qui non seulement produisent les meilleurs outils logiciels imaginables, mais me poussent à les faire progresser et à me motiver pour atteindre des buts sans cesse plus élevés.

Je dois bien sûr remercier celui qui a constitué sans nul doute la principale source d'idée, je veux parler d'un de mes meilleurs amis, le coauteur de ce livre, Scott Kelby. Je ne cesse d'être ébloui par ce que ce type est capable de faire en l'espace d'une année. Il n'y a pas moyen de l'arrêter. Il mène une très belle carrière tout en jouant très bien son rôle de père avec ses deux superbes filles et son rôle d'époux avec sa merveilleuse femme, Kalebra. Sans Scott, il est probable que je n'aurais pas écrit tout cela. Scott, tu es une source d'inspiration pour nous tous ! Merci, collègue !

À propos des auteurs

Scott Kelby

Scott Kelby est le directeur et l'éditeur du magazine *Photoshop User* ainsi que coprésentateur de *D-Town TV*, l'émission hebdomadaire pour les utilisateurs d'appareils photo reflex numériques. Il est président de l'association américaine des utilisateurs d'Adobe Photoshop NAPP (National Association of Photoshop Professionals) et de la société d'édition, de publication et de formation Kelby Media Group.

Scott est photographe, créateur et l'auteur maintes fois récompensé de plus de cinquante ouvrages sur la technologie et la photo numérique, dont *Zoom sur la photo numérique Volumes 1, 2 et 3*, *Photoshop CS5 pour les photographes du numérique*, *Photoshop CS4, astuces et secrets inédits*, *Adobe Photoshop Lightroom 3 pour les photographes du numérique*, *Ma méthode en 7 points avec Photoshop*, *iPod et iTunes*, et *iPhone 3Gs*. Ses livres ont été traduits dans des dizaines de langues, dont, entre autres, le chinois, le russe, le français, l'allemand, l'espagnol, le coréen, le grec, le turc, le japonais, le hollandais et le taïwanais.

Au cours des six dernières années, Scott a été l'auteur qui a vendu le plus de livres sur la technologie informatique dans le monde, et ceci toutes catégories confondues. L'ouvrage *Zoom sur la photo numérique Volume 1* reste la meilleure vente d'ouvrages sur la photo numérique de l'histoire.

Il est directeur de la formation de l'Adobe Photoshop Seminar Tour et responsable technique de la Photoshop World Conference & Expo. Il est appelé à intervenir lors des salons et des conventions dans le monde entier. Pour plus d'informations sur Scott, visitez son blog, réactualisé quotidiennement, à l'adresse **www.scottkelby.com**.

Terry White

Terry est l'auteur du livre *Secrets of Adobe Bridge* chez Adobe Press et coauteur d'*InDesign CS/CS2 Killer Tips* chez New Riders.

Terry est évangéliste mondial de Creative Suite Design pour la société Adobe Systems, Inc. Il travaille avec Adobe depuis plus de dix ans et est en charge de la présentation des produits Creative Suite d'Adobe aux utilisateurs de par le monde. Terry est Adobe Certified Expert et Creative Suite Master.

Il travaille dans ce secteur depuis plus de vingt ans. Il est fondateur et président du plus grand groupe d'utilisateurs Mac du Michigan, le MacGroup-Detroit. Il écrit des articles pour les magazines *Layers*.

Terry héberge le podcast réputé *Adobe Creative Suite Video Podcast* et anime le blog de renommée mondiale Best App Site (**http://www.bestappsiste.com**) *Terry White's Tech Blog* (**http://terrywhite.com/techblog**). Il intervient en tant que conférencier dans les plus grands salons spécialisés tout autour du monde.

Table des matières

Orange F
19:43
iMovie.
GAME CENTER
Nos apps préférées
NOUVEAUX
JEUX
Real Golf™ 2011
Virtual City

Orange F
18:46
21

00:40
100%
Réglages
Mode Avion
Wi-Fi
Livebox-7B78
Notifications
oui
Sons
Luminosité
Fond d'écran
Général
Mail, Contacts, Calendrier

Orange F
07:49
Notes (9)
Liste des courses
hier
Sport
hier
15 sept.
13 sept.
27 mars
Adresse carte Orange
21 mars
Orange Everywhere
14 févr.
19 janv.
Flying Blue / Executive Club
5 janv.

Orange F
23:04
Nouveautés
Classements
Genres
YANNICK
NOAH
SEAL
SINGLE DE LA SEMAINE
Nouveautés
Raphael
Pacific 231 (Édition deluxe)
30 notes
Katerine
Philippe Katerine
Musique

Orange F
11:47
100%
Contacts (tous)
Infos
Modifier
Kelby Media Group
mobile 06 02 03 03 06
sonnerie Flipper
domicile 333 Douglas Road East
Oldsmar FL 34677
United States
Message
FaceTime
Contacts

Orange F
22:06
Notes
Liste des courses
OK
Il y a 8 jours
22 sept. 22:33
Liste des courses
Pain
Jambon
Cereeles
Céréales
A Z E R T Y U I O P
Q S D F G H J K L M
W X C V B N
.?123
espace
retour

Orange F
11:44
100%
Appels
Infos
Appels reçus
13 septembre 2010
11:00 manqué
Appeler
FaceTime
Message
Créer un nouveau contact
Ajouter à un contact
Appels

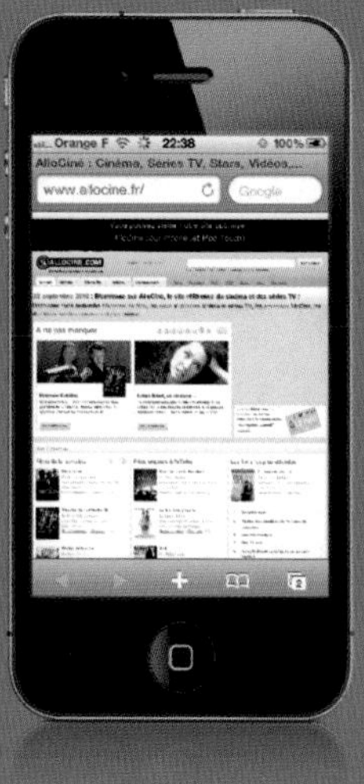
Orange F 22:38 100 %
www.allocine.fr/

Orange F 22:57 100%
Modifier
Horloges
New York
16:57
Aujourd'hui
Londres
21:57
Aujourd'hui
Paris
22:57
Aujourd'hui
Nouméa
07:57
Demain

Europe1 - Bienvenue...
Europe 1
Europe1 - Bienvenue au club
GRATUIT

Favoris
Michael Jackson Dance CONTEST!
How to moon walk like Michael Jackson
Baby MoonWalk
Evian Roller Babies international version

Orange F
18:29
Who Knew

Orange F
22:58
21
22
0 heures
23 mn
1
24
25
Sonnerie
Marimba
Démarrer

Off
20 Arcachon
Bordeaux
Recherche
Itinéraire

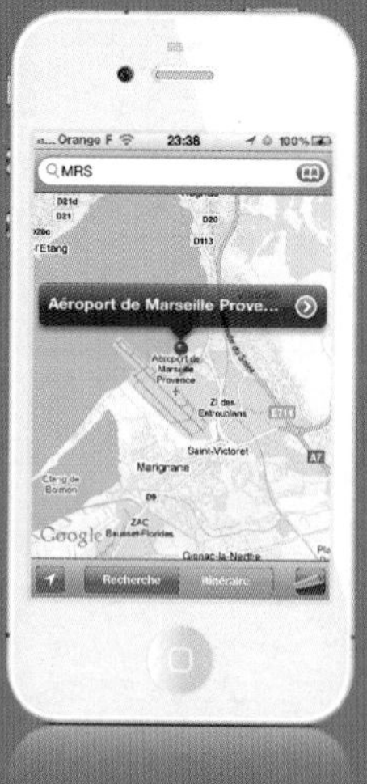
Orange F
23:38
MRS
Aéroport de Marseille Prove...
Marignane
Recherche

Fin

Orange F
23:46
100 %
DIGITAL COPY
SPECIAL EDITION
BODY OF LIES

00:40
100 %
Réglages
Mode Avion
Wi-Fi
Livebox-7B78
Notifications
oui
Sons
Luminosité
Fond d'écran
Général
Mail, Contacts, Calendrier

Sept choses que vous aimerez avoir su...

1. **Le premier chapitre est destiné aux nouveaux possesseurs d'un iPhone (vous venez de le déballer).** Si vous utilisez votre iPhone depuis quelques mois et savez déjà l'allumer, faire un zoom, naviguer, le mettre en veille, etc., passez au Chapitre 2. Nous n'en serons pas outrés (vous pouvez néanmoins parcourir ce Chapitre 1 au cas où).
2. **Vous n'êtes pas forcé de tout lire d'un trait.** En dehors du premier chapitre, nous avons structuré le livre pour permettre un accès aléatoire aux articles. Inutile de commencer à la page 1 et d'aller dans l'ordre jusqu'à la fin. Si un sujet vous intéresse, cherchez dans la table des matières et rendez-vous à la page correspondante. Chaque page aborde un seul sujet précis. Un concept. Une idée. Par exemple, si vous voulez savoir comment supprimer un courriel (e-mail), un article l'explique précisément. Il n'y a pas de discussion théorique sur les protocoles de serveurs de messagerie, mais seulement la procédure requise. Un point c'est tout.
3. **Nous avons évité le piège du langage technique.** Terry et moi avons tout écrit comme si nous nous adressions à un ami venant de débarquer à la maison avec son nouvel iPhone, et commençant à poser des questions. Supposez que vous arriviez chez moi et que vous me disiez ceci : « Hé, Scott, comment fait-on pour afficher le reste de cette page web ? » Je ne répondrai pas en m'attaquant à une explication des rouages du mécanisme vibreur de l'iPhone. Je me tournerai vers vous et je dirai : « Fais tourner ton iPhone d'un quart de tour et attends que l'affichage s'adapte. » Bref et direct, voilà tout. C'est ainsi que nous avons procédé tout au long du livre. L'approche n'est pas du style « comment ça marche ? », mais « comment le faire marcher ? ».

... avant de lire ce livre

4. **Il y a une vidéo bonus pour vous.** Terry et moi avons préparé une séquence vidéo spéciale dans laquelle vous trouverez quelques astuces supplémentaires sur l'iPhone. Lorsque vous aurez parcouru ce livre, n'hésitez pas à la visionner. Elle se situe à l'adresse suivante : **www.kelbytraining.com/books/iphone4**. Il vous faut un mot de passe pour accéder à la page. Ce mot de passe est **ringtone** (vous remarquerez que les lecteurs qui ont négligé de parcourir cette introduction ne sauront jamais qu'ils ont droit à un cadeau. De plus, ils vont tous commencer par le Chapitre 1, même ceux qui en sont à leur deuxième ou troisième iPhone).
5. **La page d'ouverture de chaque chapitre.** Cette page a un objectif de relaxation plutôt qu'informatif. Son contenu a peu à voir avec la suite du chapitre. Elle me permet de satisfaire à une tradition personnelle (tous mes livres s'y conforment). Si vous êtes du genre sérieux, vous pouvez ignorer la page d'ouverture afin de ne pas subir l'effet inverse d'une relaxation.
6. **Un chapitre est réservé à des astuces spéciales en tout genre.** Nous avons prévu de nombreuses astuces (appelées iAstuces) en bas de page, mais nous en avions d'autres en réserve (des raccourcis, des suggestions ou des trucs pour rendre l'utilisation de l'iPhone plus amusante). Dans cette édition du livre, nous les avons rassemblées dans un chapitre dédié (le Chapitre 11).
7. **Si l'écran de votre iPhone 4 ne ressemble pas à celui présenté dans cet ouvrage,** c'est que vous n'avez pas chargé le logiciel gratuit iOS 4 d'Apple. Connectez votre iPhone à votre ordinateur, démarrez iTunes et vous obtenez une boîte de dialogue qui vous informe de la présence d'un nouveau logiciel. Téléchargez-le et installez-le. Ensuite, vous êtes prêt à suivre ce livre.

Déverrouiller

1

Ni plus ni moins que l'essentiel

Ce que vous devez savoir d'abord

Au départ, je voulais intituler ce chapitre « Basic Mobile » en référence au film *Basic Training* de 1985 (ou sa version de 1971, ou celle de 2006, sortie seulement en DVD). Mais je me suis alors demandé qui aurait envie de lire ce chapitre. C'est triste, mais plus personne de nos jours ne veut lire un chapitre dont le titre contient le mot « basique ». Tout le monde veut commencer par le grand bain et acquérir des techniques sophistiquées, en se supputant trop avancé pour les techniques de base. J'ai ensuite songé au titre « Basic Instinct ». Ceci dit, je n'ai jamais vu le film (un des acteurs s'appelle Scatman Crothers, non ?), mais j'ai entendu dire qu'il était meilleur que Basic Instinct 2 (dans lequel jouent, je crois, Carrot Top et Ernest Borgnine). Puis j'ai cherché un terme qui donne une idée des principes de base sans l'inconvénient du terme « basique ». Je suis tombé sur « essentiel ». Du fait que ce premier chapitre englobe ce qu'il faut savoir pour commencer la prise en main de votre nouvel iPhone, le terme semblait adéquat, même s'il n'est pas très séduisant, pas assez bling-bling. J'ai poursuivi en cherchant le terme qu'utilisent tous les publicistes américains pour capter l'attention de leur cible privilégiée (les gens qui ont encore du crédit sur leur compte Visa). C'est ainsi que m'est apparu Bare Essentials (une série télé éphémère de 1991 portait ce nom). Assez spécial pour attirer le lecteur, sans être vulgaire.

Allumer, éteindre et mettre en veille l'iPhone

Pour allumer l'iPhone, appuyez et maintenez l'appui sur le bouton Marche/Veille, situé sur le dessus du boîtier de l'iPhone (cerclé en rouge dans l'image). Au bout de quelques instants, vous voyez apparaître le logo Apple et aboutissez à l'écran de déverrouillage. Touchez le bouton flèche et faites glisser vers la droite pour déverrouiller l'iPhone et atteindre l'écran d'accueil, votre point de départ vers toutes les fonctions de l'appareil. Pour éteindre totalement l'iPhone, appuyez et maintenez enfoncé le même bouton Marche/Veille jusqu'à voir s'afficher à l'écran le bouton rouge teindre. Touchez ce bouton du doigt et faites glisser vers la droite. L'écran devient noir puis affiche une petite icône, et votre iPhone est hors tension. Pour économiser la batterie lorsque vous n'utilisez pas l'iPhone, appuyez une fois sur le bouton Marche/Veille pour le mettre en veille ; vous entendez un clic et votre écran devient noir (ne vous inquiétez pas, vous recevrez toujours vos appels et vos messages). Pour le réveiller, appuyez de nouveau sur ce bouton ou sur le bouton Accueil (le « vrai » bouton rond au-dessous de l'écran). De plus, lorsque vous n'utilisez pas votre iPhone pendant environ 45 secondes, la lumière diminue (pour économiser la batterie) puis, 15 secondes plus tard, si vous n'avez toujours rien fait, l'iPhone passe en veille.

iAstuce : abandon de l'arrêt

Si vous arrivez à l'écran d'extinction et changez d'avis, touchez le bouton Annuler pour revenir au dernier écran affiché. Si vous ne réagissez pas, l'extinction est abandonnée au bout de 30 secondes d'attente.

Utiliser l'écran tactile de l'iPhone

L'écran tactile de votre iPhone fonctionne remarquablement bien ; il vous suffit d'acquérir quelques astuces pratiques pour l'utiliser pleinement. Voici les trois astuces fondamentales :

1. N'appuyez pas inutilement fort. Un léger contact du doigt sur l'écran suffit pour démarrer une application, activer un bouton ou sélectionner un élément. L'écran est incroyablement sensible.
2. Vous pouvez effectuer un zoom sur une partie d'une page web, d'un courriel, d'une photo ainsi que d'autres éléments à l'aide de ces techniques : a) double-touchez la zone à zoomer ou b) « pincez et écartez », c'est-à-dire rapprochez le pouce et l'index avant de les poser sur la zone visée et écartez-les d'un geste bref. À mesure que vous déplacez les doigts, le zoom s'effectue. Pour dézoomer, écartez les deux doigts avant de les poser sur la zone visée, touchez la zone et rapprochez les doigts jusqu'à ce qu'ils se rejoignent (comme si vous vouliez pincer l'écran).
3. Pour faire défiler le contenu latéralement ou déplacer un objet (comme un curseur), touchez légèrement l'écran et faites glisser le doigt de gauche à droite (Apple parle de « feuilleter »). Par exemple, pour afficher les pochettes d'album dans l'iPod de l'iPhone, touchez un album avec votre doigt puis faites-le glisser (comme si vous tourniez les pages d'un livre). Pour faire défiler plus vite, faites glisser votre doigt plus rapidement.

Revenir à l'écran d'accueil

L'écran d'accueil est le point de départ de tout. C'est là que se trouvent les appareils photo et c'est là où vous allez en premier pour n'importe quelle action allant de passer un appel à écouter de la musique. Donc, comment se rendre à l'écran d'accueil ? Eh bien, vous trouvez un seul « vrai » bouton (un bouton que vous pouvez toucher) sur la face avant de l'iPhone, et sa fonction principale est de vous conduire à l'écran d'accueil, peu importe ce que vous étiez en train de faire. Appuyez dessus une fois et l'écran d'accueil s'affiche. Bien entendu, si vous appuyez plusieurs fois dessus, d'autres choses se produisent, mais vous verrez cela plus tard. Dans l'immédiat, sachez que vous êtes à un clic de l'écran d'accueil.

Passer des appels téléphoniques

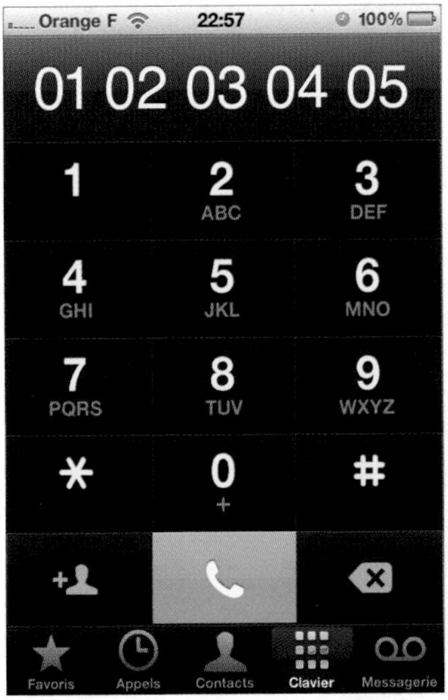

Pour passer un appel, allez à l'écran d'accueil, puis touchez le bouton Téléphone. Pour composer un numéro, touchez le bouton Clavier pour obtenir un clavier de téléphone standard. Composez le numéro souhaité (vous entendez les tonalités en le composant) puis touchez le bouton vert Appel. Pour terminer un appel, touchez le bouton rouge. Si vous effectuez une erreur en composant le numéro, touchez le bouton Effacement (à droite du bouton Appel). Avant d'effectuer l'appel, si vous souhaitez ajouter la personne que vous appelez dans votre carnet d'adresses, touchez sur le bouton à gauche du bouton d'appel. Vous obtenez un menu que vous utilisez pour créer un nouveau contact ou pour ajouter le numéro à un contact existant (consultez le Chapitre 2). Encore une chose : si quelqu'un vous appelle, vous saurez quoi faire, même sans explication (voir en haut à droite).

iAstuce : basculer en mode Silence

Pour basculer votre iPhone en mode Silence sur iPhone, utilisez le bouton en haut de la tranche gauche de l'iPhone. Poussez le bouton vers l'arrière. Une large icône apparaît sur l'écran. Ramenez ce bouton vers l'avant pour restaurer le mode sonnerie.

Utiliser le haut-parleur de l'iPhone

Scott Kelby

Pour profiter de la fonction mains-libres de l'iPhone, touchez le bouton Haut-parleur à l'écran lorsque vous êtes en communication. Le bouton écran prend une teinte bleue pour confirmer que la voix de votre correspondant est audible sur le haut-parleur. Touchez le même bouton pour désactiver le haut-parleur.

iAstuce : votre iPhone n'est rien qu'à vous

Vous ne voulez pas que l'on puisse s'intéresser au contenu de votre iPhone ? Protégez-en l'accès par un mot de passe sur quatre chiffres qui sera nécessaire pour autoriser la sortie du mode Veille. Nous expliquons comment le définir au Chapitre 7.

Envoyer des SMS

Pour envoyer un SMS, rendez-vous sur la page d'accueil, puis touchez Messages. La première fois que vous envoyez un SMS, vous obtenez directement l'écran Nouveau message, où vous pouvez saisir et envoyer votre SMS. Après cela, en touchant Messages, vous obtenez la liste de vos messages. Par conséquent, pour envoyer un SMS à partir de cette liste, touchez le bouton dans le coin supérieur droit de l'écran (une page avec un crayon). Dans le champ À, saisissez le numéro de téléphone (ou un nom se trouvant dans vos contacts, consultez le Chapitre 2 pour plus d'informations). Touchez ensuite une fois dans le champ à droite de l'icône appareil photo, puis saisissez votre texte (pour plus d'informations sur cette icône appareil photo, consultez le Chapitre 3). Lorsque vous avez terminé votre message, touchez sur le bouton bleu Envoyer. Une barre d'état apparaît en haut de l'écran et vous pouvez suivre la progression de l'envoi. C'est le b.a.-ba ; si vous souhaitez plus d'informations, consultez le Chapitre 3.

Utiliser le clavier tactile

Dans toute situation de saisie, votre iPhone fait apparaître un clavier à l'écran dans la moitié basse de l'affichage. Les dessins de touches sont assez petits mais un dessin plus grand apparaît si vous laissez le doigt sur une touche. De par mon expérience, je peux vous dire que l'utilisation de ce clavier compact devient moins malaisée avec de l'entraînement. Au début, vous ferez des fautes de frappe en grand nombre, mais ne vous inquiétez pas. En quelques heures de pratique, vous en ferez de moins en moins. (N.d.T. : dans la plupart des situations de saisie, vous pouvez basculer le clavier en mode paysage pour disposer de touches plus confortables.) Vous disposez aussi d'une fonction d'aide à la saisie qui suggère un mot complet pendant votre saisie. Vous pouvez l'ignorer en continuant à saisir des caractères. Si vous avez fait une faute de frappe, le mécanisme suggère en général l'orthographe correcte (neuf fois sur dix). Habituez-vous à voir s'afficher la suggestion en cours de saisie et à poursuivre la saisie. Vous apprendrez vite à profiter de ces suggestions lorsqu'elles seront opportunes.

iAstuce : corriger les fautes

Pour corriger une coquille non détectée par le correcteur, touchez et maintenez à peu près à l'endroit de l'erreur. La loupe qui apparaît vous permet de mieux voir où se trouve le curseur de saisie. Vous pouvez alors le déplacer avec un doigt et corriger la faute.

Télécharger des chansons/vidéos sur l'iPhone

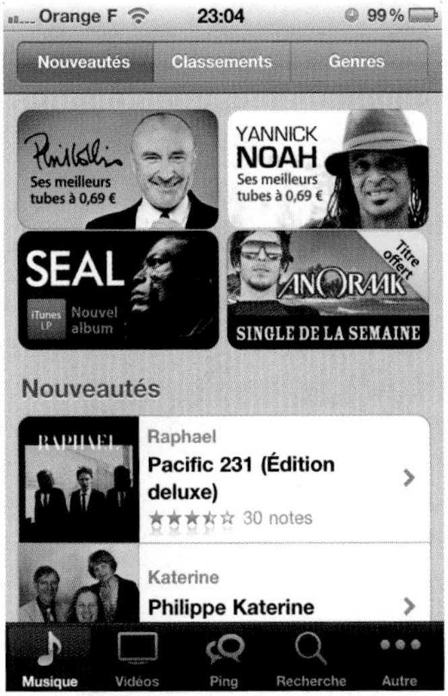

Vous pouvez télécharger sans fil de la musique, des séries TV, des films, des podcasts, des clips vidéo et plus encore en utilisant l'application iTunes. Celle-ci est préinstallée sur l'iPhone et vous la trouverez sur l'écran d'accueil. Tapez une fois sur iTunes pour accéder à iTunes Store. Une fois dans la boutique, il est facile de trouver des musiques et des vidéos à acheter ou à louer et vous les téléchargez directement sur votre iPhone (pour plus d'informations sur iTunes Store, consultez le Chapitre 8 ; dans l'immédiat, je souhaite simplement que vous sachiez qu'il est possible d'acheter de la musique et des vidéos à partir de votre iPhone sans utiliser votre ordinateur).

Orienter l'écran

Parce que l'iPhone est un téléphone, vous le tenez certainement à la verticale, comme vous le faites avec n'importe quel autre téléphone. Toutefois, l'iPhone a été le premier téléphone que l'on pouvait tourner sur le côté et qui orientait automatiquement l'affichage en mode paysage. C'est particulièrement pratique pour regarder des films (en fait, les films sont automatiquement lus en mode paysage, vous tournerez donc obligatoirement l'iPhone sur le côté). Cela permet également d'obtenir un clavier plus large, de voir plus d'informations sur les pages web, les photos sont plus larges et les courriels, plus faciles à lire (vous voyez le tableau). La plupart des applications prennent en charge le mode paysage ; par conséquent, essayez, tournez l'iPhone sur le côté et l'affichage change automatiquement.

Charger votre iPhone

Apple propose deux techniques pour recharger votre iPhone : 1) vous utilisez l'adaptateur secteur fourni (vous reliez le câble USB d'un côté au connecteur Dock situé sur la tranche inférieure de l'iPhone et de l'autre à l'adaptateur qui se branche dans une prise électrique) ou 2) vous connectez l'iPhone à un ordinateur *via* le câble USB (vous utilisez le même câble mais vous retirez le connecteur USB de l'adaptateur secteur. Donc, un côté du câble se branche dans le connecteur Dock et l'autre, dans un port USB de l'ordinateur). Lorsque l'iPhone charge, l'icône de batterie en haut à droite de l'écran affiche un petit éclair. Lorsque la batterie est totalement chargée, l'éclair se transforme en prise électrique. Apple commercialise aussi une station de chargement qui permet de conserver le téléphone debout et qui possède un connecteur audio pour relier l'iPhone à des haut-parleurs ou à une chaîne Hi-Fi. Au niveau de la charge, aucune solution n'a d'avantage significatif (Dock, adaptateur ou liaison USB). L'approche Dock se distingue par le fait que vous branchez le câble USB dans le connecteur de la station Dock, et non directement dans l'iPhone. (Remarque : il existe d'autres solutions de rechargement et notamment le chargeur de voiture, mais vous devez les acquérir séparément.)

iAstuce : recharger *via* l'ordinateur

Si vous branchez l'iPhone via USB à un ordinateur, sachez que si vous éteignez ce dernier ou s'il bascule en mode Veille vous allez non plus charger l'iPhone mais le décharger. Soyez en outre attentif aux concentrateurs USB, qui ne fournissent pas toujours assez d'énergie. Mieux vaut vous brancher directement à un port USB de la machine.

silence
clavier
haut-parleur
nouvel appel
FaceTime
contacts

2

Phoneheads

Utiliser le téléphone

J'ai pensé que Phoneheads (« tête à téléphone ») ferait un bon titre pour ce chapitre, mais il ne s'agit pas dans ce cas du nom d'une chanson mais de celui d'un groupe de musique électronique dont vous n'avez peut-être jamais entendu parler. En effet, je pressens que la plupart de mes lecteurs n'écoutent pas beaucoup de musique électronique, celle qu'adorent les adolescents bien plus que vous. « Ce n'est pas de la musique ! » rétorquent certains. Il vous est peut-être arrivé un jour en entendant Jamie's Cryin', de Van Halen, sur votre autoradio, de regarder dans le rétroviseur intérieur et de dire à votre progéniture : « Voilà de la musique ! » Ce qui est triste, c'est que vous avez raison. C'était de la musique. Ce que les mômes écoutent de nos jours n'est qu'une agression auditive de tout ce que nous considérons comme vraie musique, et la perte du décorum qui va avec : serre-têtes blancs, cravates filiformes, pantalons larges, cheveux en touffes, coffre de la voiture de Whitesnake, essence pas chère et K7 audio. Je pense intéresser sur ce ton de nombreux lecteurs, qui n'ont sans doute plus tout à fait 15 ans (ou bien qui sont très riches), parce qu'un iPhone n'est pas donné. Vous avez donc sans doute au moins 30 ans et vous n'êtes que peu intéressé par la musique électronique. Mais il y a une autre possibilité : vous êtes jeune et vos parents sont riches. Ils vous ont acheté un iPhone parce qu'ils débordent d'argent. Dans ce cas, allez écouter le morceau de Phonehead intitulé Syrinx (TGM Mix). En fait, j'adore ce morceau !

Importer des contacts de l'ordinateur

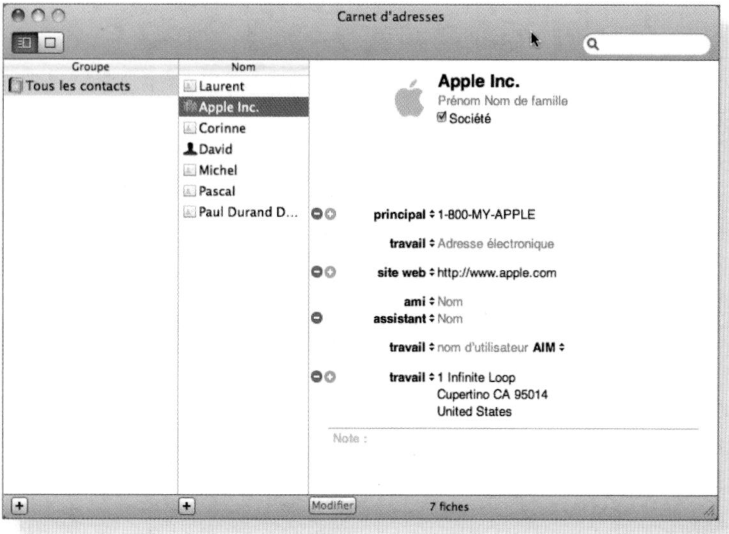

Si vous utilisez un Macintosh, vous pouvez synchroniser directement vos contacts entre l'ordinateur et votre iPhone avec l'une des quatre applications suivantes : 1) l'application Carnet d'adresses du Mac (voir ci-dessus), 2) Microsoft Entourage (nous montrons comment le configurer au Chapitre 12), 3) Yahoo! Carnet d'adresses, ou bien 4) Google Contacts. Si vous gérez vos contacts avec l'une de ces applications, dès que vous branchez l'iPhone sur l'ordinateur, l'application iTunes démarre pour synchroniser les contacts entre les deux appareils (si vous avez autorisé cela dans les préférences). Vous pouvez également cliquer sur l'onglet de la page de préférences Infos dans la fenêtre principale de iTunes pour choisir les contacts à synchroniser. Si vous êtes sur un serveur d'entreprise Microsoft Exchange Server, contactez le service informatique pour connaître les réglages. Si vous disposez d'un compte MobileMe (.Mac), vous pouvez aussi synchroniser votre iPhone en modifiant les Préférences système de l'ordinateur.

Avec Windows, le processus est quasiment le même. Les quatre gestionnaires de contacts gérés pour l'importation sont les suivants : 1) Yahoo! Carnet d'adresses, 2) Windows Contacts, 3) Microsoft Outlook et 4) Google Contacts. Comme sous Mac, si vous profitez d'un serveur Microsoft Exchange, prenez contact avec votre département informatique. Si vous avez un compte MobileMe, vous pouvez modifier les réglages dans les préférences MobileMe de l'ordinateur. Elles se trouvent dans le Panneau de configuration dans les préférences Réseau.

Récupérer les contacts d'un autre téléphone

Pour réussir cette opération, il vous faut d'abord pouvoir transférer le carnet d'adresses de votre ancien téléphone sur votre ordinateur. Il suffit ensuite de revenir à l'astuce précédente. Sur Mac, vous disposez d'un outil nommé iSync qui permet de synchroniser votre téléphone avec l'ordinateur et d'importer votre carnet d'adresses dans l'application Carnet d'adresses d'Apple (qui à son tour saura se synchroniser avec votre iPhone). Si votre téléphone n'est pas compatible avec iSync ou si vous êtes sous Windows, voyez l'outil nommé The Missing Sync for iPhone 2.0, de Mark/Space (**www.markspace.com/iphone**). Dès que vos contacts sont sur votre ordinateur, reportez-vous aux instructions de la page précédente.

Composer un numéro au clavier

Pour composer un numéro, appuyez sur le bouton Accueil du téléphone, puis touchez l'icône Téléphone dans l'écran d'accueil. Touchez le bouton Clavier en bas pour faire afficher le clavier tactile. Touchez les touches des numéros. Si vous faites une erreur, utilisez le bouton-icône Retour (celui à droite du bouton-icône d'appel vert).

iAstuce : recomposer un numéro

Pour réutiliser le dernier numéro composé, accédez à la partie Téléphone et touchez le bouton Clavier puis touchez le bouton-icône d'appel au centre. Vous voyez réapparaître le dernier numéro composé. Il suffit de toucher à nouveau ce bouton pour lancer la communication.

Enregistrer un numéro composé comme contact

Vous venez de composer un numéro avec le clavier et désirez ajouter ce numéro à vos contacts pour ne plus avoir à le composer. Lorsque le numéro apparaît en haut de l'écran Clavier (voir la figure), touchez le bouton-icône d'ajout de contact (à gauche du bouton-icône d'appel vert). Vous voyez apparaître un menu dans lequel vous choisissez de créer un nouveau contact ou d'ajouter le numéro à ceux d'un contact existant.

Ajouter un appelant à vos contacts

Si vous recevez un appel d'une personne qui n'est pas dans votre liste de contacts, mais que vous aimeriez l'ajouter, commencez au niveau de l'écran d'accueil par toucher Téléphone puis Appels. Repérez dans la liste d'historique le numéro de la personne et touchez le bouton contenant une flèche dans un cercle bleu à droite du numéro. Vous voyez apparaître un écran Infos. Dans le bas de l'écran, il y a un bouton Créer un nouveau contact. Touchez-le pour accéder à l'écran Nouveau contact. Le numéro est déjà inséré. Il ne vous reste plus qu'à ajouter le nom puis l'adresse, etc. Pour confirmer, touchez le bouton Terminé dans l'angle supérieur droit de l'écran.

iAstuce : ajouter une note à un contact

Vous aimerez sans doute parfois ajouter une note permettant de mémoriser un détail sur un correspondant. Touchez le nom du contact. Lorsque vous voyez apparaître l'écran Infos, touchez le bouton Modifier dans l'angle supérieur droit. Dans l'écran de modification Infos, faites défiler la liste puis touchez le bouton Ajouter un champ. Descendez encore pour toucher le bouton Remarques afin d'ajouter le champ approprié. Vous voyez apparaître l'écran Ajouter remarque, dans lequel vous saisissez votre note sur le clavier qui apparaît.

Appeler un de vos contacts

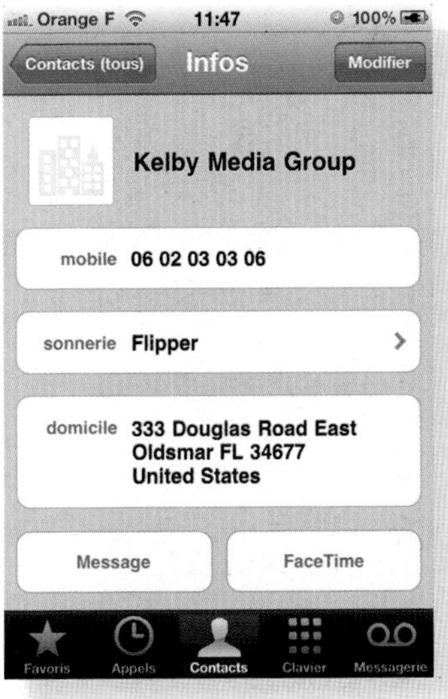

Touchez l'icône Téléphone puis le bouton Contacts (c'était évident) puis touchez le nom de la personne désirée dans la liste. Vous accédez à tous les détails de cette personne, et notamment à la liste des différents numéros de téléphone (portable, domicile, bureau, etc.). Il suffit de toucher le numéro désiré pour lancer la composition.

iAstuce : naviguer rapidement parmi les contacts

Dans la liste de contacts, vous pouvez accéder directement à une lettre de l'alphabet en touchant cette lettre dans la petite liste alphabétique verticale de la marge droite de l'écran. Vous pouvez aussi toucher et maintenir l'appui pour faire défiler la liste verticalement.

Suspendre un appel pour en faire un autre

Si vous êtes déjà en communication et avez besoin d'appeler quelqu'un d'autre, vous pouvez suspendre le premier appel (comme si vous aviez deux lignes téléphoniques). Touchez le bouton Silence puis le bouton Nouvel appel. Cela affiche votre liste de contacts. Touchez le nom du second correspondant. Vous pouvez aussi composer le numéro en touchant le bouton Clavier, qui s'affiche dans l'angle inférieur droit de la liste de contacts. Pour revenir à l'appel suspendu, touchez le bouton Permuter ou touchez la ligne de description en haut d'écran.

iAstuce : passer en mode Secret

En cours de communication, lorsque vous voulez que votre correspondant ne vous entende pas, touchez le bouton Silence. Pour lever le secret, touchez le même bouton. Pour entendre la communication sur le haut-parleur de l'iPhone, touchez le bouton Haut-parleur.

Lancer une conversation à trois

Pour faire participer une autre personne à un appel en cours (conférence), touchez le bouton Nouvel appel, qui fait afficher votre liste de contacts. Touchez le nom du contact désiré puis le numéro qui est alors composé. Touchez ensuite le bouton Conférence pour vous mettre tous trois en relation. Si la personne à inviter ne fait pas partie de vos contacts, utilisez le bouton Clavier dans l'angle inférieur droit de la liste de contacts.

iAstuce : composer un numéro de poste

Supposez que vous ayez composé un numéro et qu'un message vous invite à composer le numéro du poste du correspondant. La solution est très simple, mais il faut encore la connaître. Il suffit en effet de toucher le bouton Clavier puis de composer le numéro du poste. Je sais que cela paraît évident, mais j'ai vu bien des gens totalement désemparés dans cette situation.

Mettre la musique en pause pour répondre

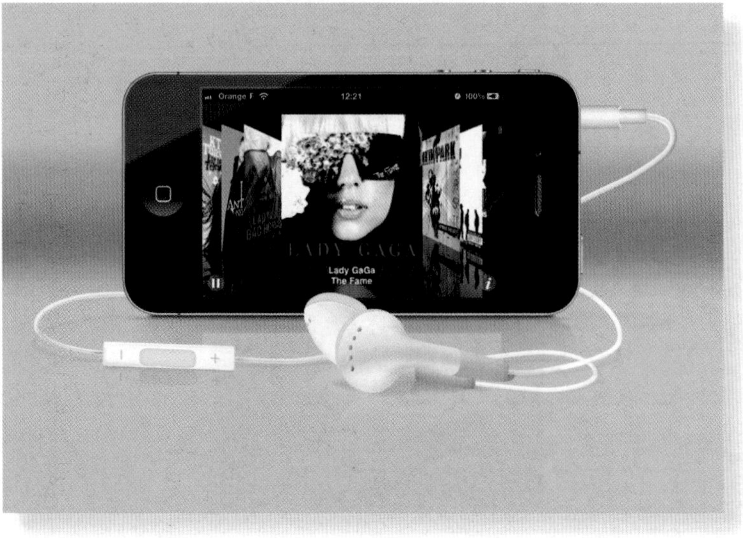

Supposez que vous soyez équipé de votre kit piéton (écouteurs stéréo) et que vous écoutiez de la musique. Si vous recevez un appel, vous pouvez, en un seul clic, mettre la musique en pause et prendre l'appel (en fait, plutôt qu'un clic, c'est un appui sur un bouton). Repérez le petit bouton rectangulaire sur le fil des écouteurs (à environ 10 cm de l'écouteur droit). Appuyez sur ce bouton jusqu'au déclic. Le son est mis en pause et vous prenez l'appel. Dès que vous avez terminé, cliquez à nouveau sur ce bouton pour raccrocher et reprendre la lecture où vous en étiez.

Lire son courriel pendant un appel

S'il vous arrive de trouver votre communication un peu longuette, vous aurez envie de faire ce que font bien des gens, c'est-à-dire consulter sa messagerie. Cela sera plus facile si vous commencez à activer la fonction Mains-libres en touchant le bouton Haut-parleur (vous pourrez ainsi entendre la conversation pendant votre navigation). Appuyez ensuite sur le bouton Accueil sous l'écran puis touchez le bouton Mail. Ne vous inquiétez pas : cela ne vous fera pas raccrocher. Pour revenir à l'appel, touchez la ligne tout en haut de l'écran qui indique Touchez pour revenir à l'appel. Remarque : la consultation du courrier électronique ou la navigation web tout en téléphonant n'est pas possible sur la plupart des réseaux à la norme EDGE.

Savoir si vous avez manqué des appels

Si vous avez manqué un appel alors que le téléphone était en veille, le nom du correspondant et la mention Appel manqué apparaissent dès que vous sortez du mode veille (si le nom ne fait pas partie de vos contacts, c'est le numéro qui est affiché). Au réveil, vous voyez par ailleurs que l'icône verte Téléphone est dotée d'un petit cercle rouge dans son angle supérieur droit. Ce cercle indique le nombre d'appels manqués. Mais il y a une astuce dans le nombre indiqué. Il ne correspond pas au nombre d'appels manqués, mais au nombre d'appels manqués additionné du nombre de messages en attente sur votre messagerie vocale. Si vous avez manqué cinq appels et que chacun des cinq correspondants ait laissé un message, vous verrez s'afficher le chiffre dix alors qu'il n'y a eu que cinq appels en absence. Vous voilà prévenu !

Rappeler suite à un appel manqué

Depuis l'écran d'accueil, touchez l'icône verte Téléphone puis le bouton Appels en bas d'écran. Vous voyez apparaître la liste inversement chronologique des appels. Ceux qui sont affichés en rouge sont ceux manqués. Vous pouvez également filtrer la liste avec le bouton Manqués en haut. Pour rappeler une personne, touchez la ligne correspondante. Vous pouvez également toucher le petit bouton bleu avec une flèche à droite du numéro pour accéder à l'écran Infos, qui indique parfois des données supplémentaires relatives au numéro ainsi que la date et l'heure.

iAstuce : effacer la liste des derniers appels

Vous pouvez effacer la liste de tous les appels manqués et des derniers appels en allant dans la liste Appels et en touchant le bouton Effacer, situé dans l'angle supérieur droit de l'écran.

Vérifier votre messagerie

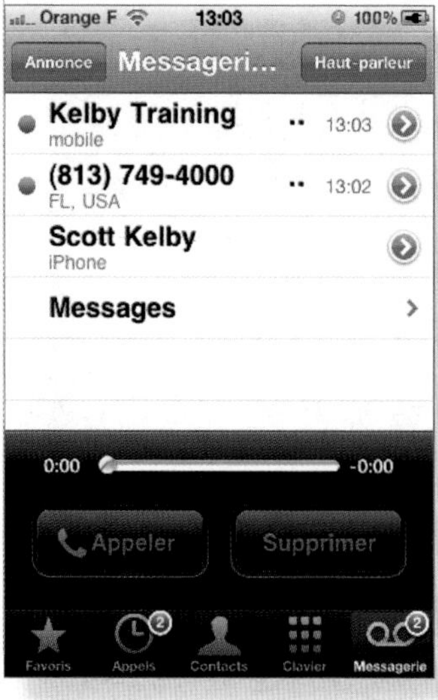

Si un correspondant vous a laissé un message vocal, son nom est indiqué s'il fait partie de vos contacts (sinon c'est son numéro qui apparaît) dès que votre iPhone sort du mode Veille. Touchez l'icône verte Téléphone pour vérifier le bouton Messagerie. Il indique le nombre de messages en attente. Pour accéder à la liste des messages (c'est cette liste qui permet à Apple d'appeler cette fonction une « messagerie vocale visuelle »), touchez le bouton Messagerie. La liste indique les noms ou les numéros ainsi que l'heure d'appel (voir l'illustration). Les messages que vous n'avez pas encore écoutés comprennent un point bleu à gauche.

Écouter et effacer vos messages vocaux

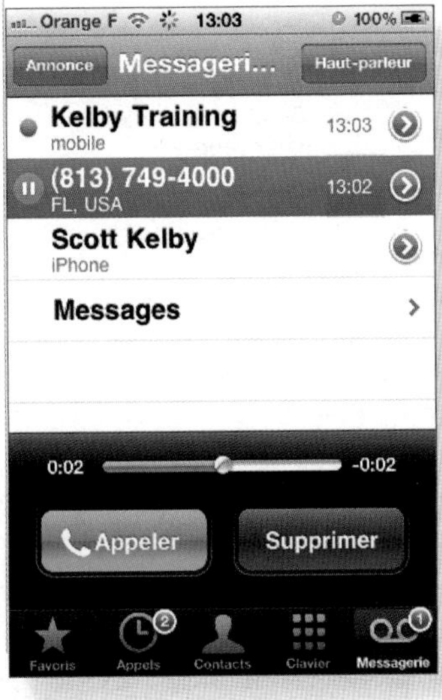

L'intérêt de la messagerie vocale visuelle est que vous n'êtes pas forcé d'écouter vos messages dans leur ordre de dépôt. Vous pouvez toucher directement la ligne du message que vous voulez écouter d'abord. Pour entendre les messages sur le haut-parleur, touchez le bouton Haut-parleur en haut à droite. Une jauge de progression permet de savoir où vous en êtes dans la lecture et de connaître la longueur du message. Pour un nouveau message, il suffit de toucher la ligne pour lancer la lecture. Pour réécouter un message, lorsque vous touchez la ligne, vous voyez apparaître un bouton bleu Lecture/Pause à gauche. Touchez ce petit bouton pour lancer la lecture. Touchez-le à nouveau pour mettre en pause. Pour rappeler le correspondant, touchez la ligne de message puis le bouton vert Appeler. Pour effacer le message, sélectionnez-le puis touchez le bouton rouge Supprimer. Le message n'est pas totalement détruit de l'iPhone, mais est déplacé dans une sorte de corbeille. Vous pouvez revenir sur les messages supprimés en accédant à la catégorie Messages supprimés (elle est toujours en bas de la liste des messages). Vous ramenez un message supprimé dans la liste normale en le sélectionnant puis en touchant le bouton gris Restaurer. Pour supprimer définitivement tous vos messages supprimés, accédez à l'écran de cette catégorie et touchez le bouton Tout effacer.

Réécouter une partie d'un message vocal

Pendant la lecture d'un message vocal, vous pouvez manipuler le petit curseur de la jauge de progression et le faire glisser vers la gauche ou la droite en temps réel. Cette possibilité est particulièrement utile pour pouvoir revenir à l'endroit où le correspondant vous donne un numéro de téléphone. Pour revenir à la partie désirée sans avoir à réécouter tout le message, touchez et faites glisser le curseur pour revenir un peu en arrière (comme vous le faites avec une vidéo).

Enregistrer votre annonce de messagerie

Votre opérateur téléphonique a prédéfini un message d'accueil générique mais il est très simple de créer le vôtre. Touchez le bouton Messagerie puis observez le coin supérieur gauche de l'écran. Touchez le bouton Annonce, qui vous amène à un écran proposant deux possibilités : a) Par défaut (vous laissez le message de bienvenue standard) et b) Personnalisée (vous créez le vôtre). Touchez ce bouton Personnalisée. Deux boutons Écouter et Enregistrer apparaissent en bas d'écran. Touchez le bouton blanc Enregistrer et tenez votre iPhone près de l'oreille pour créer votre annonce en vous préparant à toucher le bouton rouge Arrêter. Utilisez le bouton bleu de lecture pour vérifier. Pour refaire l'annonce, utilisez le bouton blanc Enregistrer. Dès que votre annonce vous convient, touchez le bouton Valider dans l'angle supérieur droit de l'écran.

iAstuce : un message chanté ?

Nous vous déconseillons de chanter votre message dans l'iPhone car Apple a équipé son appareil d'un capteur détectant les fausses notes. S'il analyse votre voix et en conclut que vous chantez faux, le système transmet automatiquement votre annonce vocale avec une photo de vous sur YouTube, vous assurant d'une réputation fort peu glorieuse. C'est du moins une rumeur qui m'est parvenue aux oreilles.

Configurer le renvoi d'appel

À partir de l'écran d'accueil, touchez le bouton Réglages. Dans l'écran correspondant, touchez le bouton Téléphone et cherchez la mention Renvoi d'appel. Touchez-la pour accéder à l'écran correspondant qui comprend un bouton à deux états I/O (par défaut, le renvoi d'appel est inactif, O). Pour l'activer, touchez une fois dans la partie gauche du bouton. Vous devez ensuite indiquer vers quel numéro doit se faire le renvoi. Au départ, aucun numéro n'a encore été saisi pour l'option Renvoyer vers et vous voyez apparaître un écran pour saisir votre numéro. Bien des utilisateurs sont perplexes lors de cette étape, car il n'y a aucun bouton OK ou Enregistrer. Il suffit de toucher le bouton Renvoi d'appel dans l'angle supérieur gauche pour revenir à l'écran principal du Renvoi d'appel. Votre numéro apparaît en dessous du bouton d'activation (en position I). Pour désactiver votre renvoi d'appel, revenez à ce même écran et touchez le bouton d'option pour le basculer dans la position O (zéro ou Off).

Les raccourcis d'appel de votre iPhone

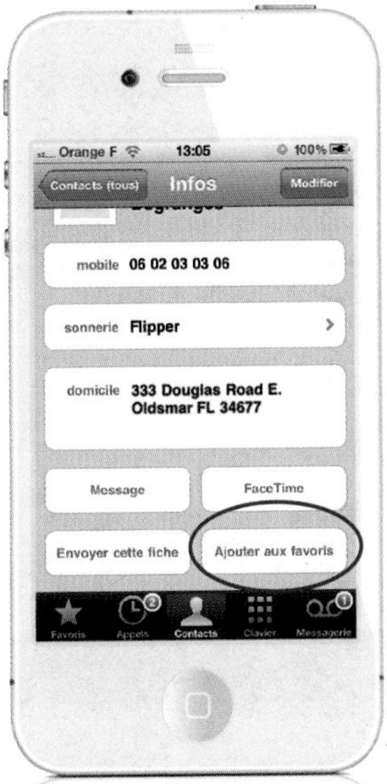

Dans votre iPhone, les raccourcis clavier pour composer des numéros s'appellent des « Favoris ». Pour faire de l'un de vos contacts un favori, touchez son nom dans la liste de contacts pour accéder à sa fiche. Observez le coin inférieur droit de l'écran Infos et touchez le bouton Ajouter aux favoris (il est cerclé en rouge ci-dessus). Le contact devient l'un de vos favoris. Une autre méthode consiste à aller dans l'écran Favoris (depuis l'écran d'accueil, touchez le bouton Téléphone puis le bouton Favoris), puis à toucher le petit signe plus (+) dans l'angle supérieur droit. Cela provoque l'affichage de la liste de contacts, dans laquelle il suffit de toucher le nom du contact à ajouter aux favoris. Si ce contact n'a qu'un seul numéro de téléphone, l'ajout est immédiat. S'il en a plusieurs, tous les numéros sont affichés et il vous suffit de toucher le numéro désiré.

Gérez votre liste de Favoris

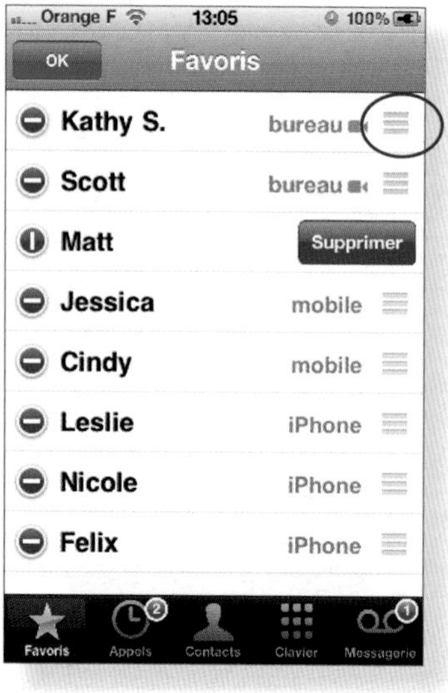

Touchez le bouton Modifier dans l'angle supérieur gauche de l'écran Favoris. Vous voyez apparaître un cercle rouge avec un signe moins devant chaque favori. Pour supprimer un favori, touchez ce bouton pour faire apparaître un bouton rouge Supprimer de confirmation à droite. Touchez-le pour confirmer. Pour retrier les favoris, touchez le bouton Modifier. Tout à fait à droite de chaque contact, vous voyez apparaître juste après le type de numéro (mobile, domicile, etc.) trois barres horizontales (cerclées en rouge ci-dessus). Pour repositionner un contact dans la liste, touchez et maintenez ces trois barres et faites glisser votre contact vers le haut ou vers le bas (l'opération est plus simple qu'elle n'en a l'air).

Afficher les infos d'un contact favori

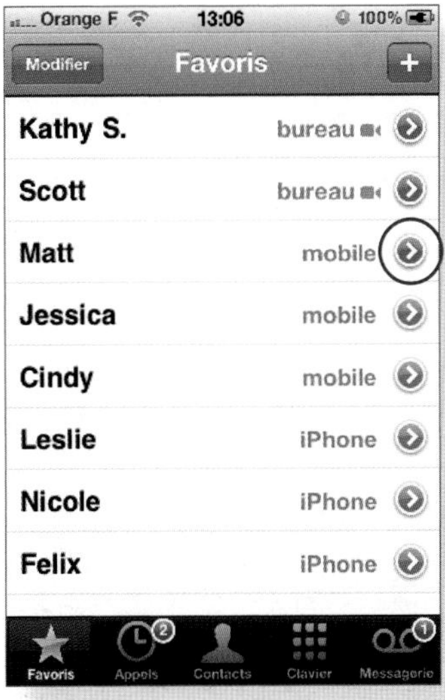

L'intérêt de la liste des favoris est de permettre de toucher le nom d'un contact pour faire composer immédiatement le numéro. Mais certains de vos contacts ont plusieurs numéros de téléphone. Vous ne voudrez pas toujours créer un favori pour chaque numéro. Si vous avez besoin de composer un autre numéro pour un favori que celui qui a été associé au contact comme favori, affichez votre liste de favoris puis touchez la flèche bleue près du nom du contact. Cela fait apparaître l'écran Infos de ce contact présentant tous ses numéros. À partir de là, vous pouvez faire composer le numéro de votre choix.

Ajouter une pause de numérotation

Parfois, vous devez composer un numéro comprenant une extension (numéro de poste, code numérique, etc.). Vous pouvez ajouter des pauses et des numéros directement dans l'écran Infos du contact. Depuis l'écran d'accueil, touchez l'icône Téléphone puis Contacts afin d'accéder à la liste de contacts. Sélectionnez le contact en le touchant et touchez le bouton Modifier dans le coin supérieur droit de l'écran. Touchez le numéro à modifier puis touchez la touche des symboles (+*#) en bas à gauche du clavier. La touche 0 est remplacée par une touche Pause. Une pause insère 2 secondes d'attente. Pour augmenter la durée de la pause, utilisez plusieurs fois la touche Pause. Une fois que vous avez ajouté l'extension, touchez le bouton Enregistrer en haut à droite puis OK pour sauvegarder la modification du contact.

Ajouter manuellement un contact

Pour ajouter un contact à votre liste sans disposer du numéro suite à une conversation, touchez l'icône Téléphone puis le bouton Contacts et enfin le signe plus (+) dans l'angle supérieur droit. Vous arrivez à l'écran Nouveau Contact. Touchez la ligne de l'information à ajouter. Par exemple, pour ajouter une nouvelle adresse de courriel, touchez Adresse électronique en regard de Domicile puis saisissez l'adresse électronique à l'aide du clavier au bas de l'écran (vous pouvez également changer Domicile en Bureau ou Autre en appuyant sur l'étiquette et en en choisissant une autre). Lorsque vous avez terminé de saisir l'adresse de courriel, faites défiler pour ajouter d'autres informations de la même manière. Quand vous en avez terminé, touchez le bouton Terminé dans l'angle supérieur droit.

iAstuce : revenir à l'écran précédent

Voici une astuce pour comprendre l'ergonomie de navigation de l'iPhone : dans la plupart des situations, si vous voyez un bouton dans l'angle supérieur gauche de l'écran, ce bouton équivaut au retour en arrière dans un navigateur web. Vous revenez à l'écran précédemment affiché.

Les groupes de contact

Si votre ordinateur possède un gestionnaire de contacts capable de gérer les groupes, vous pouvez les transférer sur votre iPhone pour simplifier la gestion de vos contacts. Cela permet par exemple de gérer un groupe pour les restaurants préférés, un groupe pour vos amis, un autre pour vos collègues de travail, etc. Lorsque vous affichez votre liste de contacts, vous disposez dans ce cas d'un bouton Groupes dans l'angle supérieur gauche qui permet de voir vos différents groupes. Sélectionnez un groupe pour voir les contacts de cette liste restreinte.

Afficher une photo de l'appelant

Depuis l'écran d'accueil, touchez l'icône Téléphone puis le bouton Contacts. Défilez jusqu'à voir le contact, touchez son nom puis le bouton Modifier dans l'angle supérieur droit. Dans l'angle supérieur gauche de l'écran Infos, touchez le carré Ajouter une photo. Vous voyez apparaître deux boutons : Prendre une photo (pour prendre immédiatement une photo avec l'appareil de l'iPhone) et Choisir une photo (qui permet de désigner une des photos se trouvant actuellement dans l'iPhone). Si vous optez pour la seconde solution, vous accédez à vos Albums photos, parmi lesquels vous allez pouvoir choisir le cliché. Vous arrivez ensuite dans un écran permettant de décider de la taille et de la position de la photo (utilisez vos doigts pour déplacer l'objet et pour rogner les bords ; pincez l'image pour en réduire les dimensions). Une fois que le résultat vous convient, touchez le bouton gris Choisir. Si vous préférez prendre immédiatement une nouvelle photo, faites cette photo puis retouchez ses dimensions et sa position et touchez Valider. Notez que, dans ce cas, l'image ne sera pas stockée dans votre dossier Pellicule. Si vous avez besoin de cette photo par ailleurs, prenez d'abord la photo et associez-la ensuite à votre contact.

Prendre une photo et l'associer à un contact

Pour prendre un cliché avec l'appareil photo de votre iPhone pour l'associer ensuite à un contact, commencez à l'écran d'accueil par toucher le bouton Appareil photo. Faites la mise au point et déclenchez en touchant le bouton tactile dans la partie basse de l'écran. Vous entendez le bruit du déclencheur. Pour vérifier la qualité de la photo, touchez la vignette qui montre la dernière photo prise dans l'angle inférieur gauche de l'écran. L'image apparaît en plein écran avec une série de boutons en bas. Touchez le bouton le plus à gauche pour faire apparaître un menu. Touchez le bouton Assigner à un contact pour faire apparaître votre liste de contacts. Il ne reste plus qu'à choisir le contact. Vous voyez quel sera l'aspect de la photo lorsque cette personne vous appellera. Vous pouvez la déplacer et la retailler. Utilisez un doigt pour déplacer la photo (cela provoque un rognage). Utilisez deux doigts pour pincer et écarter afin de modifier l'échelle. Pour confirmer, touchez le bouton gris Valider.

Rechercher un contact

Lorsque vous affichez votre liste de contacts (depuis l'écran d'accueil, touchez directement l'icône Contacts, parfois située dans la troisième page), vous disposez d'un champ de recherche tout en haut de la liste (revenez en début de liste si nécessaire). Touchez dans la zone de saisie pour faire apparaître le clavier et commencez à taper les premières lettres du nom de la personne désirée. Votre iPhone commence à filtrer la liste en utilisant ce qui est saisi comme critère. Dès que vous voyez le nom désiré, vous pouvez arrêter de saisir et toucher directement la ligne de votre contact pour accéder à ses infos. Vous disposez aussi de la fonction de recherche globale Spotlight. Vous y accédez en revenant au menu d'accueil par le bouton Accueil puis en faisant défiler le menu pour accéder à la page située à sa gauche.

iAstuce : filtrer une recherche

Pour filtrer plus finement le contenu d'une liste de contacts, vous pouvez saisir la première lettre du prénom puis un espace puis une ou plusieurs lettres du nom. Vous trouverez ainsi très vite la personne désirée. Si vous cherchez par exemple Scott Kelby, vous pouvez saisir « S Kel », ce qui permet d'éviter de passer en revue toutes les personnes dont le prénom est Scott.

Éteindre la sonnerie

Si vous ne voulez plus entendre sonner votre iPhone, depuis l'écran d'accueil touchez Réglages puis Sons. Dans la section Sonnerie, repérez le curseur de volume Sonnerie (juste sous l'option Vibreur). Pour l'éteindre, amenez ce curseur tout à gauche. Notez que cela ne désactive pas le vibreur. Si vous voulez également désactiver le vibreur, dans cette même section Sonnerie désactivez l'option Vibreur en touchant une fois à droite de l'option bleue I. Rappelons que vous pouvez également couper la sonnerie au moyen de l'interrupteur Sonnerie/Silencieux, qui se trouve sur la tranche gauche de votre iPhone. Poussez l'interrupteur vers l'arrière de l'iPhone pour basculer en mode Silence.

iAstuce : éteindre la sonnerie

Lorsqu'un appel arrive mais que vous ne pouvez pas le prendre immédiatement, vous pouvez couper la sonnerie en appuyant une fois sur le bouton Marche/Veille sur le dessus de l'iPhone. Cela arrête la sonnerie et envoie l'appel vers votre boîte vocale.

Choisir votre sonnerie

La sonnerie réglée en usine pour votre iPhone est un Marimba. Pour en changer, depuis l'écran d'accueil touchez le bouton Réglages puis accédez à la catégorie Sons. Vous voyez l'option Sonnerie sous le curseur de réglage de la Sonnerie. Touchez cette option pour accéder à la liste des sonneries prédéfinies auxquelles s'ajoutent celles qui ont été transférées par synchronisation. La sonnerie Marimba comprend une coche à droite pour rappeler que c'est la sonnerie par défaut. Touchez le nom de la sonnerie désirée pour en déclencher la lecture afin de vérifier votre choix. Si cette sonnerie vous convient, il suffit de sortir de cet écran en touchant le bouton Sons dans l'angle supérieur gauche de l'écran Sonnerie ou en appuyant sur le bouton Accueil.

Personnaliser la sonnerie d'un contact

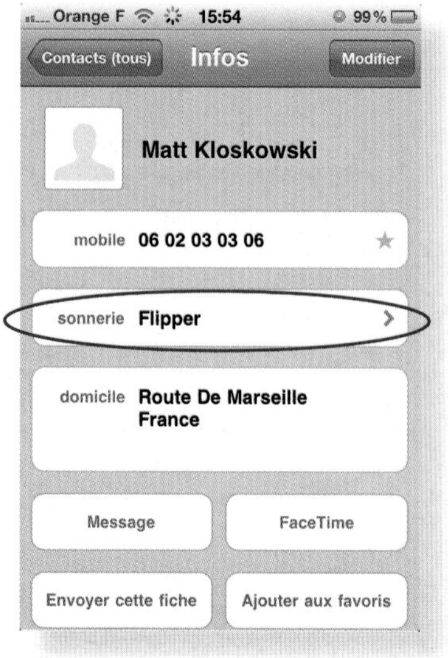

Vous aurez sans doute envie de définir des sonneries spécifiques pour certains de vos correspondants. J'ai par exemple défini une sonnerie particulière pour le portable de ma femme, ce qui permet de savoir qu'elle m'appelle sans même regarder l'écran. Commencez à l'écran d'accueil par toucher l'icône verte Téléphone puis le bouton Contacts. Touchez la ligne du contact désiré. Dans l'écran Infos, touchez la mention Par défaut à droite de Sonnerie. Vous arrivez à la liste des sonneries. Choisissez celle désirée (elle est lue). Une fois que vous avez trouvé votre sonnerie, touchez le bouton bleu Infos dans le coin supérieur gauche pour revenir à l'écran des infos de votre contact. Le nom de la sonnerie doit apparaître à droite de la mention Sonnerie. Dorénavant, vous entendrez cette sonnerie quand la personne concernée vous appellera.

Masquer son numéro d'appelant

Si vous avez besoin d'appeler quelqu'un de façon anonyme, en sorte qu'il ne puisse pas lire votre numéro de téléphone, il suffit d'en demander le masquage. Depuis l'écran d'accueil, touchez le bouton Réglages. Faites défiler les options pour pouvoir toucher la catégorie Téléphone. Faites encore défiler les réglages du téléphone jusqu'à l'option Afficher mon numéro. Pour masquer votre numéro, touchez l'option pour faire apparaître un écran présentant un interrupteur I/O. Touchez le commutateur dans la partie droite pour qu'il indique O.

Connecter un appareil Bluetooth

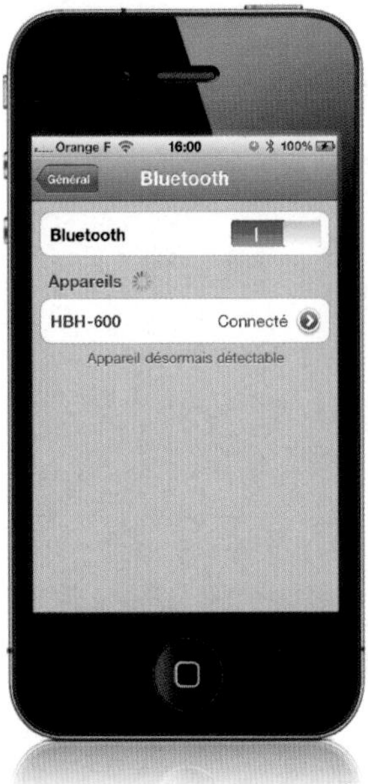

Vous disposez peut-être d'un kit piéton sans fil Bluetooth ou bien vous voulez utiliser votre iPhone avec votre kit mains-libres de voiture. Commencez par rendre votre périphérique détectable. Il doit être dans un mode permettant à d'autres appareils Bluetooth de le détecter. La procédure varie d'un appareil à l'autre. Reportez-vous au mode d'emploi de votre périphérique ou à celui de votre véhicule. Une fois que l'appareil est détectable, revenez à votre iPhone. Depuis la page d'accueil, touchez le bouton Réglages puis la catégorie Général et enfin Bluetooth. Dans l'écran Bluetooth, activez l'option en touchant la partie gauche de l'interrupteur. Votre iPhone commence à rechercher tous les équipements Bluetooth situés à proximité, c'est-à-dire à environ 10 mètres autour de vous. Dès qu'il détecte un équipement, il en affiche le nom. Touchez le nom puis saisissez son code PIN dans l'écran suivant (reportez-vous aux instructions fournies avec votre équipement pour savoir quel est le code par défaut). Touchez enfin le bouton Connecter. Les deux appareils sont alors jumelés. Cette opération n'est requise que la première fois. Votre périphérique sera ensuite reconnu automatiquement.

Configurer les appels vidéo Facetime

Pour effectuer des appels vidéo FaceTime, il est indispensable : 1) que votre correspondant soit équipé d'un terminal compatible (iPhone 4, iPod Touch, etc.) et 2) que vous soyez tous deux connectés à un réseau WiFi (chez vous, au bureau ou sur un hotspot WiFi). Ensuite, vous devez activer l'option FaceTime (vous faites cela une seule fois). À partir de l'écran d'accueil, touchez Réglages, faites défiler puis touchez Téléphone, puis activez FaceTime en touchant le bouton 0/I. Maintenant, votre iPhone est configuré pour effectuer les appels vidéo FaceTime. Sachez que, comme FaceTime utilise le réseau Internet pour les appels, cela ne consomme pas les minutes de votre forfait mobile. C'est plutôt sympa, non ?

iAstuce : FaceTime ne fonctionne pas ? Affichez votre numéro d'appelant

Si vous avez désactivé l'affichage de votre numéro d'appelant afin que vos correspondants ne voient pas votre numéro de téléphone, vous devez réactiver cet affichage lorsque vous effectuez un appel FaceTime, sinon cela ne fonctionnera pas. Touchez Réglages, Téléphone, puis Afficher mon numéro et touchez le bouton 0/I pour activer la fonction.

Effectuer un appel vidéo FaceTime

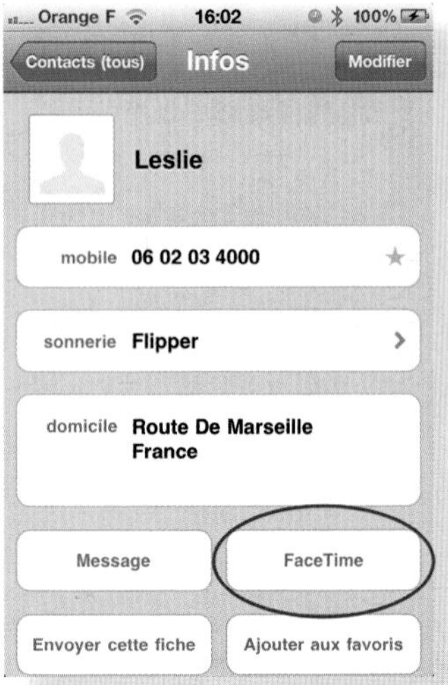

Maintenant que votre iPhone 4 est configuré pour effectuer des appels vidéo FaceTime, vous utilisez l'une de ces trois méthodes :

1) À partir de l'écran d'accueil, touchez Téléphone, puis touchez Contacts pour trouver la personne avec qui vous souhaitez effectuer la conversation vidéo. Lorsque vous êtes sur l'écran d'information de cette personne, touchez FaceTime (comme le montre le cercle rouge en haut à gauche). Vous pouvez obtenir une liste de numéros de téléphone et d'adresses de courriel. Touchez le numéro de téléphone ou l'adresse e-mail à utiliser pour effectuer l'appel FaceTime.

2) Vous effectuez un appel téléphonique classique à l'aide de l'application Téléphone puis, lorsque la personne répond, vous touchez le bouton FaceTime (entouré en haut à gauche) pour basculer en appel vidéo.

3) Si vous avez récemment effectué un appel vidéo FaceTime avec une personne, vous touchez Téléphone dans l'écran d'accueil puis vous touchez le bouton Appels, vous voyez le nom ou le numéro suivi de la mention FaceTime et d'une icône de caméra. En touchant le nom vous rappelez la personne à l'aide de FaceTime.

Quelle que soit la méthode choisie, la personne que vous appelez doit accepter l'invitation FaceTime. Lorsqu'elle touche le bouton Accepter, l'appel vidéo démarre.

Pendant un appel FaceTime

Lorsque vous passez un appel FaceTime, la caméra frontale s'active et vous affiche un aperçu de la manière dont votre correspondant vous voit. Une fois que ce dernier accepte votre appel, votre image se réduit au bas de l'écran et l'image vidéo de votre correspondant occupe l'écran. Vous parlez comme quand vous utilisez le haut-parleur. Si vous avez besoin de mettre en pause la vidéo tout en conservant la partie vocale de l'appel, appuyez sur la touche Accueil (ce qui est pratique si vous avez besoin d'accéder à une autre application). Pour revenir à la vidéo, appuyez sur la barre verte en haut de l'écran. Normalement, pendant la conversation votre interlocuteur vous voit ; si vous le souhaitez, vous pouvez basculer sur la caméra à l'arrière de l'iPhone afin que votre correspondant voie ce que vous pointez avec votre appareil photo. Pour cela, touchez le bouton Changer de caméra dans le coin inférieur droit (l'appareil photo avec un cercle). La vignette au bas de l'écran affiche maintenant la vue de l'appareil photo placé à l'arrière de l'iPhone. Pour revenir à la caméra frontale, appuyez de nouveau sur le bouton Changer de caméra. Pour mettre fin à l'appel, cliquez sur Terminer.

iAstuce : déplacer la vignette de prévisualisation

Après avoir démarré un appel vidéo FaceTime, une vignette de prévisualisation s'affiche en haut à droite de l'écran ; si cette position ne vous convient pas, déplacez la vignette en la touchant et en la faisant glisser vers un autre coin.

Orange F
17:06
97 %
Messages
Paul Durand...
Modifier
Appeler
Coordonnées
22 sept. 2010 17:03
Qu'est-ce que tu lis en ce moment?
Un livre sur l'iPhone
Moi aussi
Envoyer

3

Message dans une bouteille

Envoyer des SMS et des MMS

Le titre « Message in a Bottle » (chanté par The Sheriffs) est un meilleur titre qu'il n'y paraît de prime abord, puisque rien dans l'iPhone ne parle de SMS. Pour envoyer des SMS, vous utilisez une application appelée Messages. Vous pourriez vous demander si l'application Messages ne sert pas à vérifier les messages vocaux sur votre messagerie. Non, pour cela vous utilisez Messagerie, qui se trouve dans l'application Téléphone. Pourquoi ne pas avoir nommé l'application SMS ou Texto ? Est-ce que l'on peut appeler The Police (qui a aussi chanté *Message in the bottle*) The Sheriffs (appeler la police le shérif) parce qu'ils font pratiquement la même chose ? Vous voyez que ce n'est pas évident et dans le monde secret du nommage des applications, la personne qui donne un nom le plus éloigné de sa fonction obtient un gros bonus à la fin de l'année (en plus d'un gros trophée que cette personne place sur sa tête tournant sur la patinoire). Quoi qu'il en soit, dans ce cas, Messages n'est pas un trop mauvais nom, parce que c'est la moitié de « Message texte » ; par conséquent, la personne qui a trouvé ce nom ne paradera pas avec son trophée de si tôt. Pas plus que les personnes qui ont trouvé les noms Bourse, Météo, Appareil photo, Plan, Calendrier, Mail, Téléphone ou Horloge. En fait, je ne pense pas que quelqu'un chez Apple sera récompensé cette année, parce que tout cela a du sens. Vous savez, si Microsoft fait un téléphone, la société va sûrement copier l'iPhone et apporter suffisamment de changements pour que a) rien ne soit aussi intuitif et b) les noms ne soient pas parlants. Par exemple, leur application pour les SMS s'appellerait « Bing Word », leur application pour le téléphone pourrait être « Excel Bing » et leur application pour le calendrier pourrait s'appeler « Office Bing », et vous savez aussi bien que moi que leur téléphone s'appellerait « iBing ». Ne riez pas, c'est mieux que Zune !

Envoyer des SMS

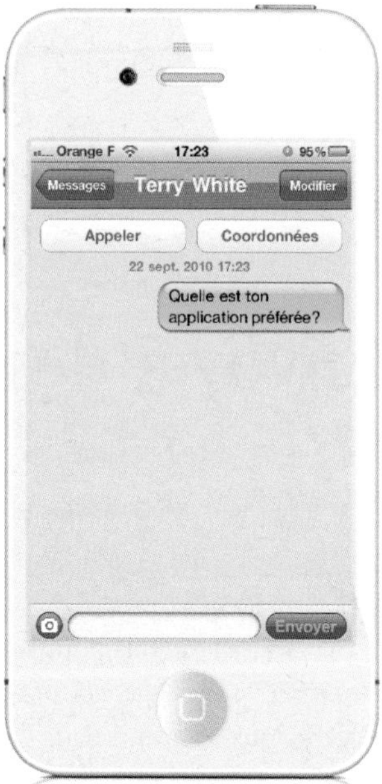

L'application de votre iPhone pour envoyer des SMS s'appelle Messages. Pour envoyer un SMS, démarrez à l'écran d'accueil puis touchez Messages. Dans le coin supérieur droit, touchez le bouton représentant un carré avec un crayon pour obtenir l'écran Nouveau message. En haut de cet écran, saisissez le nom du destinataire et, dès que vous commencez la saisie, les noms de votre carnet d'adresses s'affichent. Si le destinataire ne se trouve pas dans le carnet d'adresses, saisissez son numéro de téléphone. Ensuite, touchez une fois dans le champ placé au-dessus du clavier, saisissez votre message, puis touchez le bouton Envoyer. Votre message s'affiche dans une bulle verte et les réponses apparaîtront dans des bulles grises ; cela donnera l'impression d'avoir une conversation.

Envoyer un message à plusieurs personnes

Vous pouvez envoyer le même message texte ou MMS à plusieurs personnes. Démarrez Messages puis touchez le bouton représentant un carré avec un crayon, en haut à droite. Commencez à saisir le nom du premier destinataire (ou son numéro de téléphone si ce n'est pas un de vos contacts), puis touchez son nom lorsqu'il s'affiche dans la liste des résultats (si vous avez saisi un numéro de téléphone, touchez le champ du message puis touchez à nouveau dans le champ saisissez le nom ou le numéro d'un autre destinataire. Vous pouvez profiter du bouton signe plus (+) pour sélectionner parmi vos contacts.

Savoir si vous avez reçu un message

Lorsque vous avez reçu un SMS ou MMS, le nom de l'expéditeur (s'il fait partie de vos contacts) est affiché avec les deux premières lignes du message, que votre iPhone soit en veille ou non. De plus, l'application Messages vous indique le nombre de messages non lus à l'aide d'un chiffre dans un petit cercle rouge dans le coin de l'icône (si vous voyez un 4 dans un cercle rouge, comme ci-dessus, cela signifie que vous avez quatre messages non lus).

iAstuce : appeler un numéro de téléphone reçu par SMS

Si une personne vous envoie un numéro de téléphone par SMS, vous remarquerez qu'il est souligné en bleu. C'est parce que l'iPhone reconnaît qu'il s'agit d'un numéro de téléphone et crée un lien. Si vous touchez ce lien, l'iPhone le compose.

Lire les messages

Comme indiqué précédemment, lorsque vous recevez un message vous voyez s'afficher à l'écran le nom de la personne qui l'a envoyé (si celle-ci se trouve dans les contacts) ainsi que les deux premières lignes du message. Si votre iPhone était en veille, la réception d'un message le réveille et en le déverrouillant vous vous rendez directement au message. Si vous utilisez votre iPhone lorsque vous recevez un message, en plus du nom de l'expéditeur et de ses deux premières lignes de message vous trouvez les boutons Répondre et Fermer. Touchez Fermer pour revenir à ce que vous faisiez et touchez Répondre pour vous rendre au message. Pour afficher la liste de tous vos messages, touchez le bouton Messages dans le coin supérieur gauche du message. Pour afficher l'un des messages de la liste, touchez-le. Si vous échangez plusieurs messages avec le même interlocuteur, ceux-ci s'affichent sous la forme de « bulles de conversation ». Vos messages s'affichent dans des bulles vertes et les réponses apparaissent dans des bulles grises (en haut à droite).

iAstuce : votre iPhone vous prévient

Votre iPhone émet une alerte lorsque vous recevez un message (si vous avez activé cette option dans les Réglages de son). Mais vous êtes parfois trop loin de votre téléphone ou dans un environnement bruyant. L'alarme est donc répétée deux autres fois à 3 minutes d'intervalle pour vous rappeler que vous avez reçu un message.

Supprimer un message

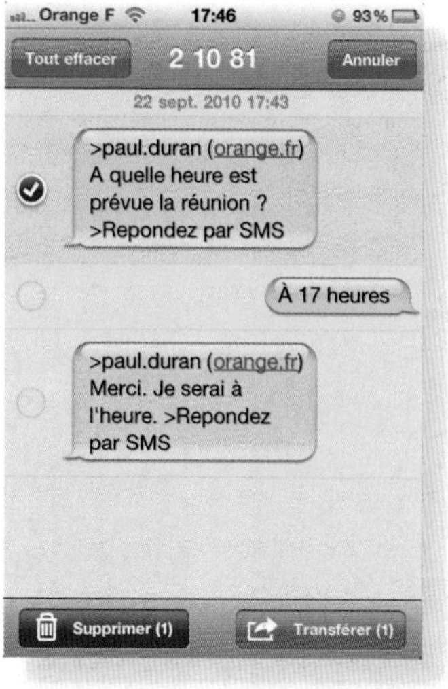

Pour supprimer un message dans une conversation, touchez le bouton Modifier dans le coin supérieur droit de l'écran du message, puis touchez le petit cercle qui apparaît à gauche du message à supprimer. Une coche rouge s'ajoute en regard du message, ce qui indique que vous l'avez marqué pour la suppression (si vous souhaitez supprimer d'autres messages, cochez-les également). Touchez ensuite le bouton Supprimer, en bas à gauche de l'écran.

iAstuce : supprimer la totalité d'une conversation

Pour supprimer la totalité d'une conversation (comme si elle n'avait jamais existé), affichez la conversation, touchez le bouton Modifier comme précédemment puis touchez le bouton Tout effacer qui apparaît en haut à gauche de l'écran. Dans la liste des messages, vous pouvez faire glisser votre doigt sur un message pour faire apparaître un bouton Supprimer. Touchez-le pour faire disparaître la conversation.

Envoyer des photos ou des vidéos

Allez dans Messages puis créez un nouveau message, saisissez le nom ou le numéro de téléphone du destinataire (consultez la première page de ce chapitre), puis touchez le champ du message au centre de l'écran. Pour envoyer une photo ou une vidéo, touchez le bouton contenant un appareil photo, à gauche du champ du message, afin de faire apparaître un menu dans lequel vous indiquez si vous souhaitez utiliser une photo (ou une vidéo) que vous avez déjà utilisée ou si vous souhaitez réaliser maintenant une photo (ou une vidéo). Touchez l'option de votre choix (disons que vous utilisez une photo existante). Vous obtenez vos albums de photos. Choisissez une photo dans un album ou, s'il s'agit d'une photo que vous avez prise avec votre iPhone, touchez Pellicule et recherchez la photo souhaitée. Vous obtenez un aperçu de la photo (ou de la vidéo) que vous allez envoyer. Si cela vous convient, touchez le bouton Choisir (sinon touchez Annuler). La photo apparaît dans la bulle de texte, il ne vous reste plus qu'à toucher le bouton bleu Envoyer. Si vous avez choisi une photo mais que vous changiez d'avis avant de l'envoyer, touchez le bouton Supprimer du clavier jusqu'à ce que la photo soit supprimée. Lorsque vous recevez une photo (ou une vidéo), elle apparaît dans une bulle, comme le texte. Pour agrandir la photo, touchez-la dans la bulle.

iAstuce : activer les MMS

Si, pour une raison quelconque, la fonction MMS (photo et vidéo) n'est pas active, touchez le bouton Réglages sur l'écran d'accueil, puis touchez Messages. Touchez le bouton Service MMS pour l'activer.

Qualité de la vidéo d'un MMS

Les fichiers vidéo sont d'une taille plus importante que les fichiers des photos ; l'iPhone doit donc fortement compresser la séquence vidéo afin qu'elle soit suffisamment petite pour être envoyée sous la forme d'un MMS. Par conséquent, la qualité de la vidéo que vous envoyez n'est pas très bonne. L'image sera certainement pixellisée et d'une qualité bien inférieure à ce que vous voyez après l'avoir filmée. S'il est important que vous conserviez la qualité de la vidéo, il est préférable que vous l'envoyiez par courriel plutôt que par MMS.

iAstuce : afficher plus de messages

Si vous voulez consulter une conversation que vous avez eue avec une personne, seuls les cinquante derniers messages échangés s'affichent. Si vous souhaitez afficher les messages précédents, touchez Charger les messages précédents, en haut de la liste, et vous obtiendrez le lot de messages précédents.

Si le message ne part pas

Si le message ne part pas, un point d'exclamation rouge s'affiche à droite du message (cela se produit généralement seulement lorsque vous êtes dans une zone de mauvaise réception). Vous devez essayer d'envoyer de nouveau le message ; pour cela, touchez le point d'exclamation puis le bouton Réessayer. Si l'envoi s'effectue correctement, le message s'affiche dans une bulle verte comme d'habitude et le point d'exclamation disparaît. Dans le cas contraire, le point d'exclamation reste affiché. De plus, si vous touchez le bouton Envoyer et que vous basculiez vers une autre application (en pensant que votre message est correctement expédié), l'application Message vous indiquera que le message n'a pas été correctement envoyé en affichant un point d'exclamation rouge sur l'icône de l'application Messages (en haut à droite).

iAstuce : voir les messages qui n'ont pas été lus

Si vous êtes sur l'écran d'accueil et que vous voyiez un chiffre sur l'icône Messages, cela signifie que vous avez des messages non lus. Tapez sur l'icône, et les messages dans la liste avec un point bleu sur le côté sont ceux que vous n'avez pas encore lus.

Envoyer un mémo vocal dans un MMS

Si vous avez enregistré un mémo vocal, vous pouvez l'envoyer dans un MMS. Rendez-vous dans l'application Dictaphone, puis touchez le bouton à droite du vumètre afin d'afficher une liste de mémos. Touchez le mémo à envoyer, puis le bouton bleu Envoyer, en bas à droite. Dans le menu qui surgit, touchez MMS. Vous obtenez un nouveau message MMS dans lequel se trouve le mémo. Saisissez le nom ou le numéro du destinataire puis touchez le bouton bleu Envoyer. Si vous souhaitez ajouter du texte en plus du mémo, touchez une fois le champ du message puis saisissez votre texte.

iAstuce : rechercher dans les messages

Si vous recherchez un message précis, vous pouvez effectuer une recherche à partir de n'importe quel mot du message. Si vous parlez de livraison de pizza, vous pouvez rechercher le mot « pizza » en le saisissant dans le champ Recherche, en haut de l'écran Messages.

Autres méthodes pour envoyer des SMS

Il existe des méthodes permettant d'envoyer des SMS sans être obligé de passer par l'écran d'accueil et de toucher l'icône Messages. Par exemple, si vous recherchez un contact dans l'application Contacts, vous pouvez voir un bouton Message. Touchez-le puis choisissez le numéro de téléphone auquel envoyer le message. Vous obtenez un écran de nouveau message avec le champ du destinataire déjà renseigné. Si vous souhaitez envoyer un SMS à la personne avec laquelle vous conversez au téléphone (j'utilise cette technique pour envoyer des numéros de téléphone à mes interlocuteurs qui ne peuvent pas les noter), dans l'application Téléphone touchez Contacts, puis le nom de la personne à qui vous parlez, puis touchez le bouton Messages. Si vous consultez la messagerie vocale visuelle, vous pouvez envoyer un SMS à la personne qui vous a laissé un message en touchant le bouton en forme de flèche bleue à droite du message vocal. Tapez ensuite le bouton Message texte.

Désactiver le son d'avertissement

Par défaut, lorsque vous recevez un SMS, l'iPhone en indique l'arrivée en produisant un son (à condition, bien entendu, que vous n'ayez pas activé le mode silencieux). Si vous préférez ne pas entendre de son à chaque nouveau message, vous pouvez désactiver cette fonction en appuyant sur Réglages dans l'écran d'accueil. Touchez ensuite Son, puis Nouveau message. Vous obtenez la liste des sons que vous pouvez utiliser (par défaut, il s'agit de trois notes). Pour désactiver le son, touchez Aucune. Appuyez sur le bouton Accueil pour revenir à l'écran d'accueil.

iAstuce : désactiver l'aperçu

Si vous préférez ne pas voir s'afficher les messages d'aperçu, allez à l'écran d'accueil, touchez Réglages puis Messages et désactivez Afficher un aperçu.

Connaître le nombre de caractères saisis

Si vous saisissez des messages très longs, votre iPhone peut vous indiquer le nombre de caractères saisis. Vous devez savoir qu'il existe une limite de 160 caractères par SMS. Pour activer cette fonctionnalité, touchez Réglages dans la page d'accueil ; ensuite, touchez Messages, puis activez l'option Nbre de caractères. Dès lors, quand vous saisissez plus de 50 caractères, un petit compteur s'affiche en haut à droite du champ du message et vous indique le nombre de caractères saisis.

Productivité
Softphone
To Do
ippi
Twitter
Skype
Evernote
fring

4

App Anthem

Utiliser les applications et l'App Store

Croyez-le ou non, j'aurais pu nommer ce chapitre *APP* ou *A.P.P.*, parce qu'il semble qu'il n'existe plus suffisamment de noms décents pour les groupes ou les chansons. APP est un groupe qui possède un titre sur l'iTunes Store, *I'm on Fire*, qui est une reprise du titre éponyme de Bruce Springsteen. J'ai vérifié si *I'm on Fire* d'APP est populaire, mais ce n'est pas le cas. Je me suis alors tourné vers un titre appelé *A.P.P.* d'un groupe appelé Papa Project. Cela ressemblait à du reggae bon enfant mais j'étais inquiet en ce qui concerne la signification d'A.P.P. Par conséquent, j'ai choisi la sécurité avec *App Anthem*, de Jimmy Towle et Doug Kaufman. App Anthem est du rap plutôt décent et je suis incapable de savoir si la chanson compte quelques phrases peu convenables, parce que je n'ai pas compris un seul mot, mais cela ne me met pas mal à l'aise parce que je suis certain que toute personne de plus de 14 ans sera dans le même cas. En fait, je pense que même les experts du décryptage de la CIA sont incapables de comprendre ce qui se dit dans les chansons de rap. On peut d'ailleurs se demander pourquoi les autres pays n'y font pas passer leurs messages secrets. Réfléchissez à cela, la seule méthode pour cracker le code est de demander à un enfant de 14 ans d'arrêter de jouer à *Halo* suffisamment longtemps pour qu'il écrive ce qu'il entend. Toutefois, les enfants de 14 ans n'écrivent plus, ils envoient des SMS et utilisent des raccourcis d'écriture que seul un enfant du même âge parvient à comprendre.

Obtenir des applications sur iTunes App Store

Le magasin réservé aux applications d'iTunes Store (appelé App Store) propose un très vaste choix de logiciels, qu'il s'agisse de jeux, d'utilitaires, d'outils de socialisation ou autres. De nombreuses applications sont gratuites et, parmi les payantes, de nombreuses sont proposées au prix modique de 0,79 euro. Rares sont celles qui dépassent les 10 euros. Même celles qui sont gratuites surprennent par leur haut niveau de qualité. Vous accédez à l'App Store depuis iTunes sur votre ordinateur en cliquant sur le lien App Store dans le bandeau supérieur de la page d'accueil d'iTunes Store. La page d'accueil d'App Store présente les applications les plus récentes. Vous pouvez utiliser le champ de recherche en haut à droite comme pour la musique ou les vidéos. Dès que vous avez trouvé une application que vous désirez télécharger, cliquez dessus pour faire apparaître le bouton Acheter App (ou le bouton App Gratuite), sur lequel vous cliquez. L'application va être téléchargée vers votre ordinateur puis apparaîtra dans la catégorie Applications de votre bibliothèque dans le volet des sources d'iTunes. Lors de la prochaine synchronisation avec votre iPhone, les applications nouvelles sont transférées vers votre iPhone (si vous avez activé la préférence correspondante).

Obtenir des applications depuis votre iPhone

Vous pouvez également télécharger des applications par liaison sans fil directement depuis votre iPhone car il dispose d'un module App Store. Depuis l'écran d'accueil, touchez l'icône App Store pour vous connecter à une version de l'App Store spécifique aux possibilités d'affichage de votre iPhone. Vous avez accès en bas à une sélection d'applications, à des catégories ou même à un palmarès sous forme de Top 25. Si vous connaissez le nom de l'application, vous pouvez utiliser le bouton Recherche et saisir ce nom. Dès que vous avez trouvé l'application désirée, touchez le prix ou le bouton Gratuit puis touchez le bouton qui le remplace (Acheter ou Télécharger). Vous devrez alors indiquer votre identifiant et votre mot de passe iTunes. L'application sera téléchargée et directement installée sur l'iPhone. Lors de votre prochaine synchronisation avec l'ordinateur, l'application sera transférée dans la bibliothèque des applications d'iTunes (si vous avez activé cette préférence).

iAstuce : télécharger une application de plus de 20 Mo

Vous pouvez télécharger la plupart des applications via la liaison cellulaire de l'iPhone (3G ou Edge). Pour une application de taille supérieure à 20 Mo, vous devrez activer une connexion WiFi.

Mettre à jour vos applications dans iTunes

Pour savoir si vous devez mettre à jour certaines de vos applications, démarrez iTunes sur l'ordinateur et cliquez dans le volet des Sources à gauche sur la catégorie Applications dans la Bibliothèque. Cliquez alors dans le coin inférieur droit de la fenêtre sur le bouton Rechercher les mises à jour. Si des mises à jour sont trouvées, une liste apparaît. Vous pouvez alors sélectionner les applications une à une ou tout mettre à jour.

Mettre à jour vos applications sur l'iPhone

Vous pouvez tout à fait mettre à jour vos applications directement sur l'iPhone. Touchez l'icône App Store de l'écran d'accueil pour voir apparaître dans la ligne du bas un bouton Mises à jour à droite. Si des mises à jour sont disponibles, un chiffre en indique le nombre. Pour connaître les détails d'une mise à jour, touchez son bouton. Pour procéder à la mise à jour, touchez le bouton Gratuit puis le bouton Installer dans l'écran d'information. Si plusieurs applications sont à mettre à jour, vous disposez d'un bouton adéquat dans l'angle supérieur droit de l'écran des mises à jour (Tout mettre à jour).

Supprimer des applications dans iTunes

Si vous ne voulez plus d'une application, accédez à la liste des applications en cliquant sur Applications dans la catégorie Bibliothèque du volet gauche d'iTunes. Frappez alors la touche Suppr (retour arrière sous Windows). Une boîte de confirmation vous rappelle qu'en supprimant l'application dans iTunes, vous allez également la supprimer de votre iPhone lors de la prochaine synchronisation. Cliquez sur le bouton Supprimer. Une autre boîte vous demande si vous voulez transférer l'application dans la corbeille. Si vous répondez positivement, l'application ne sera réellement supprimée que lorsque vous viderez la corbeille. Lors de la prochaine synchronisation avec l'iPhone, l'application sera effacée de l'iPhone (sauf si vous avez réglé les préférences autrement).

Supprimer une application depuis l'iPhone

Vous ne pouvez pas supprimer les applications standard de l'iPhone (celles installées par Apple lors de la fabrication du téléphone). En revanche, vous pouvez supprimer les applications téléchargées depuis App Store. Face à l'écran d'accueil, touchez et maintenez le contact du doigt sur l'icône de l'application à supprimer. Les icônes de toutes les applications se mettent à trembler et un X apparaît dans l'angle supérieur gauche de chaque icône d'application téléchargée. Touchez ce X pour supprimer l'application de l'iPhone. Lors de la prochaine synchronisation de l'iPhone avec l'ordinateur, cette application sera également supprimée dans la bibliothèque d'iTunes (sauf si vous avez réglé les préférences autrement).

iAstuce : consulter votre compte iTunes Store

Vous pouvez consulter et modifier les données de votre compte iTunes Store directement depuis l'iPhone. partir de l'écran d'accueil, touchez Réglages puis faites défiler la liste jusqu'à Store. Touchez l'option Visualiser le compte puis saisissez votre mot de passe. Vous avez alors accès à vos données de compte. Vous pouvez modifier la méthode de paiement ou vous abonner à des lettres d'informations et à des offres spéciales.

Organiser les applications dans iTunes

Même si je trouve très intéressant la possibilité d'organiser les applications et de créer des dossiers directement sur l'iPhone (consultez la page suivante), lorsqu'il y a un grand nombre d'applications à réorganiser, je préfère effectuer cela sur mon ordinateur avec iTunes. Vous pouvez organiser les écrans d'accueil en cliquant dessus et en les faisant glisser. Par conséquent, si vous avez un grand nombre d'éléments à organiser, connectez votre iPhone à votre ordinateur et sélectionnez-le dans la liste Source d'iTunes. Cliquez sur l'onglet Apps, dans lequel vous pouvez sélectionner les applications à synchroniser mais également les faire glisser pour les placer dans l'ordre que vous souhaitez. Lorsque vous avez terminé, cliquez sur le bouton Appliquer pour synchroniser votre iPhone.

Déplacer des applications et créer des dossiers

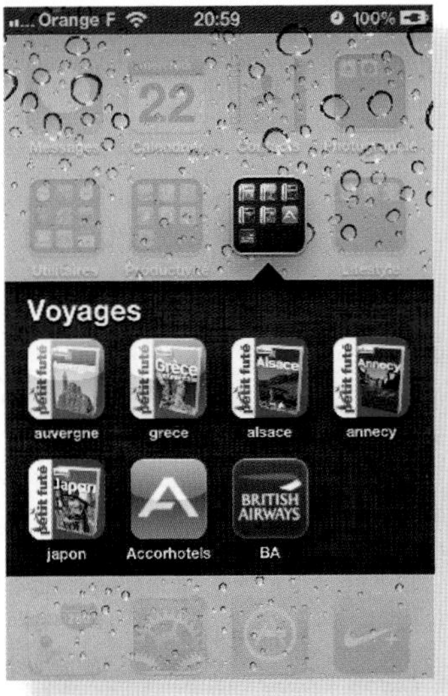

L'iPhone intègre de nombreuses applications, mais celles-ci ne vous sont peut-être pas nécessaires sur l'écran d'accueil (par exemple, si vous ne vous intéressez pas à la Bourse, l'application Bourse ne vous intéresse pas sur la page d'accueil). Même si vous ne pouvez pas supprimer ces applications (celles intégrées), vous pouvez les déplacer de l'écran d'accueil et les placer dans un dossier. Vous pouvez posséder jusqu'à onze écrans d'accueil contenant jusqu'à vingt dossiers dans lesquels vous pouvez placer jusqu'à douze applications. Par conséquent, vous pouvez déplacer, dans un autre écran, les applications les moins utilisées. Pour cela, restez à appuyer sur une icône pendant quelques secondes jusqu'à ce qu'elle s'anime. Ensuite, faites glisser l'icône que vous ne voulez plus sur l'écran d'accueil vers le bord droit de l'écran. L'écran d'accueil suivant s'affiche, vous pouvez y déposer votre icône ou vous la faites glisser vers le bord droit pour aller sur le troisième écran, et ainsi de suite. Une fois que vous êtes sur l'écran souhaité, vous pouvez y placer l'icône simplement en la déposant. Lorsque vous avez déplacé toutes les applications que vous ne souhaitez plus sur l'écran d'accueil, vous pouvez déplacer les applications que vous n'utilisez pas régulièrement sur une autre application afin de créer un dossier. Vous pouvez nommer ce dossier comme vous le souhaitez. Lorsque vous avez terminé d'organiser toutes vos applications, appuyez sur le bouton Accueil pour arrêter l'animation des icônes et verrouiller les changements.

Créer un dossier d'application dans le Dock

Le Dock se trouve en bas de chacun des écrans d'accueil et les applications qui s'y trouvent sont toujours disponibles quel que soit l'écran d'accueil affiché. Apple a placé dans le Dock les applications que vous êtes susceptible d'utiliser en permanence. Par exemple, vous trouvez l'application Téléphone, ce qui est logique puisque l'iPhone est un téléphone. Toutefois, j'aime accéder à plus que quatre applications à partir de n'importe quel écran d'accueil ; par conséquent, j'ai créé dans le Dock un dossier « Productivité » qui contient les applications dont je me sers régulièrement. Maintenant, j'ai un total de quinze applications dans le Dock et je peux y accéder à partir de n'importe quel écran d'accueil.

iAstuce : passer d'un écran d'accueil à l'autre

Comme vous pouvez ajouter des liens vers des pages web et des applications à l'écran d'accueil, l'iPhone vous propose jusqu'à onze écrans d'accueil (onze pages). Lorsque vous avez au moins deux écrans, vous voyez des petits points, au-dessus du Dock, qui vous indiquent le nombre d'écrans d'accueil que vous possédez, ainsi que celui qui est affiché (son point s'affiche en blanc). Vous pouvez toucher un point pour basculer sur l'écran concerné ou vous faites défiler les écrans vers la droite ou la gauche, comme vous le faites avec les photos.

Pour trouver des applications intéressantes

Le magasin d'applications App Store iTunes propose des dizaines de milliers de programmes. Il n'est pas simple de trouver les applications les plus intéressantes pour chacun. Voilà pourquoi je visite toutes les fins de semaine le blog de Terry, car il y propose son application iPhone de la semaine. Terry a un don pour trouver les meilleures applications. Je ne sais pas comment il fait, mais il parvient toujours à découvrir une nouvelle application qui va intéresser tout le monde. Même si vous n'êtes pas anglophone, visitez sa page à l'adresse **http://terrywhite.com/techblog** (la mise à jour se fait le vendredi).

Basculer rapidement vers une autre application

iOS 4 prend en charge le multitâche (sur l'iPhone 3GS et l'iPhone 4) ainsi que le changement rapide d'application. Si une application prend en charge le multitâche, vous pouvez passer de cette application à une autre sans être obligé de la fermer et de repasser par l'écran d'accueil. Double-touchez le bouton d'accueil pour faire apparaître la barre multitâche au bas de l'écran. Touchez l'application vers laquelle vous souhaitez basculer afin de l'ouvrir. Par défaut, les quatre dernières applications utilisées s'affichent dans la barre mais vous pouvez faire défiler cette dernière pour en afficher plus.

Afficher les contrôles audio dans les applications

Il a toujours été possible de faire cela avec les applications intégrées, comme l'iPod, mais il est maintenant possible, grâce au multitâche, de faire cela avec des applications tierces (comme avec Liveradio, d'Orange) qui ont été mises à jour afin de tirer profit de cette fonctionnalité importante. Dès que vous avez démarré la musique avec l'iPod ou Liveradio, vous pouvez démarrer une autre application et la musique continue d'être jouée. Vous accédez aux contrôles en appuyant deux fois sur le bouton Accueil puis en faisant défiler vers la gauche dans la barre multitâche au bas de l'écran.

Réception
16 sur 18

5

Vous avez du courrier

Recevoir et envoyer des courriels

Ce chapitre est essentiel car la messagerie électronique l'est devenue. Si mon iPhone ne pouvait pas recevoir de courriels, une formidable opportunité m'aurait échappé. Tout a commencé avec un message désespéré d'un certain M. Mabutu, qui (d'après son courriel) avait été membre du gouvernement de la petite nation africaine du Nantango. J'ai ainsi appris que ce gouvernement pacifique avait été renversé par un putsch dans lequel il faillit périr. Il parvint à se réfugier dans un village sous la protection de combattants restés loyaux. Avant de fuir la capitale, il avait pu virer environ 16 millions d'euros d'excédents de trésorerie étatique vers une petite banque d'un pays voisin. Il craignait que ces fonds ne finissent par tomber entre les mains du général corrompu qui avait mené le coup d'État et m'implorait de l'aider à trouver une banque française pouvant recevoir ces 16 millions. Pour me remercier de mon geste se limitant à lui fournir mon numéro de compte bancaire, avec nom d'utilisateur, mot de passe et numéro de sécurité sociale, il acceptait de partager la somme dans les proportions 60/40 (mais il m'était possible de négocier jusqu'à 50/50). Il n'y avait qu'un problème. Pour que sa banque accepte de procéder au virement, il lui fallait d'abord payer 22 800 euros pour les différents documents administratifs et financiers. J'ai immédiatement transféré 22 800 euros sur son compte d'outre-mer. Depuis ce temps, je consulte tous les jours le solde de mon compte dans l'attente de l'arrivée des 16 millions d'euros (une attente assez excitante, n'est-ce pas ?).

Paramétrer votre messagerie

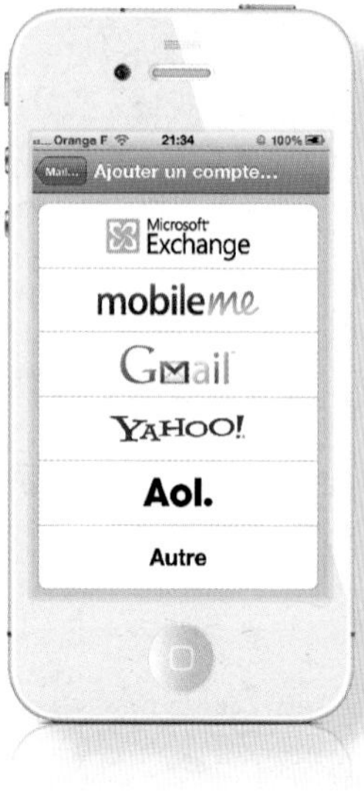

Si vous avez déjà paramétré un compte de messagerie sur votre ordinateur, vous pouvez faire paramétrer votre téléphone depuis iTunes. Dans iTunes, sélectionnez votre iPhone dans la liste Appareils à gauche puis cliquez sur l'onglet Infos dans les préférences et faites vos choix dans la section Comptes de messagerie. Pour paramétrer une messagerie dans l'iPhone, touchez l'icône Mail dans l'écran d'accueil. Dans l'écran de bienvenue, choisissez le type de compte parmi ceux proposés. Si votre messagerie fonctionne sous Microsoft Exchange, MobileMe d'Apple, Google (Gmail), Yahoo ou AOL, votre iPhone est préconfiguré avec les paramètres techniques. Il vous suffit d'indiquer votre identifiant, votre adresse de messagerie et votre mot de passe (si vous utilisez MobileMe ou Microsoft Exchange, voyez les pages 80 et 81). Si votre fournisseur d'accès n'est pas mentionné, voyez à la page suivante. Notez que si vous disposez d'un compte Yahoo votre messagerie sera de type push. (Vous n'aurez plus besoin de vérifier périodiquement s'il y a de nouveaux messages, car ils seront automatiquement envoyés vers l'iPhone.) Cette contrainte reste en vigueur pour la plupart des autres fournisseurs d'accès, mais vous pouvez programmer votre iPhone pour qu'il consulte régulièrement votre compte. Notez que le logiciel de l'iPhone comprend une fonction pour gérer Microsoft Exchange Active Sync. Si cela vous concerne, contactez le service informatique de votre entreprise pour en connaître les paramètres.

Paramétrer un autre compte

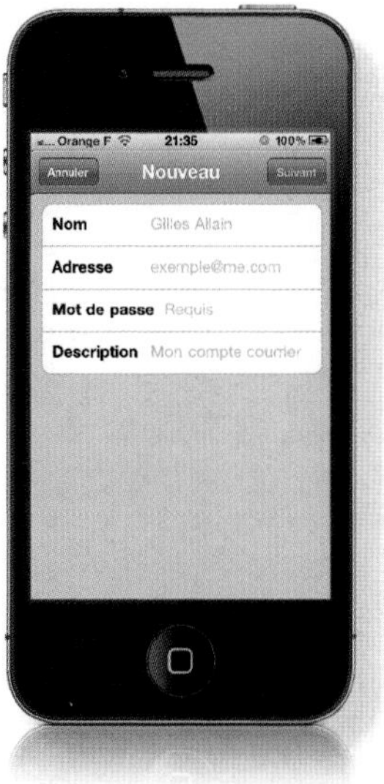

Si votre fournisseur d'accès n'est pas mentionné dans l'écran de bienvenue de la page précédente, choisissez la catégorie Autre. Vous devez connaître votre nom d'utilisateur, votre adresse de messagerie et votre mot de passe. Si l'appareil ne trouve pas de lui-même les paramètres techniques, il vous faut réunir les informations suivantes :

- Le type de votre serveur de messagerie : POP, IMAP ou Exchange.
- L'adresse du serveur entrant (le serveur POP ou POP3) : pop.fournisseur.fr ou .com.
- L'adresse du serveur sortant (le serveur SMTP) : smtp.fournisseur.fr ou .com.

La plupart des serveurs de messagerie sortants requièrent une authentification par mot de passe pour accepter d'envoyer vos messages lorsque vous n'êtes pas directement sur leur réseau. Contactez votre fournisseur d'accès pour en savoir plus. En général, vous trouverez les paramètres adéquats dans la section Aide du site web. De plus, ces paramètres sont normalement indiqués sur le courrier de confirmation de création de votre compte.

iAstuce : préférer IMAP à POP

Si vous avez le choix entre POP et IMAP pour votre serveur, choisissez IMAP. En effet, les courriels IMAP restent stockés sur un serveur. Une fois que vous avez lu un courriel sur l'iPhone, il est marqué comme tel sur le serveur. Si vous vous connectez ensuite à votre messagerie depuis votre ordinateur, vous ne chargez pas une seconde fois ce message lu. Il en va de même pour les courriels supprimés. Une fois supprimés sur l'iPhone, ils le sont aussi sur l'ordinateur.

Ajouter un compte de messagerie MobileMe

Apple propose le service MobileMe, qui permet à votre messagerie de fonctionner en mode Push et avec synchronisation, comme Microsoft Exchange. Ce service est facturé 79 euros/an (119 euros/an pour une famille avec quatre comptes). Il permet de synchroniser vos adresses et votre calendrier pour les maintenir à jour entre l'ordinateur et l'iPhone. MobileMe comprend un compte de messagerie (à extension .me). Lorsque vous recevez un courriel sur ce compte, il est retransmis d'office vers votre iPhone (c'est le mode Push). MobileMe fonctionne sous Mac OS comme sous Windows. Si vous utilisiez auparavant un compte .Mac, vous possédez sans doute un compte MobileMe maintenant. Une fois que vous avez paramétré votre compte MobileMe, vous pouvez recevoir tous vos messages MobileMe sur votre iPhone en touchant le bouton Mail puis en choisissant MobileMe (si vous n'avez encore configuré aucun autre compte). Dans le cas contraire, allez dans Réglages, puis Mail, Contacts, Calendrier puis Ajouter un compte, puis choisissez MobileMe et fournissez les paramètres de votre compte MobileMe.

Ajouter un compte de messagerie Microsoft Exchange

Vous pouvez recevoir d'office vos courriels, vos rendez-vous et vos nouveaux contacts sans fil *via* Microsoft Exchange, donc sans avoir à vous connecter *via* le câble USB à votre ordinateur. Vous devez d'abord contacter votre service informatique pour obtenir les paramètres de votre compte. Une fois cela fait, créez un compte Microsoft Exchange sur l'iPhone (si vous n'avez pas encore créé de compte, touchez le bouton Mail et choisissez Microsoft Exchange). Si un autre compte existe déjà, allez dans Réglages, puis Mail, Contacts, Calendrier et enfin Ajouter un compte. Choisissez Microsoft Exchange puis saisissez vos paramètres. Vous pouvez choisir de synchroniser ou non votre carnet d'adresses et votre calendrier. Dès qu'un courriel vous arrive au bureau, il est transféré d'office sur votre iPhone. Si quelqu'un vous propose un rendez-vous, vous pouvez lui répondre et faire ajouter le rendez-vous à votre calendrier. Toutes les mises à jour de votre carnet d'adresses sont automatiquement propagées vers le serveur. Vous n'avez donc plus jamais à resynchroniser ces informations *via* le câble USB. Ne jetez pas le câble pour autant. Il vous reste indispensable pour synchroniser votre iPhone au niveau de la musique, des vidéos, etc. ainsi que pour la mise à jour du logiciel de l'iPhone.

Relever votre courriel

Votre iPhone est moderne et futé, puisqu'il n'y a même pas de bouton pour relever ses courriels. Il suppose que, dès que vous touchez l'icône Mail de l'écran d'accueil, c'est que vous voulez savoir si vous avez reçu du courrier. Si vous êtes déjà dans l'écran de la Boîte de réception, vous pouvez forcer la consultation du serveur *via* la petite icône de flèche ronde dans l'angle inférieur gauche. Vous pouvez demander à votre iPhone de vérifier périodiquement s'il y a de nouveaux messages (par exemple toutes les 30 minutes). Allez dans Réglages, choisissez Mail, Contacts, Calendrier puis choisissez Nouvelles données et faites vos choix dans la section Push. Si votre compte de messagerie l'accepte, vous pouvez rapatrier d'office les nouveaux messages, ce qui est par exemple possible avec Microsoft Exchange et MobileMe.

iAstuce : régler la périodicité de relevage

Vous pouvez demander le relevage automatique des nouveaux courriels toutes les 15 minutes, 30 minutes ou chaque heure. Plus la fréquence est élevée, plus vous sollicitez la batterie. J'ai personnellement choisi un relevage toutes les 30 minutes.

La messagerie unifiée

Avec iOS4, vous pouvez voir les courriels de plusieurs comptes de messagerie en même temps grâce à la nouvelle boîte de réception combinée Toutes les boîtes. C'est l'une des nouvelles fonctionnalités que je préfère, parce que je possède plusieurs comptes de messagerie sur mon iPhone. Je peux voir, lire et répondre aux courriels de chacun de mes comptes à partir d'un seul endroit. Vous pouvez combiner les boîtes de réception en appuyant sur Mail dans l'écran d'accueil ou en appuyant sur le bouton Retour de n'importe quel compte de messagerie dans lequel vous vous trouvez.

Lire un courriel

Une fois que votre compte de messagerie est paramétré et que les messages commencent à arriver, accédez à la boîte de réception du compte désiré. Les messages non encore lus possèdent un point bleu à gauche. Vous pouvez lire les deux premières lignes du contenu. Pour accéder au corps du message, touchez celui que vous désirez. Vous pouvez faire défiler le contenu d'un doigt. Si le texte est trop petit, faites rejoindre pouce et index avant de toucher l'écran puis écartez les doigts pour zoomer. Pour dézoomer, posez le pouce et l'index écartés sur l'écran et rapprochez-les. Faites glisser la fenêtre que constitue l'écran dans le message en faisant glisser un doigt dans la direction désirée. Utilisez les flèches de l'angle supérieur droit pour naviguer parmi les messages.

iAstuce : signaler un message comme non lu

Vous pouvez rendre un message plus facile à retrouver en le marquant comme non lu. Touchez le bouton Détails dans l'angle supérieur droit de l'écran. Vous verrez alors un point bleu avec la mention Signaler comme non lu. Touchez ce bouton pour marquer le message.

Fils de discussion

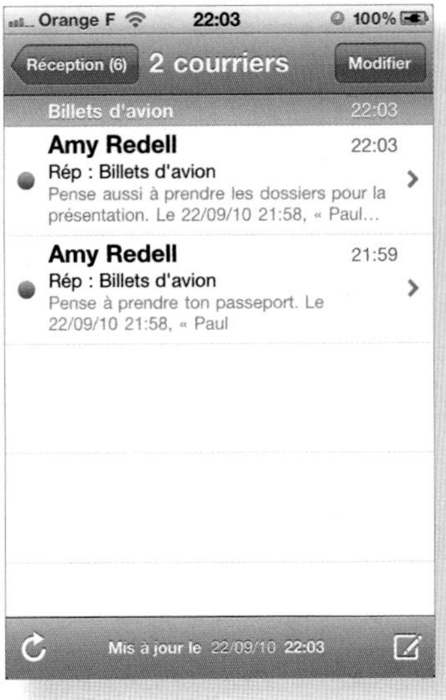

Le fil de discussions est l'une des nouvelles fonctionnalités d'iOS 4 en ce qui concerne la messagerie. Voici comment cela fonctionne : un fil de conversation est créé lorsque vous recevez une réponse à un message que vous avez envoyé en réponse au premier courriel. Lorsque vous consultez la boîte de réception, vous voyez un chiffre sur la droite du dernier message d'un fil et, lorsque vous touchez ce message, vous obtenez tous les messages contenus dans le fil. Il n'est donc plus nécessaire de faire défiler la boîte de réception pour trouver les messages liés.

Afficher les pièces jointes d'un courriel

Votre iPhone sait afficher directement les fichiers au format JPG, PDF, Microsoft Office (Word, Excel et PowerPoint) et iWork (Keynote, Numbers et Pages). Si vous recevez par exemple une photo au format JPG, Mail l'affiche directement dans le corps du courriel. Si vous recevez un fichier dans un autre format, vous verrez un lien de pièce jointe en bas du message. Touchez-le pour l'afficher. Le message se décalera vers la gauche pour montrer la pièce jointe dans un nouvel écran. Si vous souhaitez afficher le message dans une autre application que vous avez installée sur votre iPhone, touchez le bouton Ouvrir dans, afin de transférer et de voir la pièce jointe dans une autre application. Vous pouvez tourner votre iPhone d'un quart de tour pour voir la pièce jointe en mode Paysage. Pour revenir au message, touchez le bouton Boîte de réception (ou Message) en haut d'écran. S'il y a plusieurs pièces jointes, vous pouvez faire afficher la pièce jointe suivante.

Enregistrer une photo reçue par courriel

TERRY WHITE

Si vous recevez sur l'iPhone un courriel dans lequel se trouve une photo, vous pouvez ajouter cette photo à l'album Pellicule. Touchez une fois l'image pour faire apparaître un menu. Choisissez Enregistrer l'image, qui sera alors transférée dans l'album Pellicule. Pour le vérifier, touchez le bouton Accueil puis touchez le bouton Photos et ensuite Pellicule. Dès que vous repérez l'image, touchez-la pour la faire afficher en plein écran. Vous pouvez en faire votre fond d'écran, la transmettre à quelqu'un d'autre, la stocker dans votre galerie MobileMe (si vous avez un compte MobileMe) ou l'associer à l'un de vos contacts. Pour cette dernière opération, touchez l'image puis touchez le petit carré avec une flèche dans l'angle inférieur gauche de l'écran.

Appeler un numéro de téléphone depuis un courriel

Lorsque vous recevez un courriel dans lequel est mentionné un numéro de téléphone, vous pouvez directement toucher ce numéro pour le faire composer. Vous verrez apparaître une boîte rappelant le numéro et dotée des deux boutons Appeler et Annuler. Il suffit de toucher le bouton Appeler pour faire basculer votre iPhone en mode Téléphone. Une fois l'appel terminé, touchez le bouton Raccrocher pour revenir à votre courriel.

iAstuce : enregistrer et partager un numéro de téléphone

Pour récupérer un numéro de téléphone depuis un courriel afin d'en faire un contact ou de le rajouter à un contact existant, restez appuyé sur le numéro de téléphone pour afficher ces options.

Aller sur un site web depuis un courriel

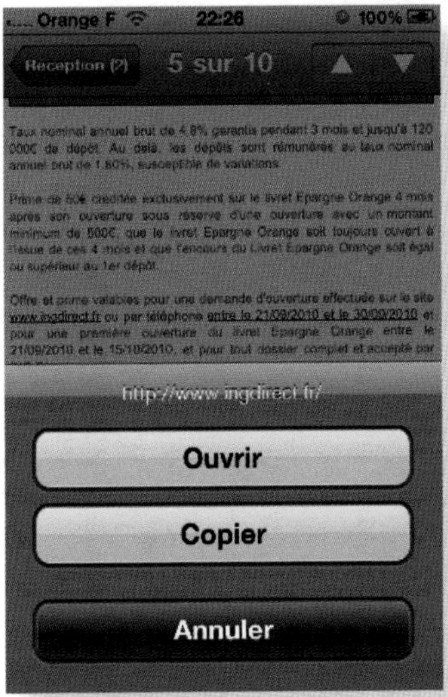

Tous les liens hypertextes de votre courriel, qu'ils soient de type texte ou sous forme d'image, sont actifs. Vous pouvez toucher un lien de courriel pour lancer le navigateur Safari et vous rendre à la page correspondante. En fin de navigation, appuyez sur le bouton Accueil puis sur l'icône Mail pour revenir à votre message. Une des fonctions que j'apprécie beaucoup dans l'application Mail est l'affichage de l'adresse réelle dans un courriel en posant le point dessus. En effet, les sites frauduleux masquent souvent leur adresse réelle derrière une adresse innocente. Lorsque vous êtes face à un courriel dont un lien web vous paraît suspect, touchez et maintenez le doigt sur le lien pendant quelques secondes. Vous verrez apparaître un menu qui montre l'adresse vers laquelle mène le lien ainsi que les commandes Ouvrir, Copier et Annuler. Cette fonction est également disponible dans Safari.

iAstuce : faire d'un lien web un signet

Dans Safari, lorsque vous voyez la page vers laquelle vous a amené un courriel, vous pouvez mémoriser celle-ci en touchant le signe plus (+) en bas d'écran. Une fois que ce signet est défini, il est automatiquement synchronisé avec votre ordinateur lorsque vous connectez l'iPhone (si vous avez activé cette préférence).

Répondre à un courriel

Dans la barre d'outils en bas du message, touchez la flèche tournée vers la gauche (c'est le deuxième bouton à partir de la droite). Dans le menu qui apparaît, vous pouvez choisir entre Répondre (Répondre à tous si le message a plusieurs destinataires), Transférer et Annuler. Si vous choisissez Répondre, vous voyez apparaître un nouveau message dont le destinataire est déjà indiqué et dont le sujet est le même. Le curseur est placé dans le corps de texte pour vous laisser saisir votre réponse. L'option Répondre à tous va envoyer votre réponse au message à l'expéditeur et tous les autres destinataires. Une fois votre saisie terminée, touchez le bouton Envoyer dans l'angle supérieur droit. Le bouton Annuler vous invite à choisir entre Enregistrer ou Ne pas enregistrer le message comme brouillon dans son état actuel.

iAstuce : utiliser un autre compte

Lorsque vous composez un courriel, vous pouvez également voir les champs Cc (copie carbone) et Cci (copie carbone invisible) et, si vous disposez de plusieurs adresses de messagerie, vous pouvez choisir celle à utiliser pour envoyer le message. Touchez la ligne Cc/Cci, De pour déplier les détails de ces trois champs. Touchez ensuite la ligne De pour choisir votre adresse d'expéditeur.

Stocker un courriel dans un dossier

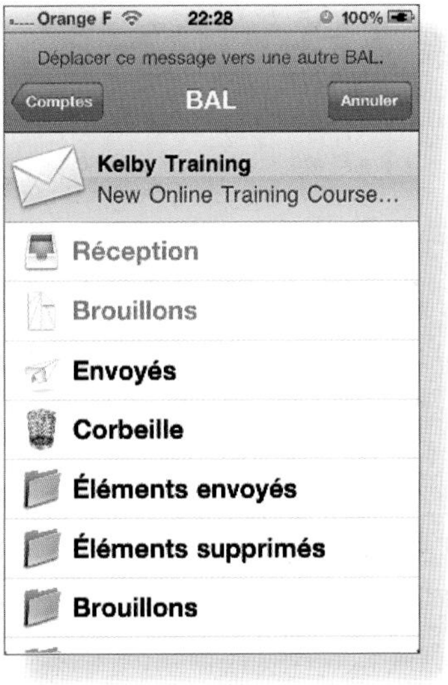

Si votre compte de messagerie utilise le mode IMAP, vous pouvez créer des dossiers pour classer vos messages, dossiers qui sont créés sur le serveur IMAP. chaque fois que vous relevez votre messagerie sur votre ordinateur, les messages que vous avez stockés sur votre iPhone se retrouveront dans les mêmes dossiers sur l'ordinateur. Pour copier un message dans un dossier, faites afficher le message depuis la Boîte de réception puis touchez le bouton de déplacement de la barre d'outils (son icône représente une flèche dans un dossier vu de biais). Cela provoque l'affichage de la liste des dossiers destinataires possibles. Touchez le dossier désiré. Si vous utilisez une messagerie en mode POP (cas le plus fréquent), cette fonction reste utile mais elle est limitée aux dossiers Brouillons, Messages envoyés et Corbeille. Ces dossiers n'existent que sur votre iPhone. Vous ne retrouverez pas le même classement sur votre ordinateur.

iAstuce : ajouter vite un signe de ponctuation

Voici une astuce que nous a apprise notre ami David Pogue. Elle permet d'insérer très vite un signe de ponctuation. Il suffit de toucher et de maintenir le bouton des chiffres/signes jusqu'à faire apparaître tous les signes possibles. Il ne reste plus qu'à faire glisser le doigt jusqu'au signe désiré et à relâcher. Vous revenez immédiatement au clavier alphabétique normal. Nous tenons à remercier David pour cette astuce qui nous sert tous les jours !

Supprimer ou déplacer un courriel

Pour supprimer un courriel depuis la liste de la Boîte de réception, touchez le bouton Modifier dans l'angle supérieur droit. Vous voyez apparaître un cercle vide à gauche de chaque message. Touchez le message à supprimer. Le cercle se remplit de rouge avec une coche blanche. Sélectionnez ainsi tous les messages à supprimer avant de toucher le bouton Supprimer de bas d'écran. L'opération est la même pour déplacer un ou plusieurs messages. Il suffit d'utiliser le bouton Déplacer en bas d'écran après avoir sélectionné les messages. L'opération fait apparaître la liste des dossiers destinataires possibles. Il suffit de toucher le nom du dossier désiré.

iAstuce : supprimer vite un seul courriel

Pendant que vous lisez un courriel, vous pouvez toucher le bouton Corbeille de la barre d'outils en bas pour l'envoyer dans la corbeille. Dans le cas d'un courriel que vous ne voulez même pas lire, vous pouvez réaliser l'opération depuis la Boîte de réception en barrant le message d'un trait avec le doigt. Vous verrez apparaître un bouton Supprimer rouge.

Déplacer ou supprimer les résultats de recherche

Faites défiler jusqu'en haut de la boîte de réception afin d'afficher la barre de recherche. Saisissez les mots-clés souhaités puis touchez le bouton Rechercher pour démarrer la recherche. Lorsque les résultats s'affichent, vous pouvez toucher le bouton Modifier, en bas à droite, puis vous sélectionnez les messages à déplacer ou à supprimer en appuyant sur le cercle en regard de chacun d'eux. Ensuite, touchez le bouton Supprimer ou Déplacer pour supprimer les messages ou les déplacer dans un dossier précis.

Transférer un courriel

Pour transférer le courriel que vous êtes en train de lire, touchez la flèche dirigée vers la gauche en bas d'écran. Elle fait afficher un menu dans lequel vous pouvez choisir entre Répondre (Répondre à tous si le message avait plusieurs destinataires), Transférer et Annuler. Touchez Transférer pour faire apparaître le message. Vous pouvez directement saisir le nom ou l'adresse de messagerie du nouveau destinataire. Si le nom est reconnu comme faisant partie de vos contacts, vous verrez apparaître la liste des contacts pouvant être sélectionnés. Plus vous saisissez de lettres, plus la liste se réduit. Pour choisir directement un contact, utilisez le signe plus (+) sur le bord droit du champ . Si vous voulez indiquer d'autres destinataires, commencez la saisie d'un nouveau nom ou d'une nouvelle adresse. La même liste apparaîtra et sera filtrée en fonction de votre saisie. Vous pouvez également indiquer une adresse en copie visible (Cc) ou invisible (Cci).

Rédiger un nouveau courriel

Pour envoyer un courriel depuis l'écran d'accueil, touchez Mail puis le bouton de création dans l'angle inférieur droit de l'écran. Vous voyez apparaître un document vide, le curseur étant placé dans le champ. Saisissez le nom du contact ou son adresse. Le système détecte les lettres saisies, et la liste filtrée des contacts vous est proposée comme décrit à la page précédente. Pensez à avoir la délicatesse de saisir le sujet de votre courriel dans le champ Objet avant de saisir le message dans le champ du bas. Vous n'avez pas de limite de longueur. Une fois votre texte saisi, touchez le bouton Envoyer. Le bouton Annuler fait apparaître un menu dans lequel vous pouvez enregistrer le message comme brouillon pour le reprendre plus tard.

Envoyer une photo par courriel

Terry White

Vous pouvez envoyer par messagerie aussi bien les photos que vous avez prises avec votre iPhone que celles que vous y avez transférées dans un album photos. Pour ce faire, depuis l'écran d'accueil, touchez l'icône Photos. Les photos que vous avez prises avec votre iPhone sont dans le dossier Pellicule. Celles que vous avez transférées depuis votre ordinateur se trouvent dans votre Photothèque ou dans l'un des dossiers d'albums. Cherchez la photo désirée et touchez-la. Vous verrez apparaître dans l'angle inférieur gauche une flèche qui émerge d'une boîte. Touchez-la pour faire apparaître un menu proposant Envoyer par courrier, Envoyer par MMS, Assigner à un contact et Utiliser en fond d'écran. Touchez la première option pour faire insérer la photo dans le corps d'un nouveau message. Il ne reste plus qu'à indiquer le destinataire (ou plusieurs), à saisir un objet et éventuellement à taper du texte d'accompagnement au-dessus de l'image. Touchez enfin le bouton Envoyer.

iAstuce : envoyer plusieurs photos

Vous pouvez envoyer plusieurs photos dans le même message. Dans le module Photos, choisissez Pellicule ou un album. Au niveau de la mosaïque des images, touchez en premier le bouton de l'angle inférieur gauche avec une flèche dans une boîte. Sélectionnez ensuite les photos que vous désirez joindre avant de toucher le bouton Envoyer.

Envoyer une note par courriel

Pour envoyer une note, accédez au module Notes depuis l'écran d'accueil. Cherchez la note désirée grâce aux flèches gauche et droite dans le bas de l'écran. Touchez ensuite le bouton symbolisant une enveloppe. La note est copiée dans un nouveau message électronique. Il ne reste plus qu'à indiquer le destinataire. Vous remarquez que le titre de la note a été inséré dans l'objet. Vous pouvez le changer si nécessaire. Vous pouvez même ajouter ou enlever du texte à votre note. Une fois le destinataire indiqué, touchez le bouton Envoyer.

iAstuce : envoyer un lien web par courriel

Vous pouvez aisément envoyer non seulement une photo ou une note, mais également un lien web directement depuis le navigateur Safari. Lorsque vous êtes face à une page web, touchez le signe plus (+) en bas et choisissez Envoyer cette adresse URL. Cela provoque la création d'un nouveau courriel dans le corps duquel a été inséré le lien web. Il ne reste plus qu'à indiquer le destinataire avant de toucher Envoyer.

Partager un contact

Depuis l'écran d'accueil, touchez Contacts puis naviguez dans la liste pour trouver le contact désiré. Faites défiler le contenu de la fiche pour arriver en bas. Vous découvrez un bouton indiquant Envoyer cette fiche. Touchez ce bouton pour faire créer par l'iPhone une fiche électronique au format vCard qui sera jointe à un nouveau message. Il ne vous reste qu'à indiquer l'adresse du destinataire. réception du courriel, celui-ci pourra importer les données dans son gestionnaire de contacts ou son iPhone. Il en va de même pour vous quand vous recevez des données vCard. Vous pouvez directement importer ces données dans votre liste de contacts.

iAstuce : afficher les adresses réelles des destinataires

Lorsque vous avez affiché un courriel, vous pouvez toucher la mention Détails dans l'en-tête pour faire afficher les noms et les adresses électroniques de tous les destinataires du message d'origine. Si vous touchez l'une de ces adresses (y compris celle de l'expéditeur), vous aurez l'opportunité d'associer la nouvelle adresse à la personne (si elle fait partie de vos contacts) ou de créer un nouveau contact.

Lire une pièce jointe audio

Je dispose à mon bureau d'un système de messagerie vocale appelé PhoneValet qui sait transmettre par courriel tous mes messages vocaux sous forme de pièces jointes audio. Lorsque je reçois ce type de fichier sur mon iPhone, je peux en lancer la lecture soit sur le haut-parleur, soit sur mes écouteurs. Si vous recevez une pièce jointe audio dans un format compatible (.MOV, .M4A, par exemple), il suffit de toucher le nom de fichier dans le corps du message pour l'écouter.

Orange F
22:37
100%
Annuler
Nouvelle icône
Ajouter
Google
Une icône sera ajoutée à l'écran d'accueil pour un accès immédiat à ce site web.

6

Surfin' Safari

Utiliser le navigateur web Safari

C'était inéluctable : le tube planétaire des Beach Boys intitulé Surfin' Safari convient à merveille à un chapitre dédié au navigateur web Safari. Mais l'esprit de la logique prend congé une fois cette constatation faite, et ceci jusqu'à la fin de cette page. Ce qui suit n'a rien à voir ni avec le surf, ni avec les safaris, ni même avec l'iPhone. Cette première page de chapitre est en effet mon quart d'heure spécial dans lequel je me connecte à vous, cher lecteur, à un niveau que je réserve d'habitude à mes plus proches amis. Lorsqu'un lecteur est arrivé à cet endroit du livre, il se produit quelque chose de tout à fait magique. Nous partageons alors un moment de lucidité extrême (bien qu'à des moments différents). Chacun de nous vit cette expérience de façon indépendante, mais dans un état fusionnel (ce n'est pas facile). C'est en effet le moment précis où vous vous rendez compte que vous avez investi tant de temps dans la lecture du début du livre que vous ne pouvez que poursuivre jusqu'au bout. De mon côté, c'est le moment où je comprends que vous possédez le livre depuis assez longtemps pour qu'il ne soit plus question d'aller vous le faire rembourser. Vous voyez que c'est vraiment magique. Posez donc le livre un instant et fermez les yeux, inspirez profondément, en sorte que votre esprit puisse rejoindre un lieu où le fait que l'introduction de ce chapitre soit hors sujet n'a plus la moindre importance. Ces considérations ne jouent plus parce que vous êtes enfin libre en votre esprit, libre de vous libérer et d'atteindre ce nirvana néo-oculaire existentiel qui ne s'obtient que dans la ville de Seattle. Je ne savais pas comment finir cette tirade en beauté. Hé ! oh ! Vous pouvez ouvrir les yeux !

Démarrer le navigateur web Safari de l'iPhone

Safari est le navigateur web standard de l'iPhone. Pour le démarrer, depuis l'écran d'accueil, touchez Safari dans le bas d'écran. Au premier démarrage, vous accédez à une page vierge avec une barre d'adresse en haut. Touchez dans le corps de la barre pour faire afficher le clavier afin de saisir l'adresse désirée. Notez que vous disposez d'un bouton .com en bas du clavier pour accélérer la saisie. Une fois l'adresse saisie, touchez le bouton Accéder. S'il y a déjà une adresse dans la barre et que vous la touchiez pour en saisir une autre, commencez par vider le contenu en touchant le X dans un cercle gris à droite de l'adresse. Safari est lancé automatiquement lorsque vous touchez une adresse web dans une autre application.

iAstuce : détecter un réseau WiFi

Vos accès au Web et à la messagerie seront plus rapides si vous pouvez vous connecter à un réseau WiFi, ce qui n'est pas simple en déplacement, sauf si vous connaissez l'astuce suivante. Depuis l'écran d'accueil, allez dans le module Plans et saisissez la mention « WiFi », puis une virgule, puis le code postal ou le nom de la ville (par exemple WiFi, Rouen). Vous verrez apparaître la position de tous les points d'accès WiFi gratuits déclarés dans le voisinage. Il existe plusieurs sites web, et notamment JiWire Wi-Fi Finder (ce dernier ressemblant à une application iPhone), grâce auxquels vous pouvez non seulement trouver les points d'accès gratuits, mais tous les réseaux WiFi ouverts. Allez voir le site à l'adresse **http://iphone.jiwire.com**. *Vous y trouverez un lien pour télécharger l'application iPhone gratuitement.*

Utiliser des signets (marque-pages)

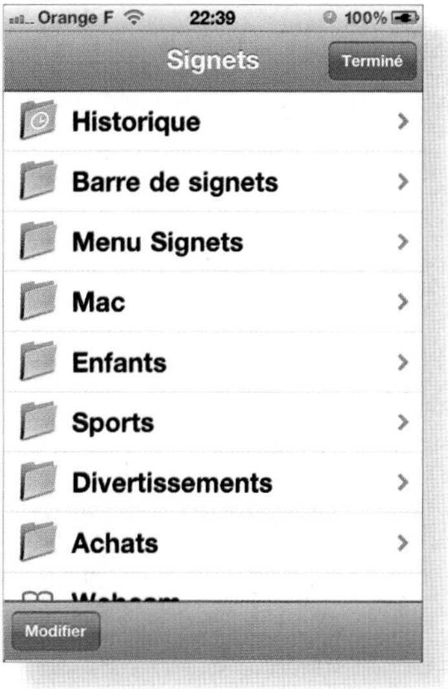

Votre iPhone synchronise automatiquement votre liste de signets Safari entre votre Mac ou votre PC et le téléphone ou vos favoris dans Internet Explorer sur PC (il faut bien sûr que cette préférence soit active). Pour utiliser un signet, touchez le petit bouton représentant un livre ouvert en bas de l'écran de Safari. Vous verrez apparaître tous les signets comme sur votre ordinateur, dans les mêmes dossiers et dans le même ordre. Naviguez jusqu'au signet désiré et touchez-le pour afficher la page web correspondante.

Ajouter un signet

Lorsque vous désirez mémoriser l'adresse d'une page web actuellement affichée dans Safari, touchez le signe le plus en bas d'écran. Parmi les options proposées, choisissez Ajouter un signet. Vous pouvez alors indiquer un nom plus approprié que celui proposé par défaut (le nom donné par le créateur de la page). Choisissez ensuite où stocker le signet parmi vos dossiers de signets. Touchez dans ce but le bouton Signets sous l'adresse web. Une fois que le nom et la destination du signet sont corrects, touchez le bouton Enregistrer.

iAstuce : pour abréger la saisie des adresses

Il n'est en général pas nécessaire de saisir l'adresse complète avec son préfixe (http://www.), dans le format ***http://www.pearson.fr****. Vous pouvez normalement indiquer seulement le nom de domaine et l'extension, comme dans pearson.fr.*

Modifier et supprimer un signet

Pour intervenir sur un signet, démarrez l'application Safari et touchez le bouton Signets en bas d'écran. Cela fait apparaître la liste des signets. Touchez le bouton Modifier dans l'angle inférieur gauche de l'écran (de la liste ou du dossier) puis sélectionnez le signet en le touchant. Vous pouvez modifier son nom et son adresse web ainsi que sa position. Touchez ensuite le bouton Terminé. Lorsque vous avez touché le bouton Modifier, vous avez vu apparaître un signe – dans un cercle rouge à gauche de chacun des signets. Toucher le cercle rouge du signet à supprimer fait apparaître à droite le bouton Supprimer. (Notez que les signets supprimés ne sont pas stockés dans une corbeille.) Une fois vos modifications effectuées, touchez le bouton Terminé puis le bouton Signets (ou le dossier du même nom) dans l'angle supérieur gauche afin de revenir à votre liste.

iAstuce : les changements dans les signets sont synchronisés

Lorsque vous créez, modifiez ou supprimez un signet sur votre ordinateur, le nouvel état sera transmis dans l'iPhone lors de la prochaine synchronisation (si vous avez activé cette préférence) ou même par voie sans fil si vous utilisez MobileMe.

Ajouter ou supprimer une icône de lien web direct

Pour les sites web que vous visitez très souvent, vous pouvez définir des icônes de liens web (Apple parle de Clips web). Ces icônes sont implantées directement sur une des pages de l'écran d'accueil de l'iPhone. Vous pouvez même définir un repère et sauter à une autre section de la page web que son début. Lorsque vous êtes dans Safari, placez-vous devant la page web désirée (vous pouvez zoomer si nécessaire) et touchez le signe plus (+) en bas d'écran. Choisissez l'option Ajouter à l'écran d'accueil (illustration de gauche ci-dessus). Donnez un nom à l'icône (soyez bref) puis touchez le bouton Ajouter en haut à droite. L'icône est ajoutée à votre écran d'accueil. Si le site web gère le format iPhone, l'icône contiendra le logo du site. Dans le cas contraire, ce sera une miniature de la page. Pour supprimer une icône web, touchez et maintenez pendant quelques secondes l'icône jusqu'à ce que toutes les icônes tremblent. Un petit X apparaît dans l'angle supérieur gauche de chacune (et de chaque application pouvant être supprimée). Touchez ce X puis confirmez en touchant Supprimer. Les autres icônes sont réorganisées. Appuyez sur le bouton Accueil sous l'écran pour ramener le calme parmi vos icônes.

iAstuce : naviguer parmi les pages de l'écran d'accueil

Vous avez remarqué les petits points dans le bas de l'écran d'accueil. Il y en a autant que de pages d'écran d'accueil. Le point de la page actuelle est blanc. Touchez un autre point pour changer de page ou faites défiler latéralement avec le doigt.

Rechercher avec Google Search

Par défaut, votre iPhone est configuré pour utiliser le moteur de recherche Google. Pour en profiter, entrez dans sa page depuis l'écran d'accueil puis touchez le champ de recherche en haut (à droite de la barre d'adresse). Grâce au clavier qui apparaît, saisissez vos critères puis touchez le bouton Google en bas à droite. Une fois que les résultats apparaissent, vous pouvez toucher l'un des liens affichés pour vous rendre à la page correspondante. Vous pouvez modifier vos préférences Safari afin d'utiliser Yahoo! ou Bing comme moteur de recherche par défaut (touchez l'icône Réglages dans l'écran d'accueil puis touchez Safari et choisissez Yahoo comme moteur de recherche).

iAstuce : envoyer une adresse web par courriel

Pour transmettre l'adresse d'une page web à quelqu'un d'autre, touchez le signe plus (+) dans le bas de l'écran Safari et choisissez Envoyer cette adresse URL. Vous créez ainsi un nouveau courriel contenant l'adresse web qui se trouvait dans la barre d'adresse. Le lien est inséré dans le corps du message.

Afficher les pages à l'horizontale

L'iPhone détecte automatiquement une rotation de 90° du boîtier, ce qui permet d'afficher vos pages en mode Paysage. Selon la mise en page, cette présentation peut se révéler plus confortable en termes de défilement et de zoom. Pour en profiter, affichez la page désirée dans Safari puis tenez votre iPhone sur la tranche (le capteur marche moins bien lorsque l'iPhone est à plat) et faites-lui faire un quart de tour. L'affichage va être automatiquement adapté. Toutes les fonctions restent disponibles dans cette orientation, y compris le clavier.

iAstuce : actualiser une page web

Lorsque vous basculez de Safari vers une autre application, le navigateur maintient en mémoire la dernière page affichée. Mais, si vous voulez par exemple voir la plus récente enchère sur un site tel eBay, il faut forcer la mise à jour de la page. Pour provoquer cette actualisation dans Safari, il suffit de toucher le petit bouton représentant une flèche circulaire à droite de la barre d'adresse.

Composer un numéro depuis une page web

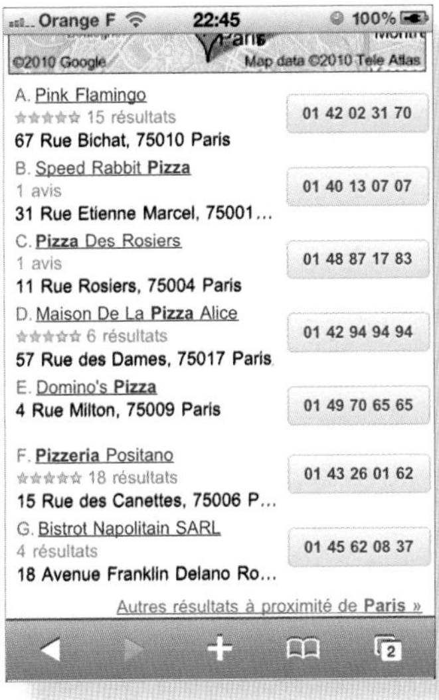

Lorsque la page web cite un numéro de téléphone, il est souvent possible de faire composer par l'iPhone le numéro sans avoir à le ressaisir. Si le numéro est détecté, il est mis en surbrillance ou présenté sous forme d'un bouton. Touchez-le. L'iPhone demande si vous voulez composer le numéro. Si vous touchez Appeler, vous êtes mis en communication. Lorsque vous touchez ensuite Raccrocher, vous revenez à la page web de départ.

iAstuce : ouvrir un lien dans une nouvelle page

Si vous touchez un lien dans une page web, Safari ouvre ce lien dans la page que vous consultez. Si vous restez appuyé sur le lien, vous obtenez la possibilité d'ouvrir le lien dans une nouvelle page. Vous pouvez ainsi passer facilement d'une page à l'autre.

Afficher un flux RSS sur votre iPhone

Certains des sites web que vous visitez proposent un mécanisme d'abonnement à un flux RSS. Dans ce cas, vous verrez un bouton RSS du côté droit de la barre d'adresse. Cliquez sur ce bouton pour accéder à la page appropriée. C'est cette page qu'il faut définir comme signet. Personnellement, je réunis tous les flux RSS dans un dossier que j'appelle (vous vous en doutez) RSS et que je place sur ma barre de signets. Une fois que vous avez défini votre dossier RSS, il ne reste plus qu'à lancer une synchronisation pour que votre iPhone reçoive les signets. Vous pourrez ensuite depuis l'iPhone toucher le nom d'un de vos flux pour obtenir immédiatement les dernières actualités du site web correspondant.

iAstuce : le lecteur RSS web de Google

Vous pouvez par ailleurs vous intéresser au lecteur RSS de Google, qui fonctionne correctement sur l'iPhone. Vous trouverez le lien pour le télécharger tout en bas de la page des actualités de Google.

Remplir un formulaire en ligne depuis l'iPhone

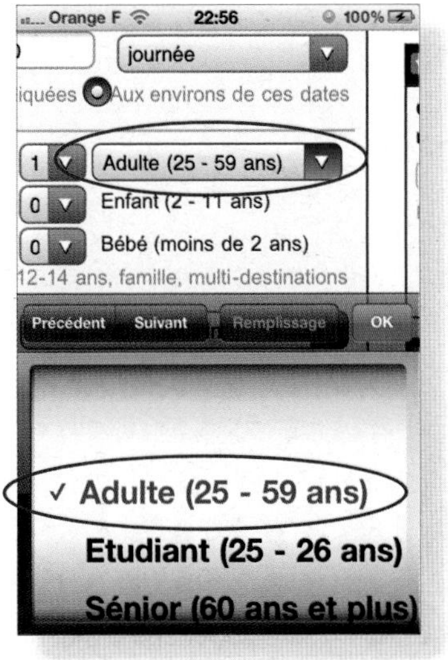

Lorsque la page web que vous affichez comprend un formulaire, vous pouvez toucher dans le premier champ pour zoomer et faire apparaître le clavier. Saisissez votre réponse dans ce champ. Si le champ suivant est visible, vous pouvez le toucher pour poursuivre la saisie. S'il n'est pas visible, touchez OK pour dézoomer afin de désigner le champ suivant. Vous disposez des deux boutons Précédent et Suivant pour aller de champ en champ. Si vous touchez un menu déroulant, Safari vous propose une aide bien pratique : la liste des choix possibles est agrandie et transformée en une roue de sélection dans la partie inférieure de l'écran. Vous choisissez votre valeur avec le doigt. Une fois tous les champs renseignés, touchez OK pour masquer le clavier ou la roue et touchez enfin le bouton de confirmation du formulaire.

iAstuce : profiter de la fonction d'autoremplissage

Lorsque vous saisissez régulièrement les mêmes données dans un formulaire, vous pouvez profiter de la fonction d'autoremplissage, qui restitue les données mémorisées de la saisie précédente. Pour activer cette fonction, depuis l'écran d'accueil touchez Réglages puis Safari et activez l'option Autoremplissage.

00:03.0
00:03.0
Démarrer
Effacer

7

L'heure, c'est l'heure

Les aides à l'organisation de l'iPhone

Nos existences sont-elles devenues si complexes, chaotiques et figées que la seule solution qu'il nous reste pour en garder le contrôle consiste à acheter un appareil portable qui devient ensuite le centre autour duquel gravitent tous nos actes quotidiens, un gadget qui déclenche des alarmes et nous rappelle d'être à un certain endroit à une heure donnée ? Sans oublier que nous devons en parallèle surveiller l'évolution des marchés et garder le contact avec une foule de personnes sur tous les continents, dans différents fuseaux horaires. L'acte si simple d'aller prendre un café n'est devenu réalisable qu'en mettant en branle une géolocalisation par satellite, impliquant une boule d'acier qui orbite autour de la terre et interroge un autre satellite pour vous rapporter une vue aérienne de l'établissement tant désiré. Est-ce ainsi que les hommes vivent maintenant ? Absolument, mais cela me convient parfaitement. Pourquoi ? Tout d'abord parce que j'ai acheté un bon paquet d'actions d'entreprises de géolocalisation GPS, des actions Google et des actions Starbucks. En fait, je n'ai pas acheté tant d'actions dans ces entreprises, mais j'aurais pu, et cela directement depuis mon iPhone. Tout du moins, jusqu'au jour où ma femme s'en serait rendu compte. Cette découverte aurait été marquée par le son caractéristique d'une poêle à frire entrant en contact avec le crâne d'un mari (comme dans les dessins animés). Le bruit aurait été si intense qu'on en aurait entendu des échos dans la station spatiale internationale (qui tourne en orbite géosynchrone autour de la planète). En entendant ce bruit, les astronautes se seraient regardés et auraient hoché la tête en disant quelque chose du style « j'ai l'impression qu'une épouse vient de découvrir que son mari abusait du boursicotage depuis son iPhone ». Vous voyez, le monde est petit, en fait.

Configurer des horloges pour plusieurs fuseaux horaires

Depuis l'écran d'accueil, touchez Horloge puis encore Horloges en bas d'écran. Au départ, c'est l'heure de Paris qui est proposée dans la version française de l'iPhone. Si cette heure ne vous intéresse pas parce que vous n'habitez pas en métropole, touchez le bouton Modifier dans l'angle supérieur gauche pour faire apparaître un petit cercle rouge avec un signe moins dans la ligne de cette ville. Touchez le cercle pour faire apparaître un bouton Supprimer à droite qu'il ne vous reste plus qu'à toucher. L'heure de cette ville a disparu (pas la ville elle-même). Pour ajouter une ville, touchez le signe plus (+) dans l'angle supérieur droit. Vous accédez à un champ de saisie et de recherche au-dessus du clavier. Saisissez le nom d'une ville (dans l'exemple, j'ai tapé « Nou » et Nouméa – Nouvelle-Calédonie – s'est affichée dans la liste). Dès que la ville désirée apparaît dans la liste, touchez-la pour la sélectionner. Vous pouvez ajouter plusieurs autres villes avec le même bouton plus.

iAstuce : pourquoi Cupertino dans la version américaine ?

Dans la version américaine de l'iPhone, le fuseau horaire par défaut est réglé sur Cupertino, en Californie. C'est tout simplement parce que c'est le siège mondial de la société Apple.

Utiliser le chronomètre

Pour accéder au chronomètre, depuis l'écran d'accueil touchez Horloge puis touchez Chronomètre en bas d'écran. Le module ne compte que deux boutons, Démarrer et Effacer. Pour commencer à chronométrer quelque chose, touchez le bouton vert Démarrer. Il est alors remplacé par un bouton rouge Arrêter. Pour remettre à zéro, touchez Effacer. Vous pouvez compter des temps intermédiaires au moyen du bouton Tour (qui remplace le bouton Effacer). Les temps des tours sont indiqués dans une liste sous les deux boutons. Vous pouvez créer de nombreux temps intermédiaires (j'ai arrêté au bout de trente-deux tours parce que j'étais fatigué). Vous faites ensuite défiler la liste des temps au tour en faisant glisser votre doigt sur l'écran dans le sens vertical.

iAstuce : comment savoir s'il fait nuit

Les heures des fuseaux horaires indiquées dans l'écran Horloges sont affichées sur fond noir lorsqu'il fait nuit dans la ville concernée. Si le fond est blanc, c'est qu'il fait jour à cet endroit.

Configurer un minuteur

Vous pouvez configurer un compte à rebours (par exemple pour faire cuire une tarte 25 minutes exactement) en utilisant le minuteur. Depuis l'écran d'accueil, touchez Horloge puis touchez Minuteur dans le coin inférieur droit de l'écran. Réglez les roues de sélection des heures et des minutes. Sous ces roues, vous voyez un bouton appelé Sonnerie qui permet de choisir quel son doit être joué par l'iPhone en fin de compte à rebours. Vous disposez d'une option pour mettre l'iPhone en veille au bout du décompte (très pratique pour écouter de la musique pendant un certain temps avant de s'endormir, car l'iPhone peut se reposer lui aussi pour économiser les batteries). Une fois votre délai indiqué et l'événement choisi, touchez le bouton vert Démarrer pour lancer le décompte.

Utiliser votre iPhone comme une alarme

Pour définir une alarme dans l'iPhone, touchez Horloge depuis l'écran d'accueil puis touchez Alarme dans le bas de l'écran. Dans l'angle supérieur droit de l'écran, touchez le signe plus (+) pour accéder à l'écran Nouvelle alarme. Choisissez l'heure de l'alarme et sa répétition, le son qui doit être joué pour l'alarme, les conditions de répétition et le nom choisi pour cette alarme (vous pouvez ainsi définir plusieurs alarmes pour vous réveiller à des heures différentes d'un jour à l'autre de la semaine). Une fois votre alarme configurée, touchez le bouton Enregistrer. L'alarme apparaît dans votre liste des alarmes et elle est active au départ. Quand l'heure sera venue, l'alarme émettra le son sans arrêter jusqu'à ce que vous touchiez le bouton Rappel d'alarme (si vous l'avez activée) ou bien que vous touchiez et fassiez glisser vers la droite le bouton Arrêter l'alarme. Si vous touchez Rappel d'alarme, le son s'arrête mais reprendra 10 minutes plus tard. Si vous utilisez Arrêter l'alarme, vous stoppez l'alarme. Vous pouvez activer et désactiver les alarmes en accédant à la liste. Pour activer une alarme, touchez le bouton gris correspondant. Touchez le même bouton pour la désactiver.

Utiliser la calculette

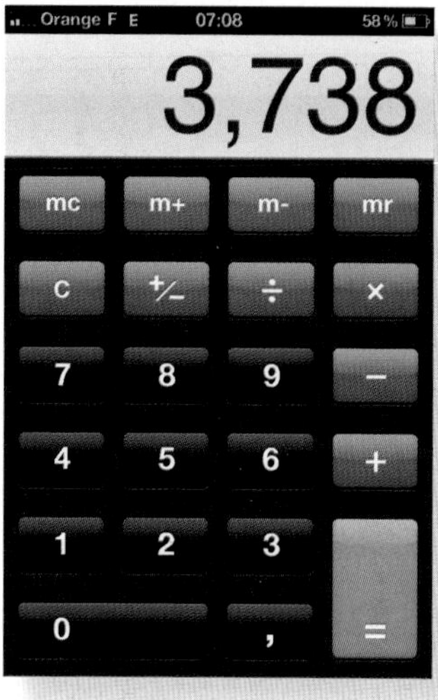

Lorsque vous touchez Calculette dans l'écran d'accueil, vous faites afficher une calculatrice standard qui offre toutes les fonctions de base (addition, soustraction, multiplication et division). Elle dispose même d'une mémoire de sous-total. Si vous avez besoin d'une calculatrice plus complexe avec les sinus, les cosinus et les logarithmes, il suffit de faire faire un quart de tour à votre iPhone. Soudain, vous voyez apparaître une véritable calculatrice scientifique. Sympathique, non ?

iAstuce : effacer une faute de saisie sur la calculette

Si vous vous êtes trompé en saisissant des chiffres, il n'est pas nécessaire de recommencer depuis le début. Touchez une fois la touche C, qui efface ce qui vient d'être saisi. Pour effacer un seul chiffre, faites glisser le doigt sur l'affichage. Cela supprime le dernier chiffre saisi.

Trouver des vidéos sur YouTube

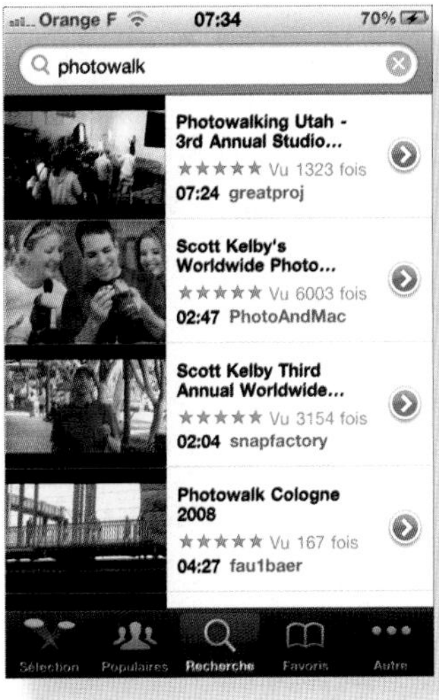

Vous pouvez regarder des vidéos depuis le site de partage en ligne YouTube.com directement depuis votre iPhone. À vrai dire, les fichiers ne sont pas téléchargés sur votre iPhone. Vous recherchez la vidéo puis vous la regardez en mode flux depuis le site YouTube.com comme sur votre ordinateur. En revanche, vous pouvez enregistrer les noms des vidéos comme Favoris pour les retrouver facilement. (Nous expliquons comment en page 125.) Depuis l'écran d'accueil, touchez l'icône YouTube puis touchez Recherche en bas d'écran. Touchez le champ de recherche pour faire apparaître le clavier et saisissez vos critères puis touchez le bouton Rechercher pour scruter l'immense vidéothèque de YouTube. Vos résultats apparaissent dans une liste sous le champ. Pour regarder une vidéo, touchez son nom puis tournez votre iPhone d'un quart de tour pour un affichage plus grand. Pour en savoir plus, touchez le bouton bleu à droite du nom de la vidéo dans la liste des résultats. Vous pouvez consulter la liste des Sélections de YouTube ainsi que la liste des vidéos les plus populaires grâce aux deux boutons dans la barre d'outils en bas. Le bouton Autre en bas à droite donne accès à un menu qui permet de consulter d'autres listes (les plus récentes, les mieux classées, l'historique de celles que vous avez visionnées, les vidéos que vous avez postées, celles auxquelles vous êtes abonné et vos listes de lecture).

Regarder une vidéo YouTube sur l'iPhone

Dès que la lecture d'une vidéo commence, vous voyez apparaître des boutons de contrôle pour mettre en pause et régler le volume. Vous remarquez un bouton pour transmettre le lien de la vidéo YouTube à un ami par messagerie. Pour faire réapparaître les boutons, il suffit de toucher l'écran. Pour revenir à la liste des résultats, touchez le bouton bleu OK dans l'angle supérieur gauche. Dans l'écran En savoir plus qui apparaît, touchez le bouton de l'angle supérieur gauche indiquant le nom de la vidéo. Dans l'écran suivant, vous verrez apparaître les vidéos associées. Pour revenir à l'écran de recherche, touchez le bouton Recherche en bas à gauche.

Définir des vidéos YouTube comme favoris

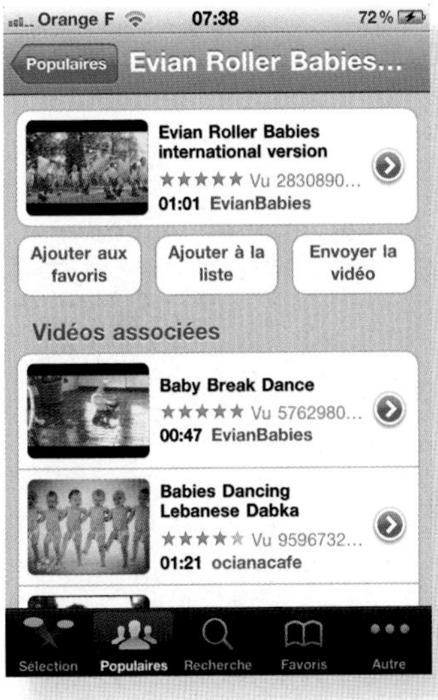

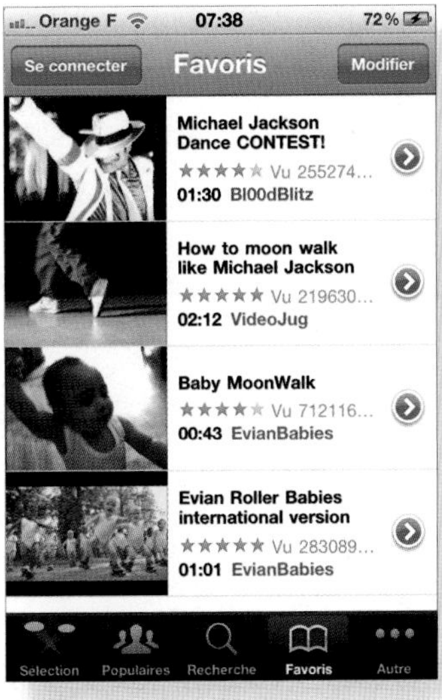

Pour retrouver une vidéo que vous avez appréciée, il suffit de l'enregistrer comme Favori, mais pour cela vous devez disposer d'un compte YouTube. Vous créez ce compte sur votre ordinateur en allant sur le site **www.youtube.com**. Une fois que vous avez un identifiant et un mot de passe, vous pouvez ouvrir votre compte YouTube sur l'iPhone. Lorsque vous définissez des favoris sur l'iPhone ou sur votre ordinateur, ils deviennent accessibles sur les deux appareils. Lorsque vous êtes face à la vidéo qui vous intéresse, touchez le bouton Favoris pendant la lecture ou bien touchez le bouton Ajouter aux favoris dans l'écran des informations de la vidéo (pour y accéder, touchez le bouton OK pendant la lecture puis le bouton indiquant le titre de la vidéo dans l'angle supérieur gauche). Une fois qu'une vidéo est définie comme favori, vous pouvez utiliser le bouton Favoris en bas d'écran pour la retrouver dans votre liste et en lancer la lecture quand vous voulez.

Personnaliser les boutons YouTube

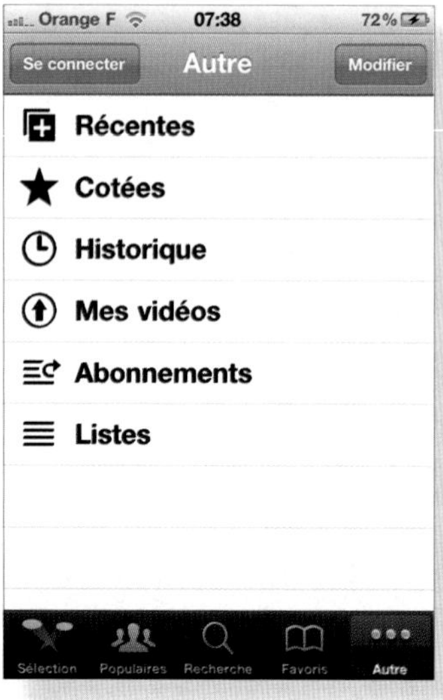

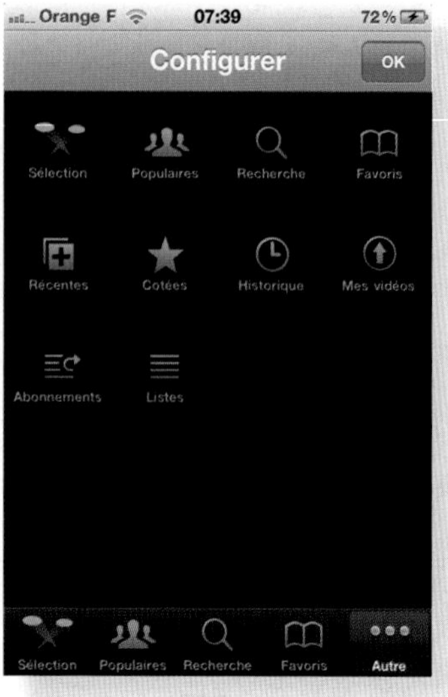

L'écran principal de YouTube propose une série de boutons par défaut en bas d'écran. Vous pouvez personnaliser cette barre pour qu'elle affiche les boutons dont vous avez le plus besoin. Depuis l'écran d'accueil, touchez YouTube puis touchez le bouton Autre en bas. Dans l'écran qui apparaît, vous voyez la ligne de boutons en bas. Touchez le bouton Modifier dans l'angle supérieur droit pour accéder à l'écran de configuration. Pour mettre en place un autre bouton, touchez et maintenez-le avec le doigt pour le faire glisser jusqu'à la barre en bas à la place du bouton qu'il doit remplacer. Le bouton qui va être remplacé se voit entouré d'une lueur blanche qui signifie que vous pouvez ôter votre doigt pour confirmer le remplacement.

Profiter de Plans pour presque tout trouver sur Terre

La fonction Plans de l'iPhone vous permet de localiser quasiment n'importe quel lieu, du terrain de golf au pressing. Non seulement elle vous fournit toutes les informations pour vous rendre à cet endroit, mais elle peut même composer le numéro d'un correspondant. Voici comment bien en profiter. Depuis l'écran d'accueil, touchez l'icône Plans. Vous voyez apparaître un champ de recherche en haut dans lequel vous allez saisir l'adresse à localiser. L'iPhone se sert des services de géolocalisation qui doivent donc être activés (nous en parlons dans la page suivante). Il repère l'entreprise ou l'établissement le plus proche de l'endroit où vous vous trouvez actuellement. Supposons par exemple que je cherche à trouver la plus proche station de vélos Vélib. Touchez une fois le champ de recherche pour faire apparaître le clavier et saisissez le nom puis touchez le bouton Rechercher en bas à droite. Dans mon exemple, j'ai saisi « Vélib ». En résultat, le plan a été enrichi de plusieurs têtes d'épingles rouges correspondant aux stations proches de ma position. Une légende a été ajoutée à la station la plus proche. En touchant la flèche bleue à droite de cette mention, vous accédez aux détails du lieu dans un écran intitulé Infos. Le cas échéant, vous pouvez directement appeler le lieu en touchant le numéro de téléphone. (Cela vous permet de savoir s'il y a des vélos disponibles à cette station.) Pour trouver un lieu plus éloigné, il suffit d'ajouter la ville dans les critères de recherche, comme dans « Vélib, Boulogne-Billancourt ».

Pour se localiser sur une carte

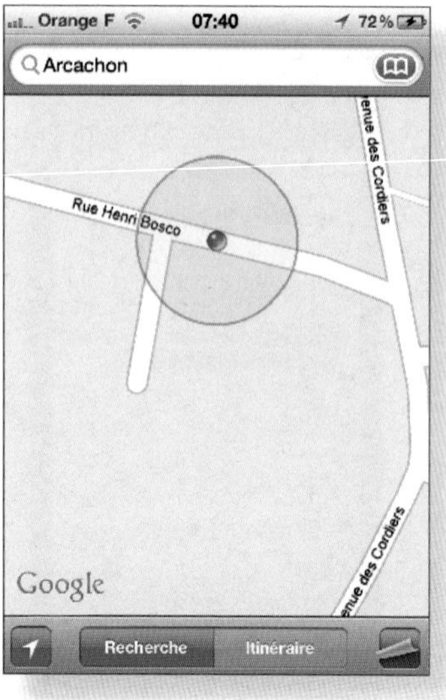

L'iPhone se base sur les technologies de téléphone cellulaire et le WiFi pour vous localiser. Si vous avez activé les services de localisation dans les paramètres généraux, l'iPhone va *a priori* centrer le plan sur votre position géographique actuelle. Si une autre carte est actuellement affichée, il suffit de toucher le bouton de Repérage situé à l'angle inférieur gauche. Une fois que l'iPhone sait où vous vous trouvez, vous pouvez lui demander de trouver tous les commerces ou établissements des environs. Si vous saisissez par exemple « pizza » dans le champ de recherche puis touchez le bouton Rechercher, la fonction va présenter toutes les pizzerias des alentours.

iAstuce : modifier l'orientation du plan

Si vous avez demandé votre localisation dans Plans, il suffit de toucher une seconde fois le bouton de localisation pour que le plan soit orienté grâce à la boussole intégrée.

Obtenir un itinéraire

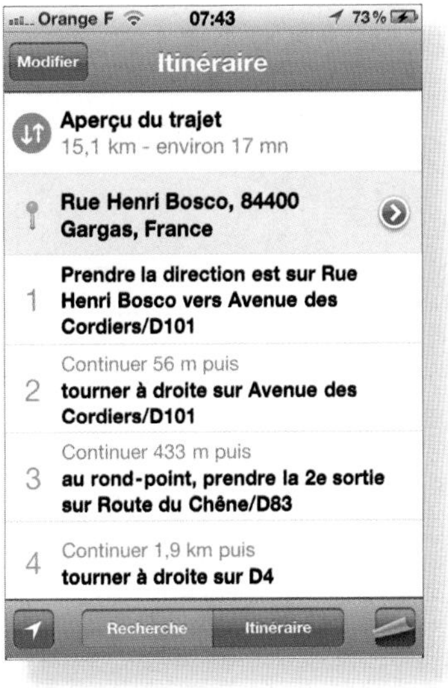

La fonction Plans de l'iPhone permet d'obtenir des instructions détaillées pour se rendre d'un point à un autre. Depuis l'écran d'accueil, touchez Plans. Supposons que vous vouliez savoir comment vous rendre dans l'un de vos restaurants préférés (dans l'exemple, le *Buron*, en banlieue sud de Paris). Touchez le bouton Rechercher. Vous devriez voir apparaître un repère rouge correspondant à votre établissement (s'il y en a plusieurs, touchez le repère du lieu désiré). Touchez ensuite la petite flèche bleue à droite du nom pour accéder à l'écran d'information. Vous y trouverez normalement le numéro de téléphone pour réserver. Dans le même écran, touchez la commande Itinéraire vers ce lieu. Si votre lieu de départ est bien votre lieu actuel et qu'il est mentionné dans Départ, vous pouvez directement toucher le bouton Itinéraire en bas à droite. L'iPhone va construire l'itinéraire. Pour l'afficher en détail, touchez le bouton en bas à droite, qui représente une feuille pliée, et sélectionnez Liste. Votre iPhone étant doté d'un GPS, il peut même assurer le suivi de votre progression en direction de votre but.

Placer un repère sur un plan

Parfois, vous ne pourrez pas faire repérer automatiquement un établissement ou une petite rue. Ce n'est pas un problème. Vous pouvez désigner la position approximative sur le plan en plaçant un repère à l'endroit désiré. Une fois qu'une épingle est en place, elle peut vous servir de point de référence pour obtenir un itinéraire de ou vers cet endroit. Depuis l'écran d'accueil, touchez l'icône Plans et faites défiler l'affichage jusqu'à vous centrer sur l'endroit concerné. Vous pouvez chercher une ville, un village ou une rue précise. Touchez alors le petit bouton de page courbée dans l'angle inférieur droit afin d'afficher les options. Touchez la première option, Placer un repère. Vous voyez apparaître une épingle au centre de l'affichage. Vous pouvez la déplacer en la touchant puis en la faisant glisser avec le doigt. Une fois que l'épingle est au bon endroit, touchez-la encore puis touchez la flèche bleue de droite et touchez la commande Itinéraire vers ce lieu. Vous parvenez ainsi à l'écran Itinéraire, dans lequel vous pouvez directement toucher en bas à droite le bouton du même nom. La fonction Plans va générer un itinéraire détaillé depuis votre lieu actuel vers ce repère.

Afficher plus de données sur un plan

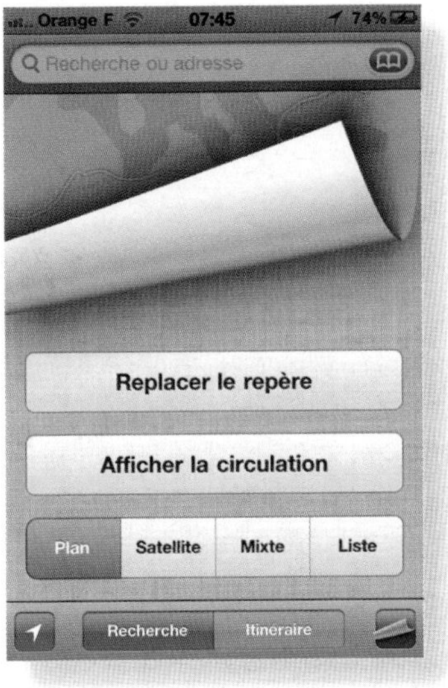

L'application Plans sait afficher une vue satellite et même les conditions de circulation actuelles. Pour profiter de ces options, touchez le bouton de l'angle inférieur droit de n'importe quel écran de la fonction Plans. L'option Plan correspond à l'affichage d'une carte routière. L'option Satellite montre une photo satellite du même endroit. L'option Mixte combine les deux vues, ce qui est souvent la solution la plus appropriée. Enfin, l'option Liste affiche les détails de l'itinéraire. Le bouton à deux états Afficher/Masquer la circulation permet de disposer des informations en temps réel pour les axes principaux. Le vert correspond aux routes autorisées à plus de 90 km/h, le jaune, aux voies urbaines entre 50 et 90 km/h, les rouges, aux rues à 30 km/h et le gris, aux rues pour lesquelles aucune donnée n'est disponible.

Localiser un contact sur un plan

Si vous avez saisi une adresse postale pour un de vos contacts, vous pourrez afficher l'endroit très rapidement sur le plan. Accédez à votre liste de contacts principale, sélectionnez le nom et accédez à la fiche du contact. Touchez alors la ligne d'adresse. Vous êtes automatiquement mené dans l'application Plans et l'adresse est mise en valeur. Une fois que la carte apparaît, vous pouvez toucher l'icône des options dans l'angle inférieur droit pour sélectionner la vue satellite. Vous voyez ainsi d'en haut où travaille votre correspondant. Double-touchez la position pour zoomer. Vous pouvez répéter cette action pour vous rapprocher encore plus.

iAstuce : basculer entre liste et plan

Lorsque vous avez demandé un itinéraire dans l'application Plans, il est souvent utile d'afficher la liste des étapes en utilisant le bouton des options de l'angle inférieur droit. Mais l'astuce n'est pas là. Vous pouvez toucher l'une des adresses servant d'étape pour rebasculer automatiquement en vue plan afin de voir où se situe exactement cette étape de votre itinéraire.

Utiliser des signets de plan

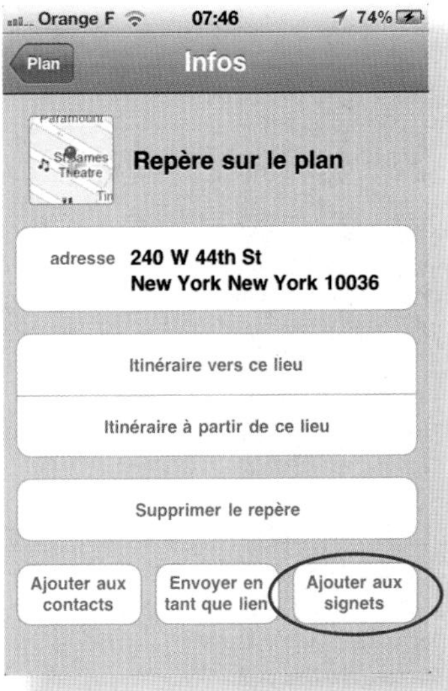

Lorsque vous êtes en déplacement, vous aurez sans doute besoin de revenir plusieurs fois au même endroit (par exemple à votre hôtel) et de définir des itinéraires vers plusieurs lieux à visiter (ou plus simplement pour aller de votre domicile à votre travail). Sachez que vous pouvez faire mémoriser vos endroits favoris sous forme de signets. Vous pouvez définir un signet de plan à partir de n'importe quel résultat de recherche ou à partir d'un repère. Touchez le bouton à flèche bleue à droite du nom du lieu puis touchez Ajouter aux signets. Indiquez le nom de votre nouveau signet et touchez le bouton Enregistrer. Lorsque vous aurez à nouveau besoin d'aller à cet endroit ou d'en partir, servez-vous de votre signet pour renseigner le champ Départ ou Arrivée. Touchez le bouton Itinéraire pour faire afficher ces deux champs. Si un champ contient déjà une indication, touchez le petit X du côté droit pour le vider. Si au moins un signet est défini, vous voyez un bouton représentant un petit livre ouvert qui permet d'accéder aux signets. Touchez-le pour afficher la liste des signets et sélectionnez celui désiré. Il ne reste plus qu'à toucher le bouton Itinéraire.

iAstuce : retrouver un lieu récemment recherché

Votre iPhone conserve la trace de vos dernières recherches dans les Plans, même si vous n'avez pas défini de signets. Vous pouvez accéder aux derniers lieux recherchés au moyen du bouton Historique dans le bas de l'écran des signets. Ces lieux peuvent servir de point de départ ou d'arrivée.

Afficher la météo locale

Depuis l'écran d'accueil, touchez l'icône Météo. Vous voyez apparaître les prévisions météorologiques de la grande ville la plus proche de votre position. Si cette ville ne vous concerne pas, touchez le petit bouton « i » dans l'angle inférieur droit pour accéder à la liste des villes. Vous remarquez la présence d'un petit bouton rouge avec un signe moins à gauche. Touchez-le pour faire apparaître un bouton Supprimer que vous pouvez toucher à son tour pour supprimer l'indication. Pour ajouter une autre ville dont vous désirez connaître la météo, touchez le signe plus (+) dans l'angle supérieur gauche. Saisissez la ville et le code postal grâce au clavier. (Dans l'exemple, j'ai saisi Cotonou, la capitale du Bénin). Touchez ensuite le bouton Rechercher en bas à droite. Si plusieurs réponses sont possibles, une liste est proposée et il ne vous reste qu'à sélectionner la ville désirée avant de toucher le bouton bleu OK dans l'angle supérieur droit.

iAstuce : comment distinguer le jour de la nuit

Les pages des villes dans lesquelles il fait jour sont affichées sur un fond bleu alors que celles dans lesquelles il fait nuit sont affichées sur un fond mauve foncé.

Ajouter la météo pour une autre ville

Dans le bas de l'écran Météo, touchez la petite icône « i » en bas à droite. Dans l'écran suivant, touchez le signe plus (+) en haut à gauche. Vous pouvez saisir le nom d'une grande ville ou bien un code postal avant de toucher le bouton Rechercher. Si la ville est directement trouvée, il suffit de toucher son nom. Vous pouvez modifier l'ordre des villes en touchant l'icône de droite représentant trois segments horizontaux. Vous pouvez maintenir la pression et faire glisser le bloc vers le haut ou vers le bas. Touchez ensuite le bouton OK. Pour passer en revue la météo des différentes villes, faites défiler horizontalement les pages avec un doigt (comme les photos de votre iPhone). Vous remarquez un petit logo Yahoo! dans l'angle inférieur gauche de l'écran Météo. Si vous le touchez, vous accédez à la page web Yahoo! qui donne des informations sur la ville notamment au niveau touristique et événementiel.

iAstuce : faire défiler les pages avec les points

Si vous avez défini plusieurs villes dans l'application Météo, vous pouvez, au lieu de faire défiler latéralement les pages avec le doigt, toucher les petits points en bas d'affichage.

Rédiger une note rapide

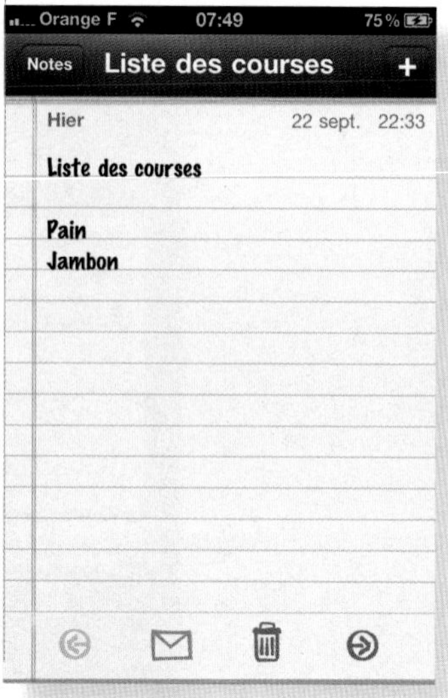

Depuis l'écran d'accueil, touchez l'icône Notes. Vous voyez apparaître la liste des notes du jour déjà rédigées. S'il n'y en a aucune, vous arrivez directement à l'écran de Nouvelle note. Saisissez le texte grâce au clavier en bas de l'écran puis touchez le bouton OK dans l'angle supérieur droit. Pour revenir à la liste des Notes, touchez le bouton Notes dans l'angle supérieur gauche. Pour lire les détails d'une note, touchez-la (les notes comprennent automatiquement la date et l'heure de rédaction en haut). Pour supprimer une note, touchez-la puis touchez l'icône de corbeille en bas d'écran. Vous remarquez les petites flèches de navigation vers la gauche et vers la droite en bas de chaque note.

iAstuce : modifier une note

Pour modifier rapidement une note, il suffit de la toucher dans la liste des notes. Dans l'affichage de la note, touchez n'importe où au milieu pour faire apparaître le clavier. Si vous touchez un mot, le curseur est placé juste à droite. Pour ajouter une ligne de notes, touchez sous le texte existant.

Suivre les cours de Bourse

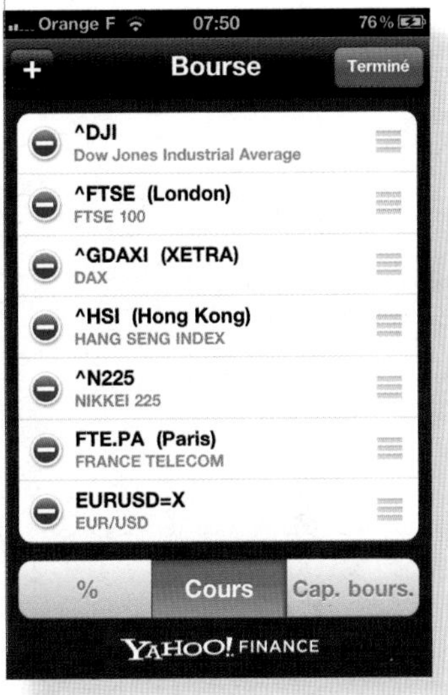

Depuis l'écran d'accueil, touchez l'icône Bourse. Par défaut, l'écran principal de l'application Bourse présente une sélection d'indices parmi lesquels le Dow Jones Industrial Average ainsi qu'Apple, Google et Yahoo!. Vous pouvez supprimer ces index et définir les vôtres. Touchez la petite icône « i » dans l'angle inférieur droit. Vous voyez apparaître la liste des cours actuels avec un signe moins rouge à gauche. Touchez-le pour faire apparaître le bouton Supprimer de confirmation. Touchez-le pour supprimer le cours. Pour insérer un nouveau cours, touchez le signe plus (+) dans l'angle supérieur gauche, ce qui mène à l'écran de création de cours. Saisissez le nom ou le code de l'action puis touchez le bouton bleu Rechercher en bas à droite. Une liste des cours correspondant à votre critère est proposée. Touchez le nom désiré pour qu'il soit ajouté aux cours que vous suivez. Touchez enfin le bouton bleu OK dans l'angle supérieur droit. Pour voir la totalité des cours, faites défiler verticalement la partie supérieure de l'écran avec un doigt.

Obtenir des détails sur un cours de Bourse

Le bas de l'écran Bourse héberge tour à tour trois types d'informations parmi lesquelles vous naviguez en faisant glisser horizontalement avec le doigt. Vous disposez d'un graphe, des évolutions de l'action et parfois des plus récentes informations concernant l'entreprise. Pour voir le graphe en grand format, tournez votre iPhone d'un quart de tour. Pour changer l'échelle temporelle du graphe, touchez l'unité désirée au-dessus du graphe (de 1 jour à 2 ans). Pour en savoir encore plus, touchez la petite icône « Y » (Yahoo!) en bas à gauche. Elle vous mène à une page web financière de Yahoo! donnant de nombreux détails et faisant référence aux plus récents articles. Pour revenir à l'écran de Bourse, appuyez sur le bouton Accueil puis touchez l'icône Bourse.

iAstuce : modifier la donnée du cours affichée

Dans la liste des cours, vous pouvez toucher le bouton de droite pour basculer l'affichage entre capitalisation boursière, évolution en pourcentage et évolution en valeur. Les valeurs positives sont affichées en vert et les valeurs négatives, en rouge, comme vous vous y attendiez.

Profiter de Bourse pour les conversions monétaires

L'application Bourse possède une fonction cachée qui vous permet de l'utiliser comme convertisseur de devises en temps réel. Il vous faut connaître le symbole sur trois caractères de la devise à surveiller. Depuis l'écran d'accueil, touchez Bourse puis touchez la petite icône « i » dans l'angle inférieur droit. Touchez le signe plus (+) dans l'angle supérieur gauche comme pour définir un nouveau cours. Saisissez le code de la première devise puis celui de la seconde puis la mention =X sans espace. Par exemple, pour une conversion entre euros et dollars US, la formule s'écrit EURUSD=X. Comme le montre l'illustration de gauche ci-dessus, vous obtenez la formule de conversion dans les résultats de recherche sous forme d'un pseudo-cours. Touchez le résultat puis touchez Terminer. La formule de conversion est ajoutée à la liste des cours de Bourse. Dans notre exemple, nous surveillons l'évolution de l'euro par rapport au dollar.

Synchroniser le calendrier

Si votre programme de gestion d'agenda sur ordinateur le permet, vous pouvez synchroniser votre agenda avec l'application Calendrier de l'iPhone (mais vous pouvez aussi exploiter manuellement le calendrier de l'iPhone comme nous le montrons à la page suivante). Les applications pouvant être synchronisées sont iCal d'Apple et Microsoft Entourage sur Mac (nous expliquons comment configurer Entourage au Chapitre 10), mais vous pouvez aussi synchroniser le calendrier avec Microsoft Outlook sous Windows. Si vous configurez iTunes pour permettre cette synchronisation, vos données d'agenda seront toujours à jour sur l'iPhone et sur l'ordinateur. Si vous êtes en entreprise et disposez d'un compte Microsoft Exchange ou si vous utilisez MobileMe, vous pouvez effectuer la synchronisation sans fil. Pour accéder à vos informations depuis l'écran d'accueil, touchez l'icône Calendrier. Trois formats sont disponibles, parmi lesquels une liste défilante ainsi qu'une vue de calendrier traditionnel. Touchez en bas d'écran le bouton Jour pour accéder au troisième format ou bien le bouton Mois pour une vue globale du mois concerné (voir l'illustration de gauche). Dans cette vue mensuelle, il y a un petit point dans la case de chaque date pour laquelle au moins un événement est programmé. Pour accéder à cet événement, touchez directement dans la case du jour. Les événements sont affichés sous le calendrier. Dans le format journalier, vous voyez le déroulement de la journée. Depuis la vue journalière, vous pouvez passer à une autre date grâce aux deux flèches gauche et droite en haut de l'écran. Pour accéder aux événements du jour, touchez le bouton Aujourd'hui dans l'angle inférieur gauche.

Ajouter un rendez-vous au calendrier

Depuis l'écran d'accueil, touchez l'icône Calendrier puis touchez le signe plus (+) dans l'angle supérieur droit pour accéder à l'écran d'ajout d'événement (voir ci-dessus). Commencez par donner un nom en touchant le champ Titre. Le clavier apparaît pour permettre la saisie. Vous pouvez également saisir un lieu. Touchez le bouton OK puis touchez le couple de champs Commence/Se termine. Dans l'écran qui apparaît, choisissez grâce aux roues de sélection l'heure de début de l'événement puis l'heure de fin. Vous pouvez également réserver toute la journée grâce à la troisième option. Tapez enfin sur le bouton bleu OK en haut à droite. Vous revenez à l'écran de l'événement, qui vous propose des options pour répéter l'événement (récurrence). Lorsque vous touchez le bouton Récurrence, vous pouvez choisir par exemple Toutes les semaines. L'événement sera programmé tous les mêmes jours de la semaine à la même heure. Vous pouvez définir une alarme pour vous prévenir de la survenue prochaine de l'événement. Touchez le bouton Alarme et sélectionnez le délai. Touchez ensuite le bouton bleu OK en haut à droite. Si vous gérez plusieurs agendas, vous pouvez choisir dans lequel le nouvel événement doit être inséré. Pour confirmer l'opération, touchez encore le bouton bleu OK dans l'angle supérieur droit.

S'abonner à un compte de calendrier sur l'iPhone

Vous pouvez synchroniser vos calendriers iPhone avec ceux de votre ordinateur, mais aussi vous abonner à des fonctions de calendrier sur Internet depuis votre iPhone. Supposons que votre équipe de sport favorite diffuse un agenda ou bien que votre partenaire publie ses données iCal sur MobileMe. Vous pouvez directement vous abonner à ce genre de calendrier. La méthode la plus simple consiste à demander à quelqu'un de vous envoyer par courriel le lien menant à son calendrier (dans le format iCal/ICS ou bien CalDAV). Dès que vous touchez le lien dans le courriel, il vous est proposé de vous y abonner. L'autre solution consiste à définir un abonnement manuellement, mais cela n'est pas réalisé dans l'application Calendrier. Depuis l'écran d'accueil, touchez Réglages puis touchez la catégorie Mail, Contacts, Calendriers. Touchez alors l'option Ajouter un compte et choisissez la dernière catégorie Autres. L'écran qui apparaît permet de choisir de créer un compte CalDAV ou de s'abonner à un calendrier au format ICS. Voici l'adresse d'un fichier de calendrier .ICS tenant compte des jours fériés français : **webcal://ical.mac.com/remyleroy/F-61-87ri-61-87sFrance.ics**. Vous pouvez saisir directement cette adresse dans votre iPhone ou l'indiquer pour le paramètre d'ajout de calendrier dans les réglages.

iAstuce : ajouter des anniversaires dans votre iPhone

Si vous utilisez iCal sur Mac ainsi que MobileMe, vous pouvez publier votre agenda d'anniversaires sur votre compte MobileMe puis vous y abonner depuis votre iPhone. Consultez le Chapitre 11 pour plus d'informations sur les anniversaires que vous ajoutez à vos contacts.

Utiliser le dictaphone

Pour enregistrer une note vocale, touchez Dictaphone depuis l'écran d'accueil. Vous êtes immédiatement face à un microphone et vous remarquez le bouton rouge d'enregistrement à gauche. Pour mettre l'enregistrement en pause, touchez le même bouton d'enregistrement. Pour clore l'enregistrement, touchez le bouton de droite en bas. Lorsque vous êtes en pause ou lorsque vous êtes hors enregistrement, ce bouton de droite permet d'accéder à la liste des enregistrements. Dans la liste, vous pouvez lire chaque enregistrement, l'effacer ou le partager avec d'autres. Si la bande passante de votre opérateur est trop juste, vous devrez éventuellement abréger l'enregistrement pour pouvoir le transmettre par courriel ou par message MMS. La fonction Dictaphone est justement dotée d'une fonction de montage qui apparaît d'office si la note vocale est trop longue. Si vous voulez la raccourcir, touchez le bouton bleu à droite de votre note dans la liste puis touchez le bouton Raccourcir dans l'écran Info. Vous pouvez synchroniser vos notes vocales entre votre iPhone et votre ordinateur. iTunes crée une liste de lecture spécifique aux mémos vocaux qu'il rapatrie depuis l'iPhone.

Utiliser la boussole

L'iPhone est doté d'une véritable boussole et non pas seulement d'un logiciel. Depuis l'écran d'accueil, touchez l'icône Boussole. Tenez votre iPhone à plat et changez de direction pour vérifier où se trouve le nord. Le petit bouton « i » en bas à droite permet de choisir entre le nord géographique et le nord magnétique. La boussole fonctionne avec l'application Plans pour savoir dans quelle direction vous vous dirigez. Le bouton de l'angle inférieur gauche, qui permet de vous localiser, vous mène directement à l'application Plans. Il suffit de toucher à nouveau le même bouton dans l'angle inférieur gauche de cette application pour que le plan soit orienté correctement en fonction de la direction dans laquelle vous tenez l'appareil.

Nike + iPod

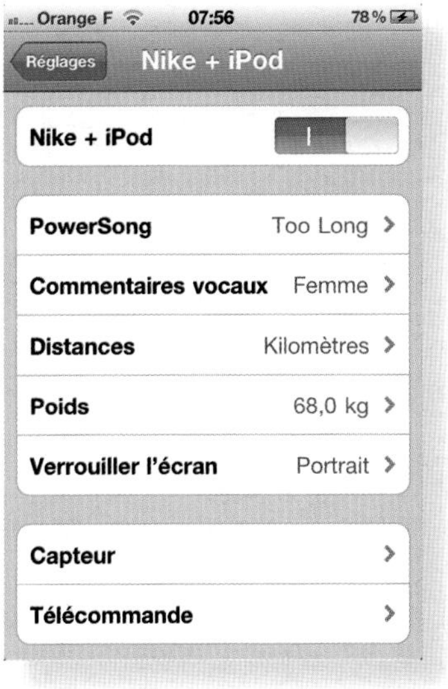

L'iPhone est doté d'un récepteur sans fil pour le capteur Nike + iPod. Il ne vous reste donc plus qu'à acheter le capteur, que vous placerez dans une paire de chaussures Nike compatibles. Une fois le capteur en place, allez modifier les Préférences de Nike + iPod. Depuis l'écran d'accueil, choisissez Réglages. Les paramètres Nike + iPod se trouvent tout en bas de la liste, dans la zone des Applications tierces. Une fois que vous avez configuré l'équipement, vous pouvez lancer l'application Nike + iPod depuis votre écran d'accueil (sur la troisième page en général). Vous définissez alors votre plan d'exercice et votre liste de lecture. Lorsque vous synchronisez l'iPhone avec iTunes, vous pouvez rapatrier les résultats de vos efforts vers le site web **NikePlus.com**, qui assurera le suivi de votre progression.

Localiser mon iPhone

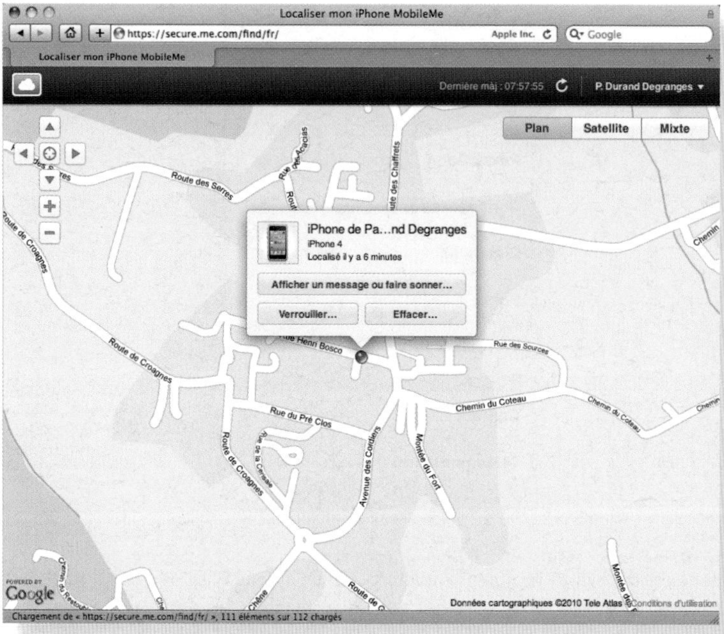

Au cas où votre iPhone serait perdu ou volé, vous pouvez, si vous avez créé un compte MobileMe, profiter de la fonction de localisation en l'activant dans les paramètres de votre compte MobileMe sur votre iPhone. Si vous activez cette fonction de localisation ainsi que la fourniture Push des courriels, vous pouvez ensuite vous connecter à votre compte MobileMe à l'adresse **www.me.com** (ou vous utilisez l'application Localiser mon iPhone, disponible pour iPhone, iPod Touch ou iPad) et voir où se trouve votre iPhone sur un plan en accédant à la page Compte. Vous pouvez même envoyer à votre appareil un message qui apparaîtra pendant 2 minutes et déclencher une alarme même si la sonnerie de l'iPhone est coupée. Vous pouvez enfin effacer à distance la totalité de vos données. Si vous retrouvez votre iPhone, il suffit de le reconnecter à iTunes pour que toutes vos données soient restaurées.

Sécuriser votre iPhone avec un code

Personne n'a envie de perdre ou de se faire voler son iPhone. Pour plus de sécurité, protégez l'accès à votre iPhone par un code. La personne qui le trouvera ne pourra pas accéder à vos données. Pour définir un code, depuis l'écran d'accueil touchez Réglages puis Général. Touchez l'option Verrouillage par code pour l'activer. Dans l'écran qui apparaît, vous devez saisir un code numérique sur quatre chiffres. Vous accédez ensuite à l'écran des Paramètres du verrouillage. Vous pouvez choisir le délai au bout duquel le téléphone se verrouille automatiquement (immédiatement, après une minute, après cinq minutes, après quinze minutes, après une heure et après quatre heures). Plus le délai est bref, plus votre téléphone est sécurisé. Sachez que vous n'aurez pas à saisir ce code à quatre chiffres à chaque fois que vous recevez un appel, mais seulement pour émettre des appels et accéder aux autres fonctions. Il n'y a bien sûr aucun code à saisir pour effectuer un appel d'urgence ni pour contrôler la fonction iPod.

Mot de passe iTunes
nom d'utilisateur
mot de passe
Annuler
OK

8

The Song Remains the Same

iTunes et les magasins iTunes Store et App Store

Un chapitre qui porte comme titre celui d'un film du groupe Led Zeppelin (1976) devrait faire du bruit dans le paradis du rock 'n' roll, non ? Voilà encore un film que je n'ai pas vu, mais je suis quasiment certain qu'il y a Jimmy Stewart et Ann Margaret parmi les acteurs. Non ? Qu'importe, ce chapitre se consacre au logiciel iTunes et au magasin iTunes Store. (Il s'appelait iTunes Music Store jusqu'à ce qu'Apple commence à proposer d'abord des séries TV puis des logiciels dans son App Store. Ce n'est donc vraiment plus un magasin de musique.) Dans ce chapitre, je propose de venir en aide à ceux qui a) n'ont jamais eu de baladeur iPod et b) n'ont donc jamais utilisé iTunes, ce qui signifie c) que vous n'avez jamais visité le magasin virtuel iTunes Store, et donc d) que vous n'êtes sans doute plus un adolescent. En effet, toute personne entre 13 ans et 19 ans doit rendre compte sur l'iTunes Store dans le cadre du décret gouvernemental de commerce en ligne sélectif de 1984, dans lequel est stipulé que tout enfant mâle de plus de 14 ans révolus doit garder les yeux fixés sur l'écran d'un appareil de jeu vidéo portable pendant au minimum 9 heures par jour (dont 2 heures à imputer sur le temps scolaire). Je disais donc que ce chapitre était destiné à ceux qui désirent découvrir ce qu'est iTunes, ce qu'ils peuvent trouver dans l'iTunes Store (comment y acheter des choses) et enfin comment transférer toutes ces choses dans leur iPhone sans qu'aucune personne âgée de 13 à 19 ans ne prenne la peine de lever les yeux de son jeu. Je pense que ce dernier défi devrait rester facile à atteindre.

Acheter des morceaux sur l'ordinateur

Pour acheter de la musique pour votre iPhone *via* l'iTunes Store, il suffit de sélectionner iTunes Store dans le volet de gauche des sources de la fenêtre iTunes. Vous pouvez profiter des catégories (Rock, Hip-Hop/Rap, Variétés, Pop, etc.), mais l'accès le plus rapide si vous savez le nom de l'artiste, de l'album ou du morceau consiste à utiliser le champ de recherche dans l'angle supérieur droit de la fenêtre. J'ai par exemple saisi « Raphaël » puis frappé la touche Retour (Entrée sur PC). En quelques secondes, tous les albums de cet artiste connus dans iTunes sont présentés (voir ci-dessus). Vous pouvez acheter et télécharger immédiatement des morceaux individuels pour 0,99 euro ou bien un album entier pour un prix variable (les albums d'Annegarn vont de 6,93 à 9,99 euros). Pour profiter d'une préécoute de 30 secondes, double-cliquez sur le nom d'un morceau. Pour l'acheter, cliquez sur le bouton Acheter (cerclé de rouge ci-dessus). Le morceau est immédiatement téléchargé vers votre ordinateur. (Vous devez avoir créé un compte iTunes pour pouvoir acheter et télécharger des morceaux.) C'est aussi simple que cela. Vous saisissez vos critères dans le champ de recherche pour trouver le ou les morceaux désirés. Vous pouvez utiliser le bouton de retour à l'accueil (la petite icône qui ressemble à une maison juste sous le potentiomètre de volume en haut à gauche). Vous avez ainsi accès aux millions de morceaux disponibles sur l'iTunes Store (il paraît qu'il y en a plus de 10 millions actuellement). Tous les morceaux que vous achetez sont ajoutés à votre Bibliothèque et leurs noms sont mentionnés dans la catégorie Achats du volet gauche des sources.

Acheter des morceaux sur l'iPhone

Pour acheter de la musique depuis votre iPhone, touchez l'icône iTunes sur l'écran d'accueil pour accéder au magasin iTunes Store. Vous avez accès aux millions de morceaux audio ou vidéo proposés par iTunes. Vous pouvez consulter les listes des nouveautés et les classements ou faire une recherche précise d'un artiste, d'un album ou d'un morceau au moyen du bouton Rechercher de la barre d'outils en bas. Une fois que vous avez trouvé un morceau, touchez son titre pour en obtenir une préécoute et double-touchez pour voir l'album entier. Pour acheter un morceau, touchez le bouton de son prix, qui indique alors la mention Acheter. Touchez à nouveau ce bouton. Vous devez saisir votre mot de passe iTunes puis le morceau est téléchargé et vous pouvez l'écouter grâce à la fonction iPod de votre iPhone. Lors de la prochaine synchronisation de l'iPhone avec votre ordinateur, le ou les morceaux ainsi achetés sont transférés sur l'ordinateur.

iAstuce : utiliser une carte iTunes

Si vous disposez d'une carte prépayée iTunes ou d'un code de crédit iTunes, vous pouvez les valider pour créditer votre compte iTunes Store. Dans la fenêtre d'iTunes, revenez si nécessaire à la page d'accueil (la petite maison) et choisissez à droite, une fois votre compte ouvert, la commande Utiliser un code.

Importer des morceaux depuis un CD

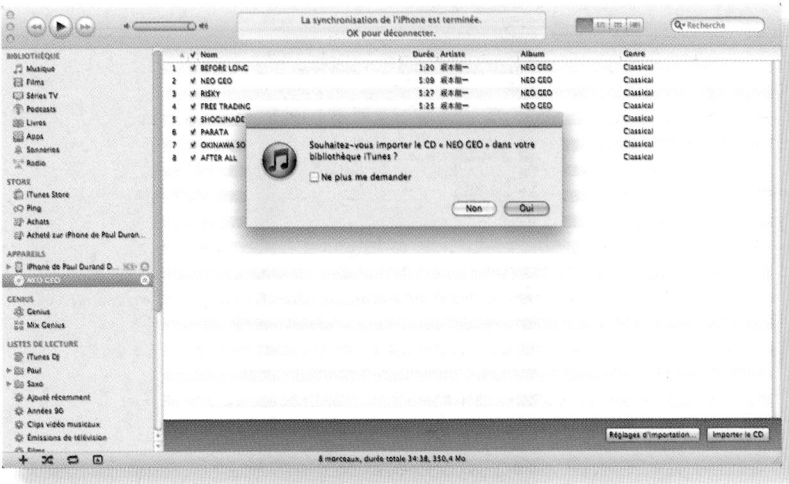

Si vous n'avez encore jamais utilisé un iPod, l'essentiel de votre patrimoine musical est peut-être sur CD. Son transfert vers iTunes (puis vers votre iPhone) est fort simple. Si la fenêtre d'iTunes est ouverte, insérez un CD audio dans le lecteur de votre ordinateur. Une boîte apparaît pour vous demander si vous voulez importer son contenu dans votre Bibliothèque iTunes. Il suffit de cliquer sur Oui pour confirmer. iTunes se charge du traitement des pistes de la première à la dernière. Le résultat est placé dans la Bibliothèque, mélangé avec tous les autres morceaux (voyez la page 154 pour savoir comment créer une liste de lecture afin de classer vos morceaux).

iAstuce : iTunes sait ajouter le nom des pistes

Si vous êtes connecté à Internet lorsque vous procédez à l'importation d'un CD, iTunes va utiliser l'identifiant du CD pour scruter une base de données musicale en ligne. Souvent, il retrouve ainsi les noms des pistes, de l'album et de l'artiste. S'il ne trouve pas les références, c'est sans doute que vous avez des goûts musicaux assez exotiques (remarque faite sans aucun jugement de valeur).

Activer le contrôle parental

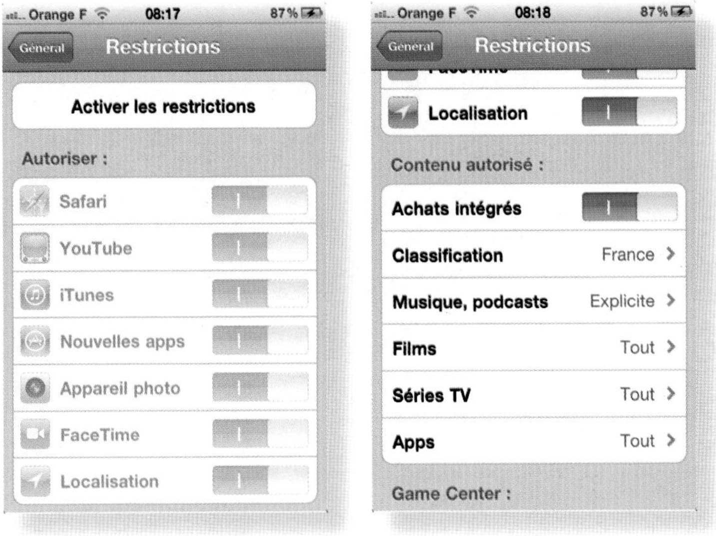

Votre iPhone est muni d'un mécanisme de contrôle parental offrant de nombreuses options. Vous pouvez ainsi protéger votre progéniture pour qu'elle ne télécharge pas de films, d'applications ou de chansons que vous considérez comme inappropriés. Il ne s'agit pas simplement d'une fonction Oui/Non. Vous pouvez choisir avec précision le classement par tranche d'âge de ce qui pourra être téléchargé depuis iTunes Store et empêcher le téléchargement de morceaux musicaux aux paroles trop explicites. Pour activer le mécanisme puis choisir vos options personnelles et votre code d'accès, depuis l'écran d'accueil touchez Réglages puis Général puis Restrictions. Touchez alors le bouton Activer les restrictions en haut. Saisissez un code sur quatre chiffres pour faire apparaître la liste des différentes restrictions possibles. Vous remarquez que le bouton du haut indique dorénavant Désactiver les restrictions. Par défaut, tout est limité (installation des applications, achats de films, etc.). Pour lever une restriction, touchez le commutateur de la ligne correspondante. Faites défiler la liste pour accéder au contenu autorisé (figure de droite ci-dessus). (N.d.T. : ne soyez pas étonné en revenant à l'écran d'accueil. Les icônes des fonctions dont l'accès a été bloqué ont logiquement disparu.)

Créer une liste de lecture musicale

Pour maintenir de l'ordre dans votre Bibliothèque musicale, vous utilisez des listes de lecture. Il s'agit de regroupements de vos morceaux favoris. Supposez par exemple que vous vouliez créer une collection des morceaux que vous préférez écouter en voiture. Commencez par cliquer sur le signe plus (+) dans l'angle inférieur gauche de la fenêtre d'iTunes. Vous voyez apparaître une nouvelle liste dans le volet Source de gauche. Le nom est sélectionné pour que vous puissiez directement saisir un nom approprié (par exemple « Belles chansons »). Validez la saisie avec la touche Retour (Entrée sur PC) puis vérifiez que vous cliquez sur la catégorie Musique dans le volet de gauche pour afficher la liste de tous vos morceaux musicaux achetés ou importés. Faites défiler la liste jusqu'à arriver à un premier morceau à ajouter à votre collection. Cliquez et maintenez pour faire glisser le nom du morceau sur votre nouvelle liste du volet gauche. Pendant le déplacement, un petit chiffre 1 apparaît près du pointeur pour confirmer que vous ajoutez un morceau à une liste (voir la figure). Procédez ainsi pour ajouter tous les morceaux de votre nouvelle liste. Vous pouvez ensuite directement accéder à la liste pour lancer la lecture et même changer l'ordre des morceaux en les glissant-déplaçant. Pour supprimer la mention d'un morceau dans la liste, il suffit de le sélectionner et de frapper la touche Suppr (touche Retour arrière sur PC). Cela ne supprime nullement le morceau de votre Bibliothèque. Seule sa mention dans cette liste disparaît.

Créer une liste intelligente

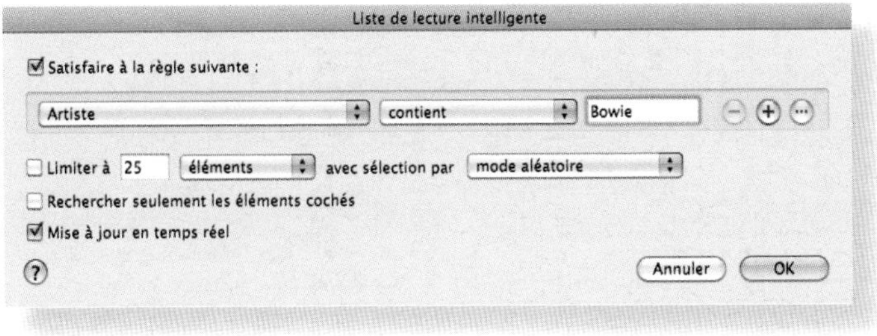

Si vous pensez ne pas avoir le temps de créer toute une série de listes de lecture manuellement (bien que créer des listes de lecture soit une activité très plaisante dans iTunes), vous pouvez demander à iTunes de préparer des listes à votre place, sous forme de liste de lectures intelligentes. Plusieurs de ces listes sont définies dès le départ. Vous disposez par exemple de la liste des vingt-cinq chansons les plus écoutées, de celle des morceaux écoutés le plus récemment et, si vous avez noté vos morceaux dans iTunes (avec le système donnant de 1 à 5 étoiles), d'une liste de votre meilleur classement. Pour créer une nouvelle liste intelligente, appuyez et maintenez enfoncée la touche Option sur Mac (la touche Maj sous Windows) avant de cliquer dans le signe plus (+) de l'angle inférieur gauche de la fenêtre d'iTunes. Vous voyez apparaître une boîte qui vous demande de saisir le critère principal de votre nouvelle liste. Supposons que vous ayez importé plusieurs albums du chanteur David Bowie et acheté quelques morceaux de lui sur iTunes Store. Dans la boîte de création de la liste, vous pouvez saisir le nom de l'artiste comme critère pour faire construire une liste intelligente de tous les morceaux de cet artiste (voir l'illustration). Ces listes sont très pratiques et faciles d'emploi. Il suffit de saisir un critère parmi les différents menus de la boîte. Vous pouvez ainsi réunir tous vos morceaux du genre Pop dans une seule liste. Il suffit de changer la mention Artiste dans la première liste déroulante pour qu'elle indique Genre, d'effacer ce que vous aviez saisi dans le critère à droite et de saisir Pop avant de cliquer sur OK. Pour que la liste soit moins peuplée, vous pouvez définir un second critère en utilisant le petit signe plus (+) à droite de votre champ de saisie. Cela provoque l'affichage d'une seconde ligne de définition de critère.

Créer une liste Genius dans iTunes

iTunes dispose d'une superfonction capable de créer une liste de lecture en se fondant sur un morceau que vous sélectionnez et en scrutant tous les autres morceaux de votre Bibliothèque qui semblent du même style. Commencez par activer Genius depuis le menu Store. iTunes envoie alors un cliché anonyme de votre Bibliothèque vers les serveurs iTunes d'Apple. Ce profil est confronté à celui issu des bibliothèques d'autres utilisateurs en sorte de pouvoir générer des listes Genius les plus pertinentes possibles. Une fois que Genius est activé, il ne vous reste plus qu'à sélectionner un morceau dans votre bibliothèque, puis de cliquer sur le bouton Genius, situé dans l'angle inférieur droit. iTunes va proposer dans le volet Genius de droite un certain nombre de morceaux apparentés à celui que vous avez désigné. Vous pouvez de temps à autre utiliser la commande Mettre à jour Genius du menu Store pour augmenter la précision des suggestions, notamment après avoir ajouté de nouveaux morceaux à votre bibliothèque. Les serveurs du mécanisme Genius ne cessent de se bonifier au cours du temps. Par défaut, les données de Genius sont mises à jour chaque semaine.

Acheter une sonnerie pour l'iPhone

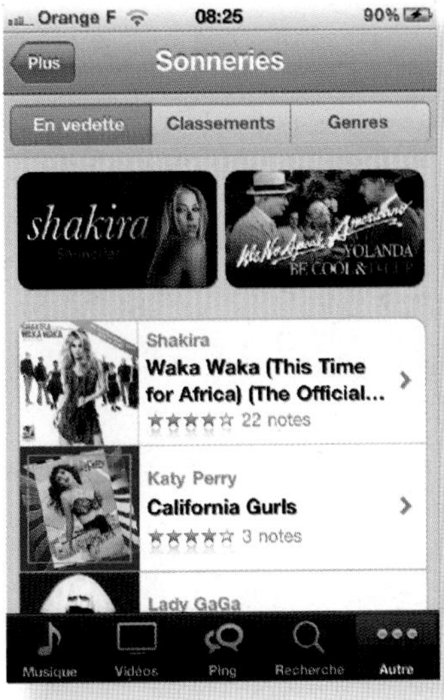

Dans iTunes, si des morceaux de musique peuvent servir de base à la création d'une sonnerie personnalisée, ils sont singularisés par la présence d'une petite cloche dans la colonne Sonnerie, colonne qui n'est pas affichée par défaut. Deux étapes sont nécessaires pour l'afficher. Accédez aux préférences d'iTunes puis à la page Général, activez alors l'option d'affichage des sonneries. De retour dans la fenêtre d'iTunes, ouvrez le menu Présentation et choisissez Options d'affichage. Cochez la case de la colonne Sonnerie. Vous pouvez ensuite ramener vers les premières colonnes la colonne Sonnerie, qui se trouve tout à la fin. Sur votre iPhone, pour acheter une nouvelle sonnerie il suffit d'accéder à l'iTunes Store puis de choisir la catégorie Sonneries en bas. Les sonneries sont proposées au prix de 1,29 euro. (Voyez en page 234 du Chapitre 11 comment créer une sonnerie personnalisée à partir d'un morceau de votre Bibliothèque.)

Télécharger des podcasts dans iTunes

Un podcast (balado) est un fichier audio ou vidéo gratuit produit par une personne ou une entreprise. Les sujets abordés sont très divers, de la recette de cuisine à l'apprentissage d'une langue, du banc d'essai de produit aux actualités. Vous trouverez des podcasts en français pour les principales émissions des grandes chaînes de radio (Radio France, RTL, Europe 1, etc.) ainsi que des podcasts spécialisés par exemple dans l'apprentissage de l'anglais ou du russe. Vous pouvez même vous abonner gratuitement pour recevoir les épisodes suivants sur votre ordinateur puis sur votre iPhone dès parution. Pour voir s'il y a des podcasts qui vous intéressent dans l'iTunes Store, choisissez la catégorie Podcasts dans la barre de catégories en haut. Vous pouvez découvrir les podcasts en parcourant les catégories (sports, technologies, santé, etc.). Dès que vous trouvez un podcast qui vous intéresse, cliquez sur le bouton Obtenir l'épisode ou bien sur le bouton S'abonner en haut pour recevoir tous les épisodes lors de leur parution (vous pouvez vous désabonner à tout moment).

Télécharger des podcasts sur votre iPhone

Vous pouvez également télécharger des podcasts directement sur votre iPhone puis les écouter ou les visualiser. Si le fichier du podcast est d'une taille supérieure à 10 Mo, vous devez disposer d'une connexion WiFi pour le télécharger. Si vous n'en avez pas, téléchargez le podcast depuis votre ordinateur dans l'iTunes Store (voir la page précédente) pour le transférer ensuite lors de la prochaine synchronisation avec l'iPhone. Depuis la page d'accueil, touchez l'icône iTunes puis la catégorie Autres en bas et enfin Podcast (dans certaines configurations, Podcast est accessible dès le premier niveau de menu). Vous avez ainsi accès aux podcasts les plus récents. Vous pouvez utiliser les classements par catégories et par notation. Dès que vous êtes face au podcast désiré, touchez-le pour le sélectionner puis touchez le bouton Gratuit à droite. Il prend alors le nom Télécharger. Touchez le bouton pour procéder au téléchargement. Revenez ensuite à l'écran d'accueil et touchez le bouton iPod puis Autres puis Podcasts afin de profiter du podcast.

iAstuce : les podcasts vidéo de Scott et de Terry

*Terry et moi publions chacun un épisode hebdomadaire de notre podcast vidéo. Le mien s'intitule Photoshop User TV (**www.photoshopusertv.com**) et celui de Terry se nomme Adobe Creative Suite Podcast (**www.creativesuitepodcast.com**). Si vous êtes anglophone, vous pouvez vous abonner à ces deux podcasts gratuitement depuis iTunes sur votre ordinateur ou directement depuis votre iPhone.*

Acheter des séries TV dans iTunes

Depuis la page d'accueil de iTunes Store, cliquez dans la barre de navigation en haut sur la catégorie Séries TV. Vous atteignez la page d'accueil de cette catégorie, qui présente quelques nouveautés. Par exemple, si vous choisissez Série TV, vous trouvez des saisons complètes de séries que vous pouvez voir sur les chaînes de télévision françaises. Vous pouvez acheter des épisodes ou une saison complète. Les films possèdent leur propre section dans iTunes Store. Certains films sont disponibles en HD et vous avez la possibilité de louer un film plutôt que l'acheter. Une fois que vous avez téléchargé un film loué, vous avez 30 jours pour commencer à le visionner. Une fois que vous avez démarré le visionnage, vous avez 24 heures pour le regarder en totalité (ou le revoir plusieurs fois). Une fois le délai de 24 heures (ou de 30 jours) dépassé, le film est automatiquement supprimé.

iAstuce : créer une liste de lecture vidéo

Les listes de lecture ne sont pas limitées à la musique. Vous pouvez créer une liste de lecture pour vos séries TV ou vos films d'animation préférés. Cela permet de créer une liste pour les films d'horreur, une liste pour les séries policières, etc. La création suit la même procédure que pour une liste de lecture audio.

Acheter des vidéos sur votre iPhone

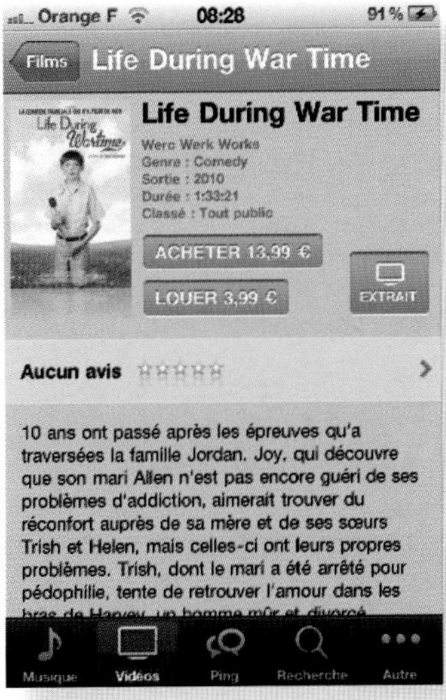

Vous pouvez acheter des épisodes de séries TV directement depuis votre iPhone. Depuis la page d'accueil, touchez l'icône iTunes pour accéder au magasin puis touchez la catégorie Vidéos en bas d'écran, puis choisissez le type de vidéo que vous souhaitez. Si vous choisissez Films, touchez le film que vous souhaitez pour faire apparaître les boutons permettant d'acheter ou de louer le film (la disponibilité des options dépend du film). N'oubliez pas qu'ici, lorsque vous avez commencé à regarder un film, vous avez 24 heures pour le regarder en totalité avant qu'il ne s'efface. Vous avez jusqu'à 30 jours pour commencer à visionner le film.

iAstuce : achat d'un film HD pour votre iPhone

Lorsque vous achetez un long-métrage en haute définition depuis votre iPhone, c'est une version en définition standard qui est téléchargée sur l'iPhone, cette version étant conçue pour un affichage idéal en fonction des caractéristiques de l'iPhone. Si vous vous placez devant votre ordinateur, vous n'aurez plus qu'à télécharger la version HD du même objet sans coût supplémentaire. Le téléchargement vers votre Bibliothèque vidéo devrait commencer dès que vous vous connectez. Si ce n'est pas le cas, vous cliquerez sur la catégorie Téléchargements dans le volet des sources à gauche de la fenêtre d'iTunes, puis sur la flèche tournée vers le bas sous la fenêtre principale.

Choisir quoi transférer vers votre iPhone

L'iPhone dispose d'une capacité de stockage inférieure à celle d'un ordinateur. C'est pourquoi iTunes vous permet de choisir quelles listes de lecture, quelles séries TV et quels autres objets doivent être transférés. Après avoir connecté votre iPhone à l'ordinateur, démarrez iTunes et cliquez dans la ligne de votre iPhone dans le volet des sources à gauche. Cela fait apparaître les pages de préférences dans la fenêtre principale. Vous constatez la présence de plusieurs onglets en haut de la fenêtre (Applications, Sonneries, Musique, etc.). Cliquez par exemple sur l'onglet de la page Séries TV (voir l'illustration). Si vous décochez l'option Inclure automatiquement, vous pourrez ensuite sélectionner un à un les séries et les épisodes que vous désirez synchroniser entre l'ordinateur et l'iPhone. Après avoir effectué vos modifications, n'oubliez pas de cliquer en bas à droite sur le bouton Appliquer (cerclé de rouge dans l'illustration). Notez que votre ordinateur doit être connecté à Internet pendant la synchronisation. De plus, les films que vous louez sont supprimés de la bibliothèque vidéo d'iTunes dès qu'ils ont été transférés sur l'iPhone.

Réaliser le transfert d'iTunes vers l'iPhone

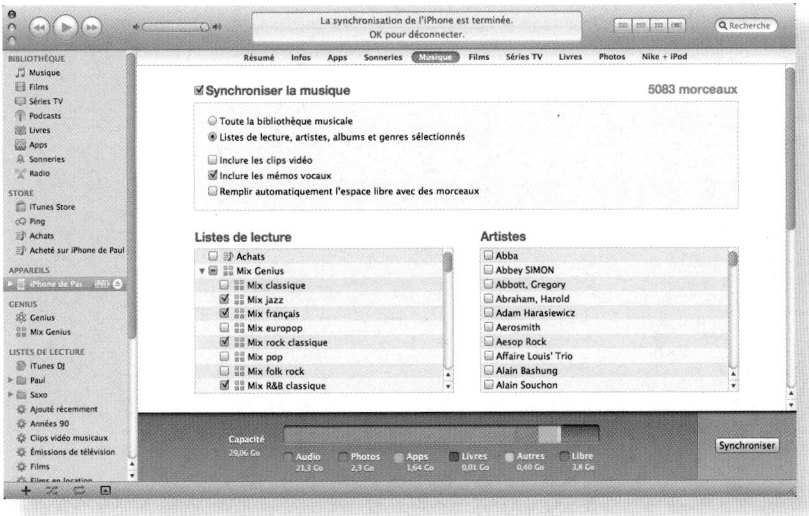

Une fois que vous avez sélectionné les listes de lecture, les séries TV, les podcasts, les clips vidéo et autres objets que vous voulez maintenir synchrones entre iTunes et iPhone et dès que vous avez synchronisé une fois iTunes avec votre iPhone, les synchronisations suivantes sont réalisées automatiquement (si vous n'avez pas modifié les préférences à ce niveau). Dès que vous branchez votre iPhone à l'ordinateur, iTunes est lancé automatiquement et procède aux téléchargements des nouveaux objets parmi ceux que vous avez sélectionnés. Vous n'avez rien d'autre à faire.

iAstuce : pour en savoir plus sur iTunes

Nous n'avons fait que survoler les possibilités d'iTunes et du magasin iTunes Store. Pour en savoir plus, nous vous conseillons un livre du même éditeur totalement consacré aux baladeurs iPod et au magasin iTunes Store. Le titre de ce livre est iPod & iTunes, *de Scott Kelby*

1 sur 2
00:29
-03:52

9

Video Killed the Radio Star

Le baladeur iPod intégré

Cela n'a peut-être pas assez été remarqué, mais la chanson de 1979 des Buggles intitulée *Video Killed the Radio Star* a marqué une étape importante dans l'histoire de la musique : la chaîne de télévision MTV, lorsqu'elle a commencé à émettre en août 1981, a choisi le clip vidéo de cette chanson comme premier document à diffuser. Je possède un iPod normal qui sait lire les vidéos, mais il ne dispose pas du superbe écran large de l'iPhone. C'est en réfléchissant à cela que j'ai réalisé que l'iPhone allait lui aussi jouer un rôle dans l'histoire de la musique. En tant que propriétaire d'un tel appareil, comme MTV, il me faut choisir quel clip vidéo lire pour le baptême de mon iPhone. Je savais que je choisirais au moins en partie en fonction de mes goûts musicaux et de mon vécu d'auditeur, ce qui a engendré une certaine pression en moi. Pensez-y, dans bien des années des étudiants en sociologie dans des universités situées à l'autre bout du monde, Helsinki, Cincinnati ou Tahiti, étudieront peut-être et discuteront du choix de mon premier clip vidéo. Je ne sais si je suis prêt à endosser une telle responsabilité. C'est sans doute dans cet état mental altéré qu'au lieu de faire défiler calmement ma collection de clips vidéo j'ai par erreur appuyé sur le bouton de lecture alors que le clip sélectionné était *Wannabe*, des Spice Girls. J'ai cherché frénétiquement à toucher le bouton de pause, mais c'était trop tard. Le clip était là dans toute sa splendeur. Ma seule consolation : les Spice Girls étaient britanniques, comme les Buggles. Si vous écoutez bien, vous pourrez presque entendre les professeurs de l'université d'Helsinki pouffer de rire tout en rédigeant les descriptifs de leurs prochains cours.

Synchroniser iTunes avec l'iPhone

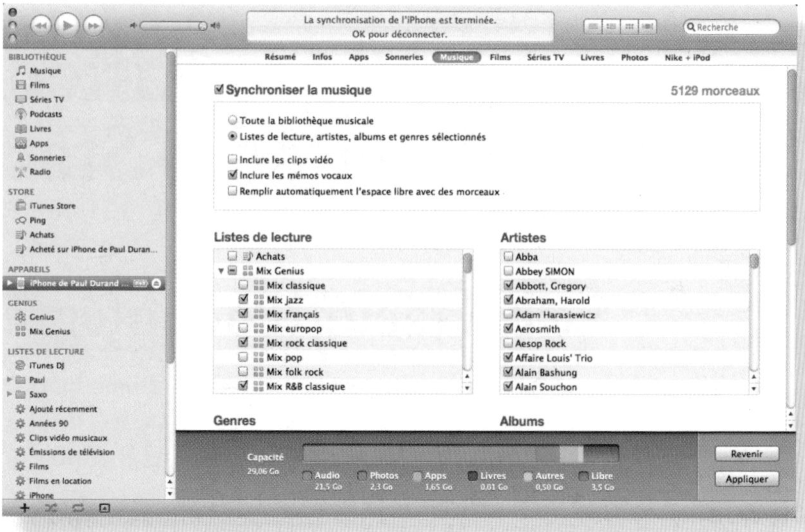

Transférer vos morceaux audio, vos séries TV et autres documents depuis votre bibliothèque iTunes de l'ordinateur vers votre iPhone est très simple. Il suffit de connecter l'iPhone *via* le câble USB livré avec. Par défaut, tous vos objets sont recopiés sur l'iPhone, mais vous voudrez sans doute contrôler plus précisément ce transfert, notamment parce que l'ordinateur dispose de bien plus d'espace de stockage que l'iPhone. Si vous possédez des milliers de morceaux et des centaines de clips vidéo et de séries TV, cela ne tiendra pas dans la mémoire de l'iPhone. Vous pouvez heureusement choisir précisément quel morceau, quelle liste de lecture, quelle série TV et quel podcast vous acceptez de transférer vers l'iPhone. Il suffit d'utiliser les onglets des différentes pages qui apparaissent dans la fenêtre principale d'iTunes lorsque vous cliquez sur le nom de votre iPhone dans la catégorie Appareils du volet gauche. Voyons par exemple les préférences de la catégorie Podcast. Par défaut, tous les podcasts sont transférés vers l'iPhone. Si vous choisissez Podcasts sélectionnés dans la deuxième liste, vous pouvez ensuite décider lesquels doivent être transférés et lesquels ne seront lisibles que sur l'ordinateur. Le processus est le même pour les listes, les séries TV et tous les autres éléments. Pensez après avoir changé vos choix à cliquer sur le bouton Appliquer dans l'angle inférieur droit.

Accéder à votre iPod

Pour accéder à l'iPod de votre iPhone, depuis l'écran d'accueil touchez l'icône iPod (cerclée en rouge ci-dessus). Depuis l'interface de l'iPod, vous pouvez écouter vos morceaux, regarder vos vidéos et profiter de tous les autres objets culturels que vous avez transférés lors de la synchronisation avec votre ordinateur (ou bien que vous avez acheté directement sur l'iTunes Store depuis l'iPhone). Une fois que votre iPod est en lecture, vous pouvez quitter son interface tout en continuant à écouter vos morceaux. Dès que vous avez lancé la lecture d'un morceau, d'un podcast ou d'un livre audio, vous pouvez appuyer sur le bouton Accueil sous l'écran et utiliser une de vos autres applications iPhone, comme Mail ou Safari. Votre iPod continuera à lire ce qui est en cours.

Naviguer parmi les morceaux de l'iPod

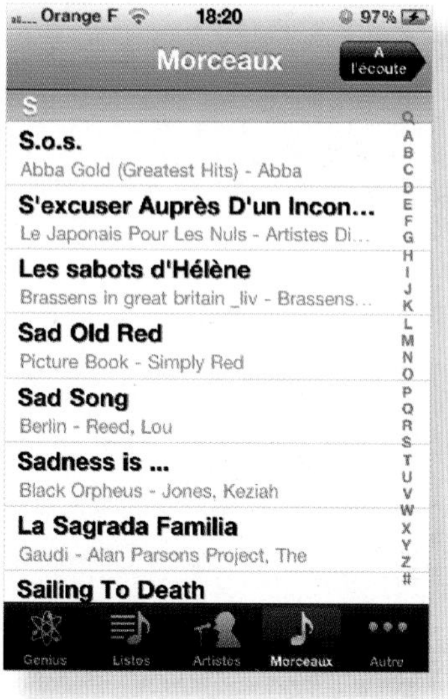

Quand vous démarrez votre iPod, vous voyez cinq boutons dans le bas de l'écran pour accéder directement à vos listes de lecture ou à la liste des artistes, des morceaux ou des vidéos. Le dernier bouton, Autre, donne accès à d'autres catégories (albums, livres audio, etc.). Pour accéder à un morceau, touchez le bouton Morceaux. Vous remarquez qu'il s'agit d'une liste triée dans l'ordre alphabétique par titre des morceaux (le nom de l'artiste et de l'album sont rappelés en petits caractères en dessous). Pour aller directement à une lettre de l'alphabet, touchez cette lettre dans la barre de la marge droite. (Remarque : vous pouvez aussi faire défiler la liste dans le sens vertical en faisant glisser un doigt.) Dès que vous avez trouvé votre morceau, touchez-le pour en lancer la lecture. L'écran montre les détails du morceau avec la couverture de l'album si elle existe.

iAstuce : connaître le nombre de morceaux

Pour savoir combien il y a de morceaux sur votre iPhone, touchez le bouton Morceaux puis faites défiler jusqu'en bas de la liste. Le total est indiqué après le dernier morceau.

Rechercher des morceaux sur l'iPod

Si vous avez déjà stocké des centaines ou des milliers de morceaux sur l'iPod de votre iPhone, vous apprécierez la fonction de recherche globale Spotlight (la seule difficulté au départ est de savoir comment accéder à cette fonction). Pour effectuer une recherche limitée à vos morceaux, touchez l'icône iPod depuis l'écran d'accueil puis touchez Morceaux en bas d'écran et faites défiler si nécessaire pour revenir en début de liste. Vous voyez apparaître un champ de recherche. Saisissez vos critères grâce au clavier qui apparaît. Vous pouvez saisir le nom du morceau ou de l'artiste. Dès que vous avez saisi deux ou trois caractères, les résultats apparaissent. Vous accédez à la fonction de recherche globale Spotlight en allant sur la page située à gauche de l'écran principal. En accédant d'abord à votre iPod et à la liste des morceaux, vous limitez votre recherche à vos morceaux de musique, ce qui est plus confortable.

Lire un morceau sur l'iPod

Commencez par toucher l'iPod sur l'écran d'accueil puis choisissez en bas d'écran entre Listes de lecture, Artistes et Morceaux pour trouver le premier morceau à écouter. Pour lancer la lecture, il suffit de toucher le nom. Si vous n'avez pas branché vos écouteurs, le haut-parleur est automatiquement activé. S'il existe une illustration de l'album, elle est affichée pendant la lecture (s'il n'y en a pas, c'est une note de musique sur fond gris). Le titre, l'album et l'artiste sont rappelés en haut d'écran. En fin de lecture, la lecture se poursuit par le morceau suivant de la liste. Pour économiser la batterie, l'affichage de l'iPhone réduit d'intensité au bout de quelque temps sans arrêter la lecture. Pour revenir à l'iPod, appuyez sur le bouton Accueil sous l'écran et déverrouillez votre iPhone en faisant glisser votre doigt latéralement vers la droite sur la mention Déverrouiller.

Vos options pendant la lecture d'un morceau

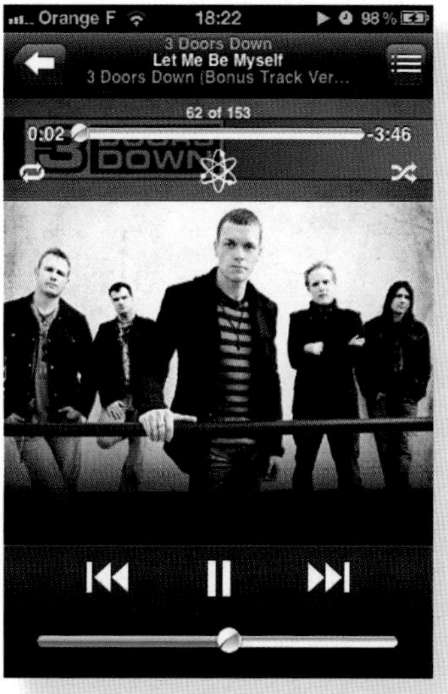

Des zones de commande apparaissent pendant la lecture d'un morceau, en haut et en bas de l'écran. Tout en haut, vous trouvez à gauche le bouton de retour en arrière (si vous veniez d'une liste de lecture, elle vous ramène à cette liste). Le bouton en haut à droite donne accès aux autres morceaux du même album (si c'est le seul morceau de cet album, il est seul à être affiché). C'est dans ce même écran que vous pouvez noter le morceau avec de 1 à 5 étoiles. (Voyez la page 180 au sujet des notes et classements.) En touchant le centre de l'écran, vous faites apparaître un panneau de quatre commandes près du haut de l'écran. Le bouton tout à fait à gauche sert à répéter le morceau ou la liste. Le curseur au centre permet de se déplacer dans le morceau. Le bouton en bas à droite active la lecture aléatoire des morceaux de l'album ou de la liste. Enfin, au centre, l'icône représentant un atome demande la création d'une liste Genius pour trouver d'autres morceaux du même style que celui en lecture (nous parlons des listes Genius à la page 184). Le panneau de commande en bas d'écran sert à mettre en pause et à relancer la lecture, à passer au morceau précédent ou suivant de la liste et à régler le volume. Vous augmentez le volume en amenant le curseur vers la droite.

Régler le volume

Vous avez deux possibilités pour régler le volume de la musique de votre iPhone. La première consiste à utiliser le curseur affiché en bas de l'écran de l'iPod. Touchez le curseur avec un doigt et déplacez-le vers la droite pour augmenter le volume ou vers la gauche pour le diminuer. L'autre solution consiste à utiliser les deux boutons de volume physique qui se situent sur la tranche gauche de l'iPhone. Ce sont ces mêmes boutons que vous utilisez pour régler le volume de la sonnerie et du haut-parleur pendant vos communications.

Lecture aléatoire des morceaux

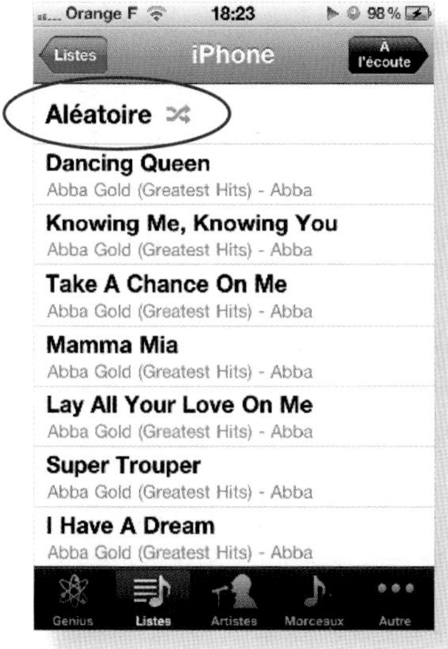

A priori, votre iPod lit les morceaux dans l'ordre dans lequel il les trouve dans vos listes de lecture, ce qui peut devenir répétitif au bout d'un certain temps car vous finissez par savoir quel va être le prochain morceau. C'est pourquoi la fonction de lecture aléatoire a tant de succès. Remontez tout au début de n'importe quelle liste de lecture et touchez le symbole Aléatoire (voir ci-dessus). Votre iPod va dorénavant lire les morceaux au hasard. Si vous avez lancé la lecture d'une liste sans avoir activé le mode Aléatoire, vous pouvez l'activer à tout moment en secouant légèrement votre iPhone. (Cela peut paraître étonnant, mais c'est une approche très organique pour commander un appareil électronique.)

iAstuce : secouer l'iPhone lorsqu'il est verrouillé

Si votre iPhone s'est mis en mode Veille pendant que vous écoutiez de la musique sur l'iPod, et si vous le secouez, cela n'activera pas le mode Aléatoire. Il y a pourtant une solution. Il suffit de double-cliquer sur le bouton Accueil pour faire apparaître le panneau de commande de l'iPod même si le téléphone est verrouillé. Une fois que vous voyez les commandes, vous pouvez secouer l'iPhone pour activer le mode Aléatoire.

Naviguer dans un morceau

La fonction consistant à se déplacer dans un document provient du monde du montage vidéo. Sur les appareils professionnels, lorsqu'une vidéo est en lecture, vous disposez d'un curseur ou d'une molette rotative pour avancer ou reculer rapidement ou lentement dans le contenu, en visualisant les images en accéléré. Votre iPhone dispose de la même fonction, mais elle n'est pas limitée à la vidéo. Vous pouvez naviguer dans un morceau, un podcast, un livre audio, un vidéo clip, etc. Vous pouvez faire défiler plus vite, mais aussi plus lentement. Il suffit d'utiliser le curseur de progression qui est affiché (cerclé en rouge ci-dessus) pendant la lecture d'un morceau ou d'une vidéo. (Si vous ne voyez pas cette commande, touchez l'écran à peu près au milieu.) Si vous touchez et maintenez l'appui sur le curseur, vous pouvez le déplacer vers la gauche ou vers la droite dans le mode Défilement haute vitesse (le mode est rappelé au-dessus de la barre). Touchez le curseur et faites glisser votre doigt vers le bas pour accéder aux autres vitesses de défilement (Demi-vitesse, Quart de vitesse et Défilement de précision).

Répéter un morceau ou une liste de lecture

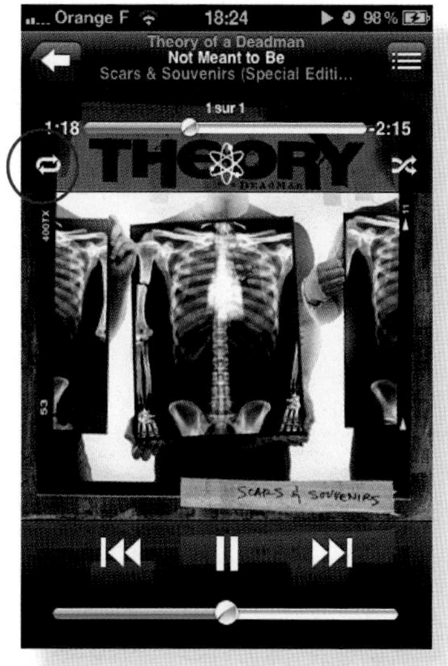

Commencez par lancer la lecture du morceau ou de la liste à répéter. Touchez l'écran si nécessaire pour voir apparaître le bandeau de commande supérieur. Vous remarquez une petite icône à gauche représentant deux flèches qui se rejoignent (cerclée en rouge ci-dessus). C'est la commande de répétition. Trois modes sont disponibles. Lorsque vous touchez le bouton une fois, vous répétez toute la liste une fois qu'elle a été lue entièrement. Si vous touchez à nouveau le bouton, un chiffre 1 s'affiche. Cela signifie que le morceau actuel sera répété indéfiniment. En touchant le bouton une troisième fois, vous désactivez la fonction.

iAstuce : lire tous les morceaux d'un artiste

Si vous avez envie d'écouter quelques morceaux de Lady Gaga mais que vous ne vouliez pas créer une liste de lecture à cet effet, touchez le bouton Artiste en bas d'écran puis saisissez Lady Gaga, par exemple, dans le champ de recherche. En retour, vous pourrez sélectionner le nom de l'artiste ou bien uniquement l'un de ses albums (s'il y en a plusieurs). Vous verrez la liste des albums même si vous ne possédez pas tous les morceaux de chacun d'eux. La suite de la liste rassemble tous les morceaux de cet artiste. Il suffit de toucher un morceau pour en lancer la lecture.

Passer au morceau suivant

Pour passer au morceau suivant, touchez le bouton à double flèche de droite dans le panneau de commande en bas, sous la photo de la pochette. Pour revenir au morceau précédent, touchez la double flèche de gauche. Pour avancer en lecture rapide, touchez et maintenez l'appui sur la double flèche à droite, de même pour reculer rapidement avec la double flèche à gauche. Si vous êtes coiffé des écouteurs livrés avec l'iPhone, sachez qu'il y a un petit microphone sur le cordon de droite qui vous sert lorsque vous prenez une communication. Ce microphone comprend un bouton qui permet de passer au morceau suivant. Il suffit de cliquer deux fois rapidement sur ce bouton.

Pour mettre une lecture en pause

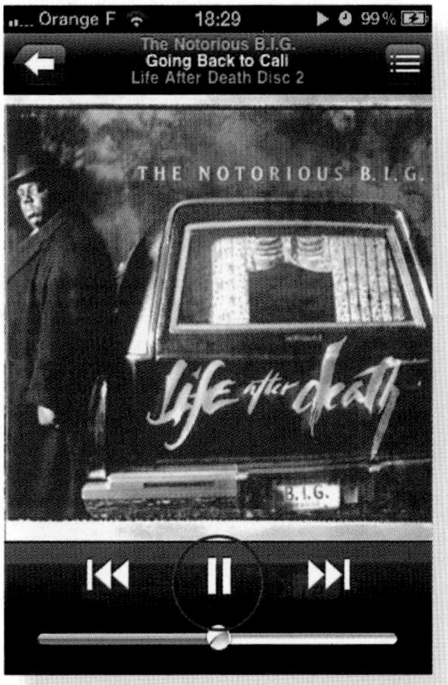

Vous disposez de plusieurs méthodes pour mettre en pause. La plus simple est le bouton Pause, au centre du panneau de commande en bas de l'écran (cerclé en rouge ci-dessus). Lorsque vous recevez un appel, votre iPhone met automatiquement la partie iPod en pause jusqu'à la fin de l'appel puis reprend automatiquement. Si vous écoutez de la musique (un livre audio ou une vidéo) avec les écouteurs Apple livrés avec l'iPhone, vous pouvez appuyer une fois sur le petit bouton de microphone du cordon droit pour mettre en pause. Vous relancez la lecture en appuyant sur le même bouton une fois. Si vous voulez mettre la musique en pause alors que l'iPhone est verrouillé, appuyez deux fois sur le bouton Accueil sous l'écran puis appuyez sur le bouton Pause qui apparaît.

Profiter de la galerie de pochettes

La fonction Cover Flow (galerie de pochettes) offre une méthode visuelle très agréable de naviguer parmi votre patrimoine musical en feuilletant les pochettes d'albums. Pour en profiter, accédez à la partie iPod depuis l'écran d'accueil puis tournez votre iPhone d'un quart de tour pour qu'il bascule en mode Paysage (dans un sens ou dans l'autre). L'affichage passe automatiquement en mode Cover Flow. Vous voyez dorénavant les pochettes d'albums (ou la note de musique s'il n'y a pas d'illustration pour le morceau concerné). Vous pouvez naviguer parmi les pochettes en faisant glisser le doigt latéralement. Dès que vous avez trouvé un album qui vous intéresse, touchez pour obtenir la liste des morceaux qu'il contient. Vous pouvez ensuite toucher un morceau pour en lancer la lecture. Les autres morceaux de l'album seront lus après celui-ci. Vous disposez dans le mode Cover Flow d'un petit bouton Pause dans l'angle inférieur gauche. Pour revenir à la galerie de pochettes, touchez le nom de l'album en haut. L'illustration réapparaît dans la galerie.

iAstuce : pour passer de la liste à l'illustration

Vous pouvez également basculer entre illustration de l'album et liste des morceaux en touchant le petit bouton « i » dans l'angle inférieur droit de l'écran en mode Cover Flow.

Lire d'autres morceaux du même album

Pour avoir accès aux autres morceaux du même album que celui auquel appartient le morceau en cours de lecture, lancez la lecture d'un morceau dans l'iPod pour lequel il existe au moins un autre morceau du même album. Touchez alors le petit bouton représentant une liste dans l'angle supérieur droit de l'écran (à droite du titre du morceau). L'affichage montre la liste des morceaux de l'album. Vous pouvez immédiatement lancer la lecture d'un des autres morceaux sans avoir à le chercher.

Attribuer une note sur l'iPhone

Bien qu'il soit déjà très pratique de pouvoir noter vos morceaux en leur attribuant de 1 à 5 étoiles dans iTunes sur votre ordinateur, il est encore plus confortable de pouvoir attribuer ces notes directement sur l'iPhone. Pour attribuer une note au morceau en cours, alors que vous êtes face à l'illustration de la pochette, touchez le bouton de l'angle supérieur droit qui représente une liste. Vous passez ainsi à la liste des morceaux de l'album. Vous remarquez cinq points sous le titre du morceau. Touchez le point correspondant au nombre d'étoiles désiré. Touchez ensuite le bouton de l'angle supérieur droit qui représente la pochette pour revenir à son affichage. Lors de la prochaine synchronisation de l'iPhone avec l'ordinateur, les nouvelles notes attribuées sont transférées aux morceaux dans iTunes (si vous avez activé cette préférence).

Pour chanter les paroles

Si vous avez pris le temps de trouver le texte des paroles de vos morceaux préférés, vous pouvez les coller dans la section des Paroles du morceau dans iTunes. Sélectionnez d'abord le morceau dans votre Bibliothèque, ouvrez le menu Fichier pour choisir Obtenir des informations puis cliquez sur l'onglet de la page Paroles et collez le texte des paroles récupéré sur le Web. Lors de la prochaine synchronisation, les paroles seront transférées sur l'iPhone (si vous avez activé la préférence). Pour que ces paroles soient affichées pendant la lecture du morceau, il suffit de toucher le petit bouton du coin supérieur droit représentant la pochette. Pour masquer les paroles, touchez-les. L'illustration de l'album sera présentée sans paroles en surimpression.

Profiter de vos listes de lecture

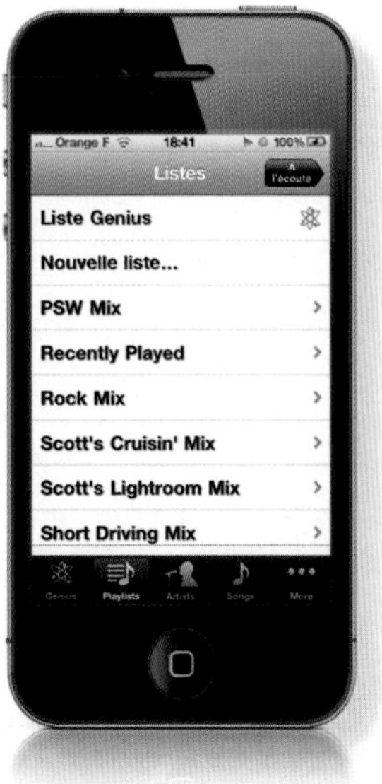

Une liste de lecture est une collection de morceaux créée par vous (par exemple tous vos morceaux préférés des groupes des années 1980, ceux que vous préférez écouter en voiture, vos tubes disco du moment, etc.). Vous pouvez créer de telles listes dans iTunes sur votre ordinateur. Vous choisissez ensuite quelles listes doivent être synchronisées avec votre iPhone. (Quand l'iPhone est connecté à l'ordinateur, cliquez sur son nom dans la liste des Appareils à gauche puis cliquez sur l'onglet Musique en haut au centre. C'est ici que vous choisissez quelles listes vous voulez transférer.) Pour écouter l'un des morceaux d'une liste, depuis l'écran d'accueil touchez iPod, puis touchez le bouton Listes en bas d'écran. Touchez la liste désirée pour obtenir la liste des morceaux. Touchez le nom d'un morceau pour en lancer la lecture, qui s'enchaînera avec celles des morceaux suivants de la liste.

iAstuce : des tonnes de listes sans occuper de l'espace

L'énorme avantage des listes de lecture est de ne quasiment pas consommer d'espace de stockage sur votre iPhone. Le même morceau peut être cité dans plusieurs listes sans que le fichier soit dupliqué. Supposons par exemple une liste qui s'appelle « Chanteurs » et une autre qui s'appelle « Orages calmes », puis une troisième qui s'appelle « Mes chansons de Rob Thomas ». Les trois listes peuvent contenir le morceau de Rob Thomas nommé « Her Diamonds », mais le fichier audio n'existe qu'en un seul exemplaire sur l'iPhone. Vous pouvez donc créer autant de listes de lecture que vous le désirez. Cela n'aura pas d'effet sensible sur la mémoire.

Créer de nouvelles listes de lecture

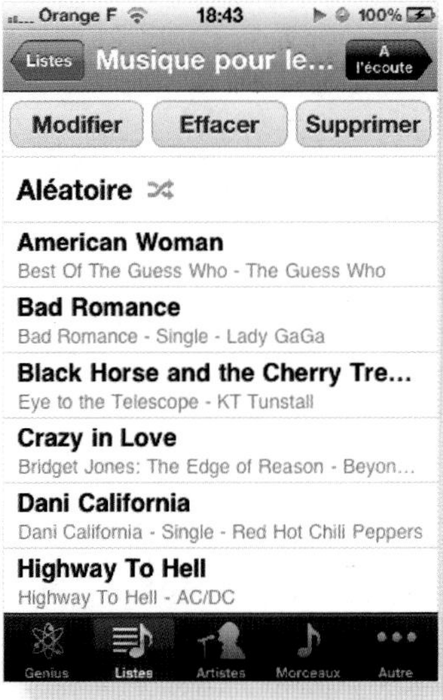

Votre iPhone possède une fonctionnalité que ne possédaient pas les versions précédentes : la possibilité de créer des listes de lecture directement dans l'application iPod (les versions précédentes permettaient uniquement la création de listes On The Go, qui sont devenues inutiles). Voici comment procéder. Commencez par toucher le bouton Liste au bas de l'écran de l'iPod, puis touchez Nouvelle liste pour faire apparaître un écran permettant de nommer la liste. Saisissez le nom puis touchez Enregistrer. Vous voyez alors apparaître une liste avec tous vos morceaux. Touchez les morceaux que vous souhaitez ajouter à la liste, les titres qui s'affichent en gris sont ceux présents dans la liste. Lorsque vous avez terminé d'ajouter les morceaux, touchez OK dans le coin supérieur droit. Les morceaux s'affichent dans la nouvelle liste de lecture. Pour modifier la liste de lecture, touchez le bouton Modifier dans le coin supérieur gauche. Vous pouvez alors supprimer un morceau en touchant le bouton moins (–) rouge (si vous changez d'avis, touchez de nouveau le bouton). Pour modifier l'ordre des morceaux, touchez et faites glisser le bouton avec trois barres verticales, à droite du titre à déplacer. Vous ajoutez des morceaux en touchant le bouton plus (+), placé dans le coin supérieur gauche de l'écran. Lorsque vous avez terminé les modifications, touchez le bouton OK en haut de l'écran. Si vous souhaitez recommencer, touchez le bouton Effacer en haut de l'écran afin de supprimer tous les morceaux de la liste. Si vous ne souhaitez plus la liste, touchez le bouton Supprimer. Votre liste de lecture s'ajoute à celles existantes et vous pouvez en créer autant que vous le souhaitez.

Créer une liste Genius sur l'iPhone

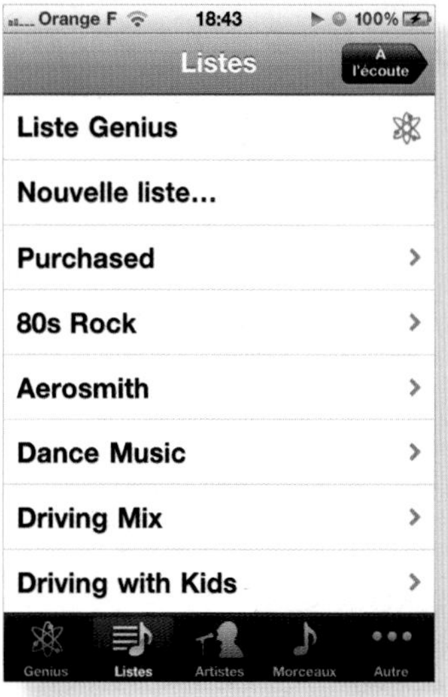

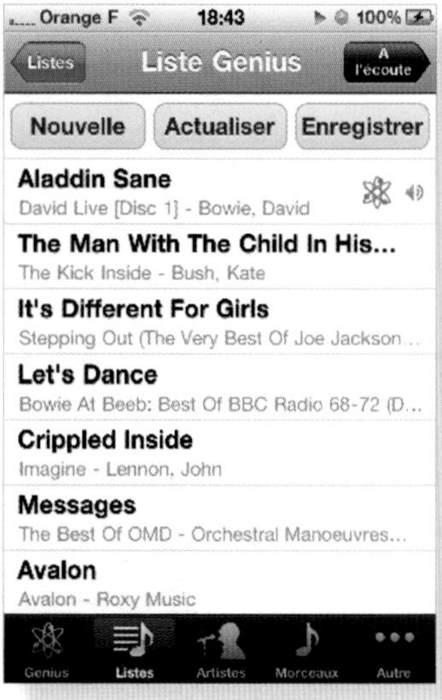

Alors que vous écoutiez un nouveau morceau, vous vous dites que vous aimeriez bien en entendre d'autres du même style. Apprenez que votre iPod est capable d'analyser vos morceaux puis de générer une liste de morceaux semblables au modèle. Lorsque vous êtes face à l'écran montrant la pochette d'album du morceau, touchez l'icône représentant un atome. (Il n'est pas nécessaire qu'un morceau soit en cours de lecture.) Vous pouvez toucher le bouton Listes dans le bas d'écran puis touchez Liste Genius pour afficher tous les morceaux de l'iPod. J'aime par exemple le groupe Bon Jovi. Si je sélectionne le morceau « Bad Medicine », de Bon Jovi, ma liste Genius me présentera par exemple vingt-cinq morceaux, parmi lesquels « Round and Round », par Ratt, « Cherry Pie », par Warrant, « Home Sweet Home », par Mötley Crüe, etc. Une fois qu'une liste Genius a été créée, sa lecture est lancée immédiatement. Si vous touchez le bouton de retour arrière dans l'angle supérieur gauche, les morceaux de la liste ne sont pas affichés. En revanche, trois boutons apparaissent en haut. Le bouton Nouvelle sert à créer une autre liste Genius, le bouton Actualiser permet de régénérer une liste. Enfin, le bouton Enregistrer permet de stocker la liste. (Remarque : vous ne pouvez utiliser cette fonction que si vous avez activé Genius dans iTunes. Consultez le Chapitre 8. Une fois que vous synchronisez votre iPhone après avoir activé la fonction Genius, vous pourrez créer des listes Genius sur votre iPhone.)

Partager un podcast

Si vous avez téléchargé quelques podcasts (pour plus d'informations, consultez le Chapitre 8), vous pouvez envoyer un lien vers un podcast que vous appréciez à un ami. Depuis l'écran d'accueil, touchez iPod puis touchez le bouton Autre en bas d'écran, et enfin la catégorie Podcasts. Tous les podcasts trouvés sont présentés. Touchez celui que vous voulez partager. Pendant la lecture, touchez l'icône d'enveloppe près de l'angle supérieur gauche (si vous ne voyez pas ces éléments de commande, touchez au milieu de l'écran). Dès que vous touchez l'icône, l'application Mail est démarrée et un nouveau message apparaît avec le lien direct vers le podcast sur iTunes Store (c'est dans ce magasin que vous téléchargez les podcasts gratuits). Le nom du podcast a été inséré dans le champ Objet et une mention dans le corps indique « Consulter ce podcast sur iTunes ». Il ne vous reste plus qu'à saisir l'adresse de messagerie de votre ami et à toucher Envoyer.

iAstuce : si le WiFi s'interrompt pendant un téléchargement

Si vous téléchargez un fichier vidéo de taille supérieure à 20 Mo (quasiment tous les films), vous devez avoir une connexion WiFi pour lancer le téléchargement. Si vous tombez hors de portée de la connexion, le téléchargement se poursuit via le réseau cellulaire. Cela durera plus longtemps, mais au moins le transfert ira jusqu'à son terme.

Visionner une vidéo sur l'iPhone

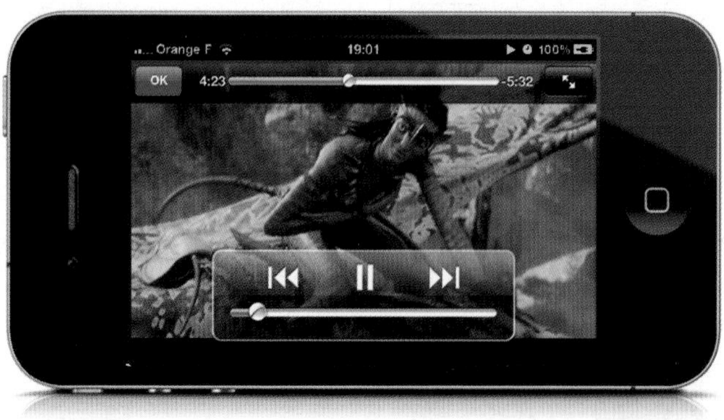

Vous pouvez regarder vos séries TV, vos clips vidéo et vos podcasts vidéo sur votre iPhone après les avoir téléchargés dans iTunes depuis iTunes Store. Touchez le bouton Vidéos dans le bas de l'écran iPod. Vos vidéos sont classées : Séries TV, Clips vidéo et Podcasts. Touchez la vidéo désirée pour en lancer la lecture. L'affichage passe automatiquement dans le sens horizontal. Tournez votre iPhone pour le visionnage. Vous faites afficher le panneau de commande en touchant l'écran. Vous disposez de deux formats : Plein écran et Écran large. Double-touchez l'écran pour basculer entre les deux. Dans le mode cran large, vous voyez toute la vidéo. Si son format est différent, vous verrez des barres noires en haut et en bas ou à gauche et à droite. En affichant en Plein écran, il n'y a pas de barres, mais une partie de la vidéo peut être tronquée. Remarque : si vous enregistrez des vidéos avec la caméra de votre iPhone, celles-ci ne sont pas visibles dans l'iPod. Elles se trouvent dans l'album Pellicules de votre application Photo, avec vos photos.

iAstuce : visionner vos propres films

Vous pouvez dans iTunes convertir vos films personnels dans un format approprié à l'iPhone. Importez le film dans iTunes puis choisissez la commande du menu Avancé nommée Créer la version pour iPod ou iPhone. Voici une autre astuce : vous supprimez vos vidéos directement sur l'iPhone pour faire de la place. Touchez le bouton Vidéo et faites glisser votre doigt en travers du titre pour faire afficher le bouton Supprimer. Touchez-le pour supprimer la vidéo de l'iPhone.

Connecter votre iPhone à votre TV

Vous devez disposer d'un des deux câbles Composantes AV Apple ou Composite AV Apple pour profiter de vos séries TV, de vos clips vidéo et de vos podcasts vidéo sur grand écran. Le câble Composite sert à connecter un téléviseur ou un projecteur possédant une entrée standard (une fiche RCA jaune pour la vidéo et des fiches rouges et blanches pour l'audio stéréo). Si vous avez un téléviseur récent ou un projecteur HD, les fiches sont sans doute en composite (rouge, vert et bleu pour la vidéo et rouge et blanc pour l'audio). Vérifiez votre téléviseur avant d'acheter votre câble. Les deux câbles sont fournis avec un adaptateur USB vers secteur pour alimenter votre iPhone pendant la lecture. Vous pouvez ainsi conserver le câble connecté à la télé en permanence. Une fois que vous avez le câble, depuis l'écran d'accueil touchez Réglages puis iPod. Faites défiler vers le bas pour arriver aux options Sortie télévision. Vous pouvez modifier le format en activant l'option cran large, si vous avez un téléviseur 16/9. Vous pouvez choisir le signal PAL ou NTSC selon votre pays. Cliquez ensuite sur le bouton Accueil puis touchez l'icône iPod et cherchez la vidéo à visionner. Connectez le câble et vérifiez que le téléviseur est bien réglé sur la bonne entrée (Composite ou Composante). Vous pouvez ensuite lancer la lecture de la vidéo sur le grand écran. Pendant la lecture, votre iPhone sert de télécommande pour mettre en pause et naviguer parmi les chapitres, etc.

Écouter un livre audio

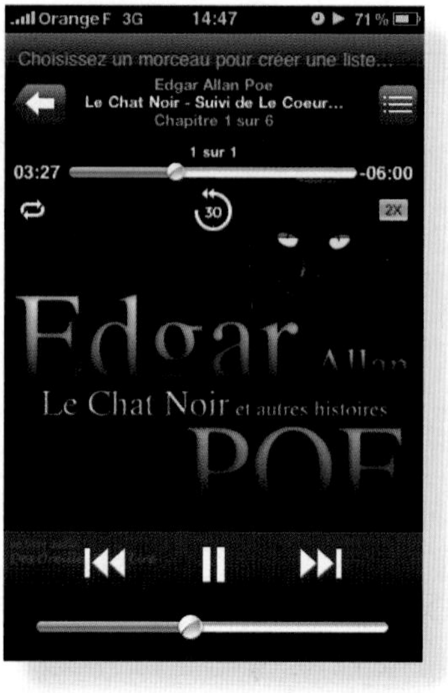

Le magasin iTunes Store propose de plus en plus de livres audio en français. Vous pouvez les acquérir sur votre ordinateur ou directement sur votre iPhone. La lecture d'un livre audio bénéficie dans l'iPhone d'une fonction supplémentaire puisque la position actuelle est mémorisée. Cela vous permet d'interrompre l'écoute pour reprendre au même endroit. iTunes profite de ce marqueur si vous avez activé cette préférence. Pour écouter un livre audio sur votre iPhone, dans l'écran iPod touchez le bouton Autre en bas à droite puis touchez Livres audio. Il ne reste plus qu'à toucher le livre désiré. Vous disposez de commandes pour naviguer parmi les chapitres et avancer et reculer rapidement. Vous pouvez contrôler la Vitesse de lecture grâce au bouton 1x du côté droit en haut. Il vous arrivera souvent de passer en revue le contenu à double vitesse (une vitesse de 1,5x aurait été appréciée). Vous pouvez également faire lire à demi-vitesse.

iAstuce : revenir en arrière de 30 secondes dans un livre audio

Si vous écoutez un livre audio ou un podcast audio, ou si vous regardez un podcast vidéo, vous pourrez voir dans le haut de l'écran une flèche arrondie contenant le chiffre 30. Ce bouton sert à revenir en arrière de 30 secondes, ce qui est très pratique pour prendre une note ou recopier une adresse web qui vient d'être mentionnée.

Prendre un appel pendant l'écoute de l'iPod

Scott Kelby

Si vous recevez un appel alors que vous êtes en train d'écouter l'iPod, le volume sonore est réduit automatiquement pour que vous puissiez entendre la sonnerie. Vous pouvez alors décrocher ou refuser l'appel (il est dans ce cas renvoyé dans la messagerie). Si vous décrochez, vous voyez apparaître l'écran de la fonction téléphonique de l'iPhone. Lorsque vous raccrochez, la fonction iPod reprend à l'endroit où vous en étiez dans la lecture du morceau, de la vidéo ou du livre audio.

iAstuce : décrocher le téléphone avec les écouteurs

Si vous êtes en train d'écouter l'iPod avec les écouteurs, vous pouvez prendre un appel entrant en cliquant sur le bouton du microphone situé sur le cordon de l'écouteur droit.

Utiliser le Widget de contrôle

Il existe maintenant un widget qui permet de démarrer la lecture, de mettre en pause ou d'effectuer une avance ou un retour rapide de la musique que vous écoutez sur votre iPod ou du flux audio de l'application iTunes (par exemple un podcast audio). Pour accéder à ce widget à tout instant (quelle que soit l'application dans laquelle vous vous trouvez), double-cliquez sur le bouton Accueil afin de faire apparaître la barre de multitâche au bas de l'écran. Faites-la glisser vers la droite afin d'afficher le widget de contrôle (voir ci-dessus). Pour écouter la musique, touchez le bouton Lecture/Pause et ainsi de suite. Touchez n'importe où sur la zone de l'écran, au-dessus du widget pour retourner à ce que vous faisiez, et la lecture de la musique continue en arrière-plan.

iAstuce : figer l'orientation de l'écran

À gauche du widget de contrôle, vous trouvez un bouton circulaire qui permet de figer l'orientation de l'écran en mode portrait. Si vous activez cette fonction, vous pouvez tourner l'écran sans que cela ne modifie l'orientation de l'affichage comme c'est normalement le cas.

Utiliser des haut-parleurs externes ou des écouteurs

Le connecteur Dock sur le dessous de l'iPhone ressemble à celui d'un iPod normal. Vous pouvez donc brancher votre iPhone à une enceinte externe conçue pour l'iPod (par exemple le JBL On Stage de l'illustration). Mais l'iPhone est un émetteur-récepteur radio-fréquences GSM. Les ondes qu'il émet peuvent entrer en interférence avec votre équipement audio. D'ailleurs, lorsque vous connectez l'iPhone à un système conçu pour l'iPod, vous risquez de voir apparaître un message à l'écran qui vous indique que ce périphérique n'est pas compatible avec l'iPhone et vous invite à basculer en mode Avion pour réduire les interférences. Si vous activez le mode Avion, l'iPhone n'émet plus d'ondes, ce qui supprime les éventuelles interférences, mais vous ne pouvez ni recevoir ni émettre d'appels. C'est pourquoi nous vous conseillons de faire d'abord un essai dans le mode Normal. S'il n'y a pas d'interférences, vous êtes tranquille. Une autre solution consiste à utiliser le Dock iPhone d'Apple (disponible dans l'Apple Store), qui possède une sortie stéréo que vous pouvez brancher directement sur votre chaîne. Votre iPhone dispose d'une prise casque sur le dessus. Si vous voulez utiliser d'autres écouteurs ou un autre casque, vous risquez d'avoir un problème car la prise jack de l'iPhone est un peu en retrait et certains jacks ne sont pas assez minces pour s'enfoncer complètement. Mais plusieurs fabricants, parmi lesquels Belkin, Monster et Griffin Technologies, proposent des adaptateurs que vous pouvez acheter sur le Web.

Définir un minuteur pour l'iPod

Grâce à un minuteur, vous pouvez faire lire votre musique jusqu'à la fin du compte à rebours, puis l'iPhone se met en veille. Pour définir une minuterie, accédez à votre iPod et lancez la lecture du ou des morceaux désirés. Vous pouvez partir d'une liste de lecture (créez par exemple une liste pour bien vous endormir). Une fois la lecture lancée, appuyez sur le bouton Accueil pour revenir à l'écran d'accueil et touchez Horloge puis Minuteur. Réglez les minutes et les heures du compte à rebours. Touchez ensuite l'option Sonnerie et choisissez Mettre l'iPod en veille puis touchez Choisir dans l'angle supérieur droit pour revenir au Minuteur. Il ne reste plus qu'à toucher Démarrer. À la fin du temps choisi, la musique s'estompera graduellement et l'iPhone se mettra en veille.

Agencer les boutons iPod

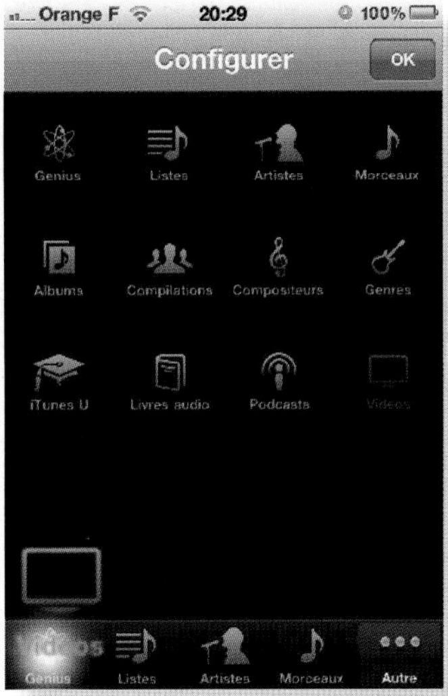

Dans l'écran principal de la fonction iPod, vous disposez d'une série de boutons en bas d'écran (Listes, Artistes, Morceaux, Vidéos et Autre). Touchez le bouton Autre pour accéder à une autre série de boutons (Albums, Compilations, Compositeurs, Genres, Livres audio et Podcasts). Si un bouton d'une sous-catégorie vous sert plus souvent qu'un des boutons de l'écran principal iPod, vous pouvez les intervertir. Dans l'écran Autre, touchez le bouton Modifier dans l'angle supérieur gauche. Vous voyez apparaître tous les boutons relatifs à l'iPod. Touchez et faites glisser le bouton désiré jusqu'à la barre de boutons en bas. Dès que le bouton qui va être remplacé se met en surbrillance, vous pouvez relâcher. Une fois vos boutons réagencés, touchez OK en haut à droite.

iAstuce : déplacer les boutons iPod principaux

Vous pouvez décider quels boutons font partie de la série principale de l'iPod, mais vous pouvez aussi reclasser les boutons dans la barre. Il suffit d'accéder à l'écran Configurer comme indiqué ci-dessus et de déplacer les boutons selon vos désirs.

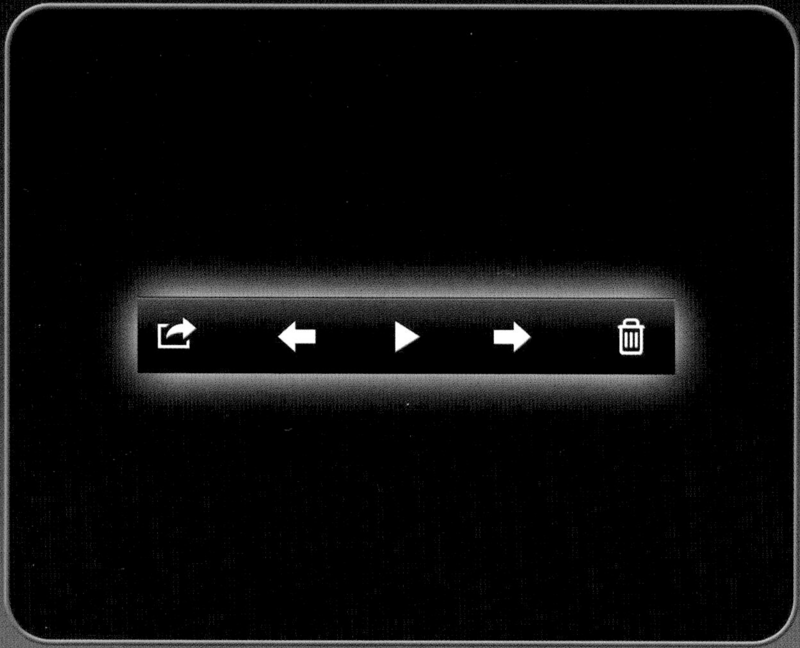

10

Vos photos en une heure

Photos et vidéos avec votre iPhone

J'ai choisi le titre du film *One Hour Photo* pour ce chapitre en constatant que mes autres choix se limitaient à *Photos of Toast*, d'Ectogram, et à *Photos of Nothing*, de Southeast Engine. Je pensais opter pour *Photos of Toast*, mais c'est alors que j'ai entendu le morceau *Photos of Nothing* et j'en ai conclu qu'il fallait que je tente quelque chose de plus efficace que de fouiller dans la liste des morceaux contenant le mot « photo » sur l'iTunes Store. Mais je diverge. J'aurais pu prendre un titre plus évident, comme *Photograph*, de Ringo Starr ou de Def Leppard. Je préfère le morceau de Def Leppard parce que j'arrive mieux à synchroniser mes lèvres sur ce morceau tout en jouant au billard que sur le morceau de Ringo. Mieux vaut éviter de chantonner ce dernier autour d'une table de billard. Ceci dit, cela ne risque pas d'arriver, car vous aurez plus de chances de gagner à la loterie que de trouver un juke-box avec le morceau *Photograph*, de Ringo (celui qui commence par « Every time I see your face, it reminds me of the places we used to go. But all I've got is a photograph… »). Ringo n'est pas très connu dans le monde des amateurs de billard, alors que Def Leppard y est une vraie célébrité. C'est l'un des préférés des imitateurs de guitare (air guitar). Pour être précis, ce n'est pas pour son morceau *Photograph*, mais pour *Pour Some Sugar On Me* (« Verse-moi un peu de sucre dessus »). Je devine ce que vous commencez à penser : « Il aurait dû prendre *Photos of Toast*. » C'est bien ce que vous pensiez, non ?

Utiliser l'appareil photo

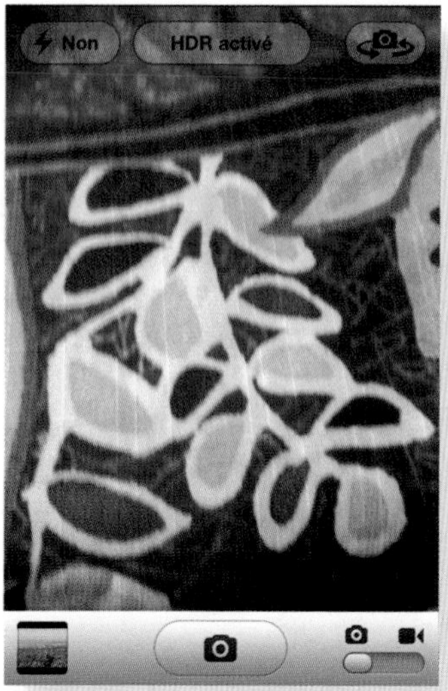

Depuis l'écran d'accueil, touchez l'icône Appareil photo pour accéder à l'écran de votre appareil. Après un petit temps de démarrage, vous voyez en plein écran ce que voit l'objectif de l'iPhone. (L'objectif est à l'arrière de l'iPhone en haut à gauche. Si vous possédez un iPhone 4, vous en trouvez également un à l'avant.) Vous voyez apparaître un petit cadre dans l'image qui matérialise la zone de mise au point (nous en parlons à la page 199.) Pour prendre une photo, il suffit de toucher le déclencheur de forme ovale au centre en bas d'écran. Vous entendez le bruit du déclencheur avec une animation visuelle qui confirme que la photo a été prise. La photo est présentée brièvement à l'écran, puis elle se replie au format d'une vignette dans l'angle inférieur gauche. Pour la revoir, touchez cette vignette. Si vous ne voulez pas conserver la photo, touchez l'icône de Corbeille et confirmez en touchant le bouton Supprimer la photo. Pour prendre une autre photo, touchez le bouton bleu OK en haut à droite. Pour admirer toutes les photos que vous avez prises, voyez en page suivante.

iAstuce : prendre une photo en mode Paysage

Vous pouvez prendre vos photos dans le format Paysage en largeur. Il suffit de tourner votre iPhone d'un quart de tour. Lorsque vous tenez l'iPhone debout, il s'agit du mode Portrait.

Voir les photos prises avec l'appareil

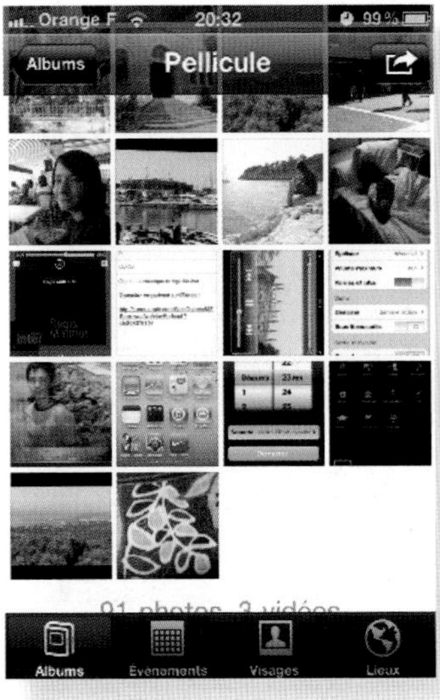

Depuis l'écran d'accueil, touchez l'icône Photos pour accéder à l'écran Albums photo. Le premier album se nomme Pellicule. Il contient toutes les photos prises avec l'appareil photo intégré. Touchez cette ligne pour accéder à l'écran correspondant (voir l'illustration), qui montre la liste des vignettes des photos. Pour avoir une photo en plein écran, il suffit de la toucher. Vous pouvez la supprimer en touchant le bouton de Corbeille dans l'angle inférieur droit. (Remarque : si vous ne voyez pas la corbeille, touchez brièvement l'écran pour faire apparaître les boutons de commande en bas d'écran.) Utilisez le bouton de lecture (la flèche en bas au centre) pour lancer un diaporama. Vous pouvez envoyer une photo à un ami (ou à votre galerie web MobileMe si vous avez un compte MobileMe), associer une photo à un de vos contacts ou vous en servir comme fond d'écran. Ces commandes sont disponibles par le bouton des options situé dans l'angle inférieur gauche lorsque vous êtes en mode plein écran.

iAstuce : pour un accès rapide à l'appareil photo

Si vous êtes comme Terry et moi, vous vous servez souvent de votre appareil photo. Vous pouvez l'activer très vite en double-cliquant sur le bouton Accueil et en touchant Appareil photo dans la barre multitâche.

Le mode macro de l'appareil

L'appareil photo de votre iPhone est doué d'une fonction macro pour prendre des clichés de très près. Jusqu'à environ dix centimètres de l'objet, la mise au point se fera correctement. Vous pourriez vous demander à quoi sert de prendre des photos d'aussi près. En fait, c'est tout à fait intéressant (essayez !). Prenez votre iPhone, accédez à l'appareil photo, approchez-vous à quelques centimètres d'un objet et admirez comment le système d'autofocus se met en fonction.

Choisir la zone de mise au point

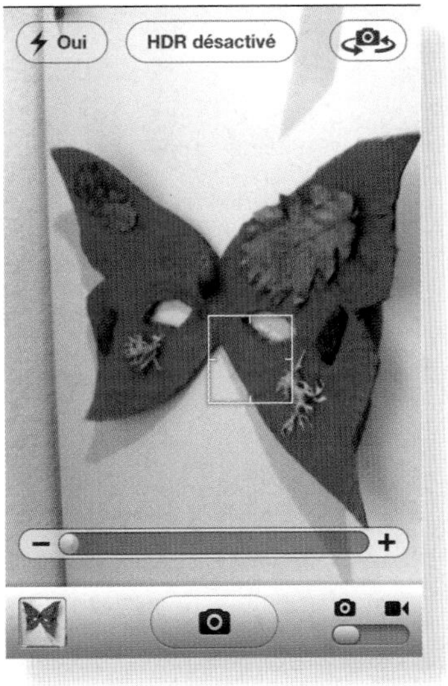

Une autre fonction très utile de l'appareil photo de l'iPhone est le choix de la zone de mise au point (focus). Il suffit de toucher l'objet de la scène sur lequel vous voulez que la mise au point soit nette. Vous pouvez ainsi mettre au point sur un premier plan ou sur le fond de la scène. Pendant le choix de la zone, vous voyez un petit cadre blanc qui désigne la position actuelle de la zone. Il suffit de toucher l'écran à l'endroit où vous voulez que soit positionné ce carré. Cette désignation de zone ne sert pas qu'à la mise au point de la netteté, mais aussi au calcul de la luminosité globale et de la balance des blancs. Le but est bien sûr de prendre des photos de meilleure qualité.

iAstuce : prendre un cliché par-dessus la tête

Il suffit normalement de toucher le bouton pour activer le déclencheur, mais vous pouvez aussi appuyer et maintenir le doigt sur le bouton pour ne déclencher qu'en relâchant. C'est très utile si vous tenez par exemple votre iPhone à bout de bras au-dessus d'une foule. Dans ce cas, il n'est vraiment pas simple de retrouver par tâtonnement l'endroit où se trouve le déclencheur. Appuyez et maintenez le doigt sur le bouton pendant que l'appareil est devant vous puis levez le bras et ne relâchez qu'au moment où vous voulez prendre la photo. Cette astuce est très utile aussi pour faire un autoportrait avec un iPhone 3GS (puisque vous ne pouvez pas voir l'écran dans ce cas).

Utiliser le zoom intégré

Pour effectuer un zoom sur une zone précise, touchez une fois l'écran afin de faire apparaître à l'écran le curseur du zoom numérique. Faites glisser le curseur vers la droite (vers le signe plus "+") pour zoomer vers le sujet et allez vers la gauche pour réduire le facteur de zoom. Vous devez toutefois savoir qu'il s'agit d'un zoom numérique et non pas optique. L'objectif ne s'étire pas comme sur un zoom standard et, par conséquent, l'image perd en qualité lorsque l'on effectue un zoom numérique (ce n'est pas propre à l'iPhone, c'est le cas pour tous les appareils qui proposent un zoom numérique).

Utiliser le flash intégré

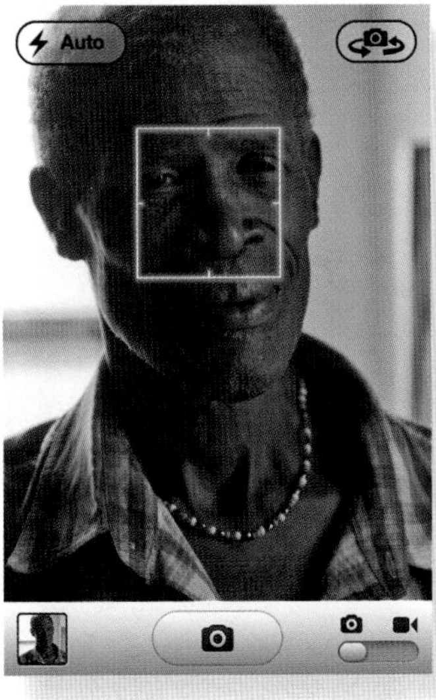

Scott Kelby

L'iPhone 4 est le premier iPhone à posséder un flash intégré, qui se révèle très pratique pour prendre des photos de nuit ou lorsque la lumière est trop faible. À l'arrière de l'iPhone, vous trouvez un petit flash LED que vous pouvez activer en touchant le bouton Flash (celui avec une icône représentant un éclair) dans le coin supérieur gauche de l'écran. Vous obtenez trois options : 1) désactiver le flash (je sais, il n'est pas nécessaire d'expliquer sa fonction) ; 2) la mise en fonction automatique si l'appareil photo estime que la lumière n'est pas suffisante pour obtenir une image correcte ; 3) activer le flash qu'il soit ou non nécessaire.

iAstuce : utiliser le flash comme lampe de poche

Peu de temps après la sortie de l'iPhone 4, les développeurs ont créé des applications qui permettent d'éclairer la LED du téléphone pour l'utiliser comme lampe de poche (ce qui est pratique pour retrouver des clés de voiture la nuit). Vous trouverez différentes applications pour cela ; personnellement, j'utilise l'application Light-O-Matic, qui coûte 0,79 euro.

Prendre des photos en HDR

L'imagerie HDR (*High Dynamic Range*, grande gamme dynamique) permet d'obtenir des images bien exposées dans des situations de fort contraste, par exemple lorsque vous prenez une personne en contre-jour. Pour cela, on prend plusieurs photos en utilisant différentes expositions (comme sous-exposée, normale et surexposée) puis ces images sont combinées à l'aide d'un logiciel afin de révéler les détails dans les zones très claires ou très sombres de la photo avec une exposition normale. Pour activer la prise de vue HDR de l'iPhone, touchez le bouton HDR désactivé placé en haut au centre de l'écran. Le bouton devient HDR activé et vous touchez ce dernier pour désactiver le mode HDR.

iAstuce : conserver la photo originale

À partir de l'écran d'accueil, touchez Réglages, puis Photos. Au bas de l'écran photo vous trouvez l'option Conserver l'original, que vous pouvez activer ou désactiver. Lorsque cette option est active et que vous utilisez le mode HDR, l'iPhone conserve la photo originale (avec l'exposition normale) en plus de la photo HDR qu'il génère. Si vous manquez d'espace de stockage sur votre téléphone, vous pouvez désactiver cette option afin de conserver uniquement la photo HDR.

Enregistrer une vidéo avec l'iPhone

La fonction caméscope de l'iPhone permet d'obtenir des films de qualité HD, et son emploi est très simple. Depuis l'écran d'accueil, touchez le bouton Appareil photo. Vous remarquez dans l'angle inférieur droit un interrupteur qui permet de basculer entre le mode photo (par défaut) et le mode caméscope. Pour basculer dans ce mode, touchez le bouton. Visez votre sujet puis appuyez sur le bouton du déclencheur qui contient un point rouge. Vous entendez un léger bruit de déclenchement et le point rouge clignote pendant l'enregistrement. Pour arrêter, touchez à nouveau le bouton. Vous entendez deux bruits et le bouton ne clignote plus. Pour vérifier votre prise, touchez la vignette de l'angle inférieur gauche puis touchez le bouton de lecture pour voir et entendre votre vidéo. Vos documents vidéo sont stockés dans votre Pellicule avec vos photos.

Filmer en mode paysage

Lorsque vous filmez, vous placez certainement votre iPhone en mode paysage afin d'obtenir une image comme sur un téléviseur. Si vous tenez votre iPhone en hauteur, vous obtiendrez une petite image qui paraîtra étrange. En plaçant votre iPhone sur le côté, vous obtenez des vidéos en largeur, ce qui est plus facile pour les regarder sur votre iPhone, sur votre ordinateur ou sur votre téléviseur.

iAstuce : distinguer les vidéos des photos en vignettes

Lorsque vous regardez votre album Pellicule, vous distinguez facilement les photos des vidéos. En effet, les vidéos contiennent une petite icône de caméscope dans leur angle inférieur gauche. La longueur du clip en minutes et secondes est indiquée en bas à droite.

Monter une vidéo sur votre iPhone

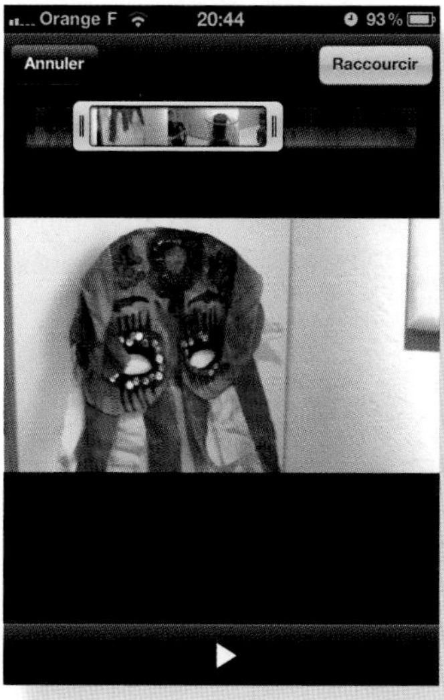

Si la vidéo que vous venez de capturer contient des parties inutiles au début et/ou à la fin, vous pouvez la raccourcir directement sur l'iPhone en définissant le début et la fin de la portion à conserver. Commencez par afficher la vidéo dans votre Pellicule (touchez l'icône Photos depuis l'écran d'accueil). Si vous voulez modifier la vidéo que vous venez de capturer, touchez la vignette de l'angle inférieur gauche. Touchez l'écran pour faire apparaître dans le haut le visualiseur d'images. Posez un doigt sur un curseur de bande et déplacez-le pour raccourcir le début ou la fin en faisant glisser le doigt. Vous remarquez que la barre prend une couleur jaune, ce qui confirme que vous êtes dans le mode d'ajustement. Touchez le bouton de lecture en bas d'écran pour vérifier le résultat. S'il vous convient, touchez le bouton jaune Raccourcir en haut à droite. Vous avez allégé votre vidéo.

iAstuce : supprimer une vidéo

Pour supprimer une vidéo, touchez sa vignette dans la Pellicule pour qu'elle apparaisse en plein écran puis touchez l'icône de la corbeille dans l'angle inférieur droit. Confirmez en touchant le bouton Supprimer la vidéo.

Transférer une vidéo de votre iPhone vers YouTube

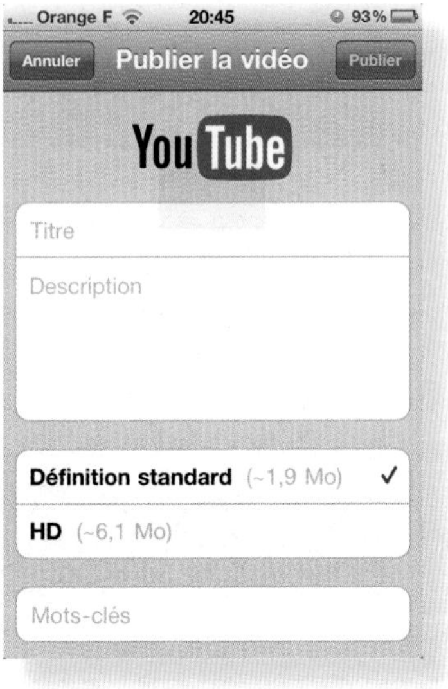

Vous pouvez enregistrer une vidéo puis la publier directement sur YouTube.com depuis votre iPhone. Voici comment procéder. Dès que vous avez effectué la prise, touchez la vignette pour afficher la vidéo en plein écran et raccourcissez-la si nécessaire. Touchez ensuite le bouton de l'angle inférieur gauche pour faire apparaître le menu. Choisissez Envoyer sur YouTube. Votre iPhone compresse la vidéo puis vous présente l'écran Publier la vidéo (voir l'illustration). Auparavant, il vous aura demandé votre identifiant et votre mot de passe YouTube.com. (Vous devez avoir créé un compte YouTube pour pouvoir publier des vidéos. Si vous n'avez pas de compte, rendez-vous sur le site et créez-le.) Vous pouvez saisir un titre et une description puis des mots-clés et une catégorie. Touchez ensuite dans l'angle supérieur droit le bouton Publier. Votre iPhone transfère la vidéo sur votre compte YouTube.com. Une fois le traitement achevé, un menu vous confirme l'opération. Vous voyez des boutons permettant de vérifier le résultat directement sur YouTube.com depuis votre iPhone et d'envoyer le lien URL vers la vidéo à un ami pour qu'il puisse la consulter à son tour. Si vous touchez le bouton Recommander à un ami, le lien Web direct vers votre vidéo est inséré dans un nouvel e-mail avec le nom de la vidéo en guise d'objet.

Manipulation des vidéos et des photos sur l'iPhone

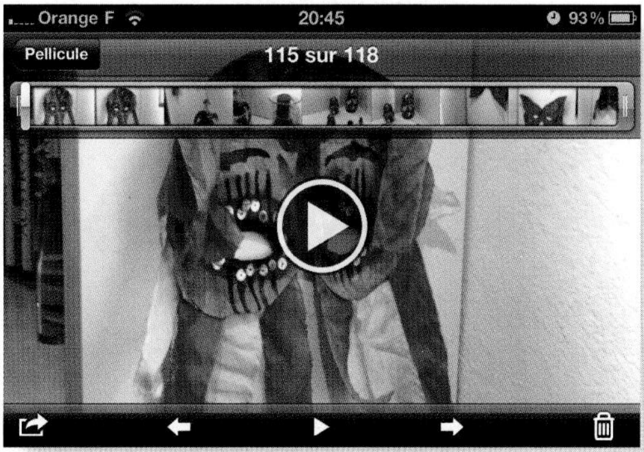

Sur l'iPhone, les seules différences entre vidéos et photos sont que vous pouvez raccourcir vos vidéos et que vous pouvez les transmettre vers YouTube.com. En dehors de ces deux points spécifiques, tout ce que vous pouvez faire avec une photo sur votre iPhone s'applique à une vidéo. La suppression est similaire (vous touchez la corbeille), l'affichage en plein écran se résume à toucher l'objet, vous pouvez transférer une vidéo comme une photo par messagerie ou par message MMS (si votre opérateur autorise les MMS). Vous pouvez même marquer une vidéo avec une balise de coordonnées géographiques comme une photo (voir la page suivante). Vous pouvez utiliser le cadre de mise au point comme avec l'appareil photo, ce qui règle le temps d'exposition du caméscope. Pour résumer, toutes les actions possibles sur une photo le sont sur une vidéo.

iAstuce : activer le flash pour filmer la nuit

Si vous possédez un iPhone 4, lorsque vous filmez vous pouvez allumer en permanence le flash afin d'avoir de la lumière la nuit. Pour cela, basculez l'appareil photo en mode caméra puis touchez le bouton Flash (celui avec l'éclair) puis activez le flash.

Voir où la photo a été prise

Si vous avez activé le service de localisation sur votre iPhone (dans l'écran d'accueil, touchez Réglages, puis Général et Service de localisation. Activez le service et vérifiez qu'il soit également actif pour l'appareil photo), l'appareil photo de votre iPhone peut automatiquement placer les coordonnées GPS de l'emplacement où vous avez pris les photos. Ensuite, lorsque vous regardez la photo dans une application qui prend en charge le géomarquage (comme iPhoto, d'Apple), vous pouvez voir la longitude et la latitude du lieu de prise de vue. Mais il y a une photo plus intéressante : dans l'application Photos vous trouvez un bouton Lieux. Touchez-le et vous obtenez une carte Google avec des repères rouges indiquant les lieux où vous avez pris des photos (vous pouvez effectuer un zoom sur les lieux en écartant les doigts). En touchant l'un des repères, vous pouvez voir combien de photos vous avez prises sur un lieu précis ; et, si vous touchez la flèche bleue, vous obtenez des miniatures des photos concernées. Touchez l'une des miniatures pour l'agrandir. C'est époustouflant.

iAstuce : désactiver la rotation automatique

Vous savez déjà que, lorsque vous basculez votre iPhone sur le côté, l'affichage passe automatiquement en mode paysage. C'est assez pratique mais, lorsque l'on regarde des photos, on souhaite parfois arrêter cette rotation automatique. Appuyez légèrement sur l'écran afin d'empêcher la rotation.

Transférer des photos vers l'iPhone (sur Mac)

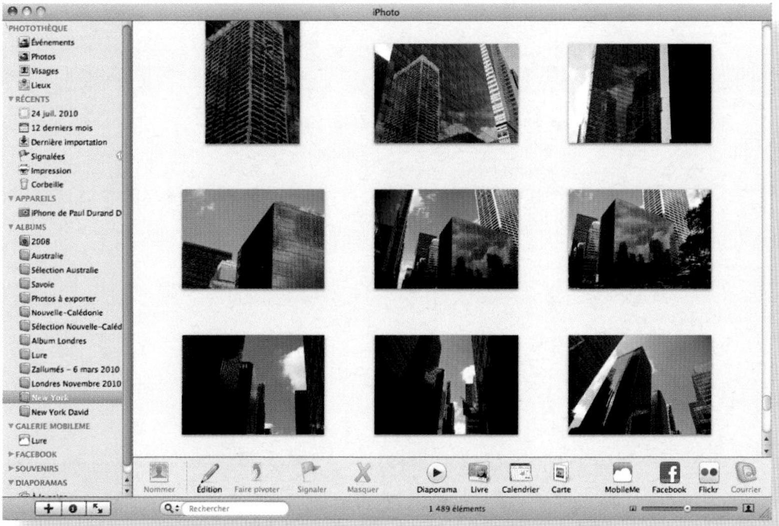

Si votre ordinateur est un Mac, la méthode la plus simple pour transférer des photos vers votre iPhone consiste à utiliser l'application iPhoto préinstallée sur tous les Mac. Vous glissez-déposez vos photos sur l'icône d'iPhoto dans le Dock de votre Mac pour les y importer. Dans iPhoto, cliquez sur le signe plus (+) en bas à gauche pour créer des albums et y classer vos photos (Famille, Voyages, Vacances, Porte-folio, etc.). Glissez-déplacez alors les photos de la Bibliothèque vers les différents albums. Une fois ces photos bien classées dans des albums dans iPhoto, dès que vous connectez votre iPhone ces albums sont automatiquement transférés. Vous visualisez ensuite le contenu de vos albums sur l'iPhone en touchant l'icône Photo depuis l'écran d'accueil.

iAstuce : sélectionner les albums à transférer

Vous pouvez configurer l'iPhone pour que seuls certains albums iPhoto soient transférés. L'opération se réalise dans iTunes une fois l'iPhone connecté. Dans le volet gauche d'iTunes, dans la catégorie APPAREILS cliquez sur le nom de votre iPhone pour accéder à ses préférences. Accédez à la page d'options Photos dans la partie centrale. Par défaut, tous les dossiers et albums sont transférés. Cliquez sur l'option Dossiers sélectionnés puis activez les cases des albums que vous voulez transférer. Pensez ensuite à cliquer sur le bouton Appliquer dans l'angle inférieur droit d'iTunes.

Transférer des photos sans iPhoto (sur Mac)

Si vous ne voulez pas utiliser l'application iPhoto pour gérer les photos à transférer vers votre iPhone, vous pouvez tout simplement les placer dans un dossier du Mac puis demander à iTunes de les transférer. Connectez d'abord l'iPhone à l'ordinateur pour lancer iTunes. Dans le volet des sources à gauche, sélectionnez votre iPhone dans APPAREILS pour accéder à ses préférences. Cliquez sur l'onglet de la page Photos en haut à droite. Dans la fenêtre, vous voyez la mention Synchroniser les photos depuis. Ouvrez le menu déroulant et sélectionnez Choisir un dossier. Vous voyez apparaître une boîte standard de désignation de fichier ou de dossier. Naviguez jusqu'au dossier désiré puis cliquez sur le bouton Ouvrir. Pour terminer, cliquez sur le bouton Appliquer dans l'angle inférieur droit d'iTunes. Si le dossier contient des sous-dossiers, ils sont présentés en tant qu'albums séparés dans l'iPhone. Vous pouvez choisir lesquels vous voulez transférer en cliquant sur le bouton radio Dossiers sélectionnés de la page de préférences Photos puis en activant les cases des seuls sous-dossiers désirés.

Transférer des photos vers l'iPhone (sur PC)

L'application iPhoto d'Apple n'existe pas sous Windows. En revanche, votre iPhone est reconnu par plusieurs applications de gestion de photos, parmi lesquelles Adobe Photoshop Album (qui n'est plus distribué par Adobe, mais certains utilisateurs l'ont encore) et n'importe quelle version d'Adobe Photoshop Elements à partir de la version 3. Pour profiter de cette fonction si vous avez l'un de ces logiciels, connectez votre iPhone à l'ordinateur et accédez à iTunes. Sélectionnez votre iPhone dans la liste des sources à gauche pour accéder aux préférences puis cliquez sur l'onglet de la page Photos. Ouvrez le menu déroulant en haut de la page et choisissez l'application reconnue (Photoshop Album, Photoshop Elements, ou autre). Pensez à cliquer sur le bouton Appliquer dans l'angle inférieur droit pour procéder au transfert vers l'iPhone.

Transférer des photos sans application reconnue (sur PC)

Si vous ne disposez pas d'une application directement reconnue dans iTunes sur PC pour gérer vos photos, vous pouvez rassembler les fichiers dans un dossier du PC puis demander à iTunes d'aller les chercher à cet endroit. Connectez d'abord l'iPhone et démarrez iTunes puis sélectionnez le nom de votre iPhone dans le volet gauche. Affichez la page Photos des préférences. Vous voyez tout en haut la mention Modifier l'emplacement du dossier Photos. Ouvrez le menu déroulant et choisissez Sélectionner un dossier. Dans la boîte qui apparaît (une boîte d'ouverture standard), naviguez jusqu'au dossier contenant vos photos puis cliquez sur le bouton Sélectionner un dossier. De retour dans iTunes, cliquez sur le bouton Appliquer dans l'angle inférieur droit. Si le dossier contient des sous-dossiers, ils sont présentés en tant qu'albums séparés dans l'iPhone. Vous pouvez choisir lesquels vous voulez transférer en cliquant sur le bouton radio Dossiers sélectionnés de la page de préférence Photos puis en activant les cases des seuls sous-dossiers désirés.

Visionner les photos importées

Une fois que vos photos sont transférées sur l'iPhone, vous pouvez les visionner en touchant l'icône Photos depuis l'écran d'accueil. Dans la liste des catégories, la première est la Pellicule (réservée aux photos prises avec l'appareil de l'iPhone). Vous trouvez ensuite votre Photothèque (elle liste dans un seul gros dossier toutes les photos importées), puis les différents albums photos que vous avez transférés soit avec l'application iPhoto sur Mac, soit en désignant un dossier ou une application sur PC. Pour voir les vignettes de vos photos, touchez le nom d'un album. Vous pouvez faire défiler la liste dans le sens vertical. Pour voir une photo en plein écran, touchez-la. Pour passer en revue toutes les photos d'un album, faites défiler horizontalement en faisant glisser le doigt vers la gauche ou vers la droite. Lorsqu'une photo rebondit comme sur un mur, c'est que vous êtes arrivé en bout de rouleau pour cet album. Vous pouvez alors repartir dans l'autre sens.

iAstuce : supprimer plusieurs photos de la pellicule

Pour supprimer plusieurs photos de votre Pellicule (pour les photos de votre Photothèque, vous devez resynchroniser l'iPhone), touchez d'abord le bouton qui symbolise une flèche sortant d'une boîte dans l'angle inférieur gauche puis touchez une par une les photos que vous voulez supprimer (chacune de ces photos reçoit un cercle rouge sur sa vignette). Touchez enfin le bouton rouge Supprimer dans l'angle inférieur droit.

Visionner un diaporama

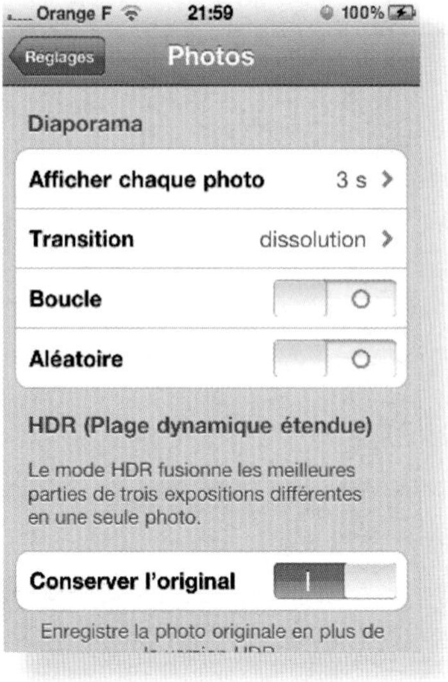

Pour voir vos photos sous forme d'un enchaînement de type diaporama, touchez l'icône Photos depuis l'écran d'accueil et touchez le nom de l'album désiré. Au niveau des vignettes, touchez le bouton de lecture (flèche) au centre du bas d'écran. Vous arrêtez le défilement en touchant l'écran. Le mécanisme de diaporama est doté d'un système de transition entre les photos et vous pouvez contrôler la durée d'affichage de chaque photo. Pour modifier ces options, depuis l'écran d'accueil touchez Réglages puis Photos. Touchez l'option que vous désirez modifier. Vous pouvez activer une fonction Boucle ou une fonction d'affichage Aléatoire des photos. Quand vous avez terminé de modifier les options, touchez le bouton Réglages dans l'angle supérieur gauche.

iAstuce : envoyer plusieurs photos par courrier

Le processus permettant d'envoyer plusieurs photos en même temps est très proche de celui qui sert à supprimer plusieurs photos (voir en page précédente). La différence est que cela fonctionne à cheval sur plusieurs albums photos. Vous pouvez sélectionner jusqu'à cinq objets. Touchez ensuite le bouton Envoyer puis le bouton Envoyer par courrier. Remarque : si vous avez sélectionné trop de photos, le bouton Envoyer devient inaccessible. Touchez à nouveau une photo pour la désélectionner.

Contrôler le défilement d'un diaporama

Pour mettre un diaporama en pause, il suffit de toucher l'écran. Cette action fait de plus apparaître les boutons de commande en bas d'écran. Les deux flèches gauche et droite permettent de se déplacer manuellement de photo en photo et le bouton de gauche donne accès à un menu d'options. Vous pouvez y choisir une photo comme fond d'écran, envoyer la photo par messagerie, l'assigner à l'un de vos contacts ou l'envoyer sur votre galerie MobileMe (si vous avez créé un compte MobileMe). Tout en haut d'écran, vous voyez le numéro de la photo et le nombre total de photos du diaporama. En haut à gauche, le bouton permet de revenir à la liste des vignettes de l'album. Pour passer vite en revue les photos du diaporama, maintenez le doigt sur la flèche gauche ou droite de défilement.

iAstuce : trouver le nombre de photos d'un album

Lorsque vous êtes dans la liste d'un album, vous pouvez savoir combien de photos il contient sans avoir à revenir à l'écran principal de Photos. Descendez tout en bas de la liste des vignettes. Le nombre de photos de cet album est indiqué.

Mettre de la musique sur un diaporama

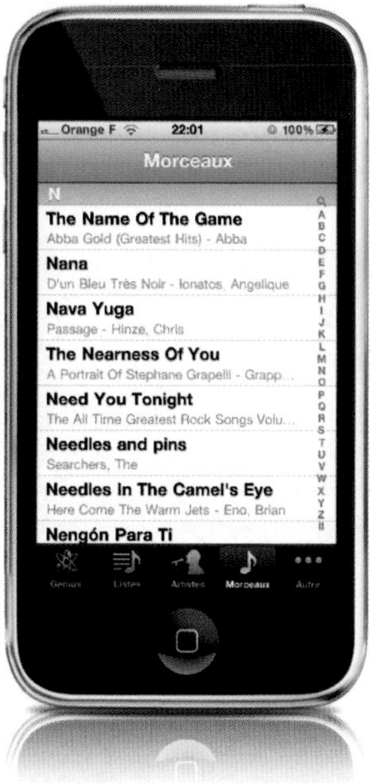

Il n'existe pas de fonction dans les diaporamas pour ajouter de la musique d'ambiance, mais il y a une astuce (elle est un peu tirée par les cheveux, mais elle fonctionne). Depuis l'écran d'accueil, accédez à l'iPod puis touchez Morceaux afin de choisir le morceau qui doit servir de musique d'ambiance. Touchez son nom pour en lancer la lecture (si vous n'avez pas connecté vos écouteurs, vous entendez la musique sur le haut-parleur interne). Cliquez maintenant sur le bouton Accueil sous l'écran pour revenir à l'écran d'accueil et touchez l'icône Photos puis touchez l'album que vous voulez voir comme diaporama. Touchez alors le bouton de lecture en bas de la liste des vignettes. Et voilà comment ajouter de la musique d'ambiance à un diaporama. (Je vous avais dit que c'était un bricolage, mais il fonctionne.)

iAstuce : modifier l'ordre des photos

Si vous voulez retrier vos photos importées, il faut le faire sur votre ordinateur. Modifiez l'ordre dans votre album puis démarrez iTunes et lancez une synchronisation avec l'iPhone pour que l'ordre soit remis à jour.

Afficher une photo reçue en MMS

Si vous avez reçu une photo ou une vidéo en tant que message MMS (consultez le Chapitre 3 pour plus d'informations sur les MMS), vous voyez une vignette de la photo dans votre conversation de message. Touchez la photo pour la voir en plein écran. Vous pouvez l'enregistrer dans votre iPhone en touchant la photo en plein écran puis en touchant le bouton de l'angle inférieur gauche et en choisissant Enregistrer l'image (la photo est stockée dans la Pellicule de l'iPhone).

iAstuce : copier et coller une photo

Lorsque vous êtes face à une photo en plein écran, vous pouvez la copier en mémoire pour la coller dans une autre application (par exemple dans un message texte ou un courriel, etc.). Il suffit de toucher et de maintenir le doigt sur la photo un court instant pour faire apparaître le mot « Copier ». Touchez cette commande. Vous pouvez ensuite coller l'image où vous voulez (partout où vous pouvez coller un tel objet).

Personnaliser le fond d'écran avec une photo

L'image qui apparaît en fond d'écran lorsque vous sortez votre iPhone du mode Veille ou lorsque vous recevez un appel peut être remplacée par une de vos photos. Depuis l'écran d'accueil, touchez Photos et sélectionnez l'album contenant la photo désirée. Touchez la vignette de la photo puis touchez le bouton situé dans l'angle inférieur gauche pour afficher les options. Choisissez Utiliser en fond d'écran. Vous basculez dans un écran dans lequel vous pouvez modifier la taille et la position de la photo avec un ou deux doigts. Une fois que la photo vous convient, touchez Valider.

iAstuce : zoomer sur une photo

Pour regarder de près une photo, qu'elle ait été transférée dans un album ou que vous l'ayez prise avec l'appareil intégré, affichez-la en plein écran puis posez deux doigts qui se touchent au centre de l'écran et écartez-les (vous pouvez aussi double-toucher l'écran). Répétez l'opération pour zoomer encore. Pour revenir au format normal, double-touchez l'écran.

Envoyer une photo par messagerie

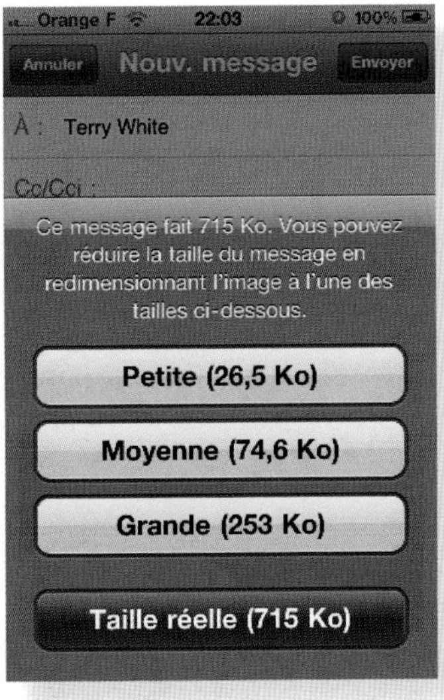

Pour envoyer une photo par e-mail, depuis l'écran d'accueil touchez l'icône Photos. Si c'est une photo prise avec l'iPhone, touchez Pellicule puis touchez la vignette de la photo désirée. L'opération est la même pour les photos de vos albums. Une fois la photo affichée en plein écran, touchez le bouton dans l'angle inférieur gauche pour afficher les options et choisissez Envoyer par courrier. Vous accédez à l'écran Nouveau message. Touchez le champ pour pouvoir saisir l'adresse du destinataire au clavier (si vous l'avez déjà saisie dans vos contacts, touchez le cercle bleu du côté droit du champ). Vous pouvez envoyer une copie au moyen du champ Cc/Cci, De. Ajoutez un titre dans le champ Objet. Votre photo a été insérée dans le bas du message. Une fois vos données saisies, vous pouvez toucher le bouton Envoyer de l'angle supérieur droit. Vous indiquez alors la taille du fichier à envoyer (plus la taille est grande, plus il faut de temps pour envoyer le message).

iAstuce : modifier une photo sur l'iPhone

Mon application préférée pour retoucher des photos directement sur mon iPhone se nomme Photogene (d'Omer Shoor). Je suis stupéfait des capacités de cette application.

Transférer une photo dans une galerie MobileMe

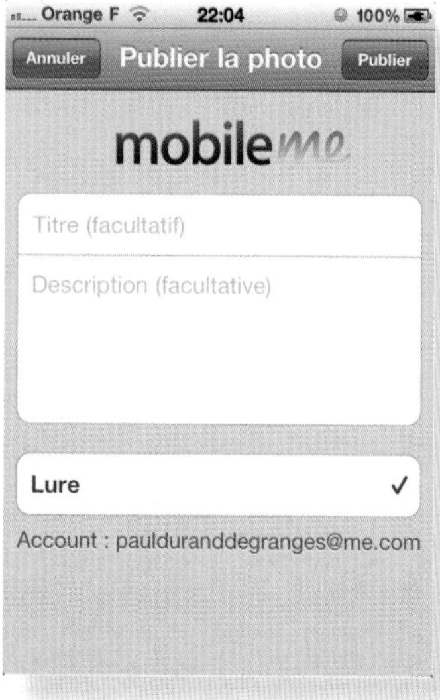

Pour exploiter cette technique, vous devez disposer d'un compte sur le site MobileMe et l'avoir configuré sur votre iPhone. Vous pouvez alors transférer vos photos directement depuis un Album ou la Pellicule de l'iPhone vers une galerie web MobileMe. Connectez-vous à votre compte MobileMe sur l'ordinateur (rendez-vous sur le site **www.me.com** puis saisissez votre identifiant et votre mot de passe). Cliquez sur l'icône de Galerie (qui représente une fleur) tout en haut à gauche et créez une nouvelle galerie grâce au signe plus (+) en bas à gauche. Activez l'option permettant d'ajouter des photos *via* l'e-mail ou l'iPhone. Vous pouvez autoriser ou non les autres personnes à télécharger ou à transférer vers cette galerie et choisir d'afficher ou non la galerie dans la page principale. Si vous refusez, vous devrez donner l'adresse exacte d'accès à la galerie à ceux à qui vous voulez la montrer. Cliquez enfin sur le bouton Créer. Revenez à votre iPhone, accédez à vos photos et sélectionnez la photo désirée. Lorsqu'elle est en plein écran, touchez le bouton de l'angle inférieur gauche et choisissez Envoyer à MobileMe. Vous créez ainsi un courriel contenant la photo et destiné à l'adresse de votre galerie. N'ajoutez pas de commentaire car personne ne le lira. Touchez le bouton Envoyer pour transmettre la photo vers MobileMe. L'adresse de la galerie, que vous pourrez transmettre à vos amis, sera au format *http://gallery.me.com/Votre_Identifiant*.

Télécharger les photos de l'iPhone

Vous avez besoin d'iTunes pour gérer tout le contenu de votre iPhone sauf en ce qui concerne la partie appareil photo, qui est gérée comme n'importe quel appareil photo numérique (APN). Dès que vous connectez l'iPhone à l'ordinateur, une fenêtre s'affiche pour vous proposer de récupérer les photos qu'il contient. Sur Mac, c'est en général iPhoto ou Image Capture qui est lancé. Sous Windows, vous verrez la fenêtre d'exécution automatique ou bien Assistant appareil photo Windows. Vous pouvez utiliser une autre application telle que Photoshop Elements, Photoshop Lightroom, Aperture d'Apple, Bridge's Photo Downloader d'Adobe, la Galerie de photos Windows ou toute autre application capable de lire les images d'un appareil photo numérique. Pour recopier les photos dans un dossier de l'ordinateur, vous pouvez vous contenter d'Image Capture sur Mac ou de la fenêtre d'exécution automatique sous Windows. Ces deux programmes transfèrent les fichiers des images dans le dossier que vous sélectionnez. Vous pouvez ensuite faire ce que vous voulez des photos car ce sont des fichiers au format JPEG normal.

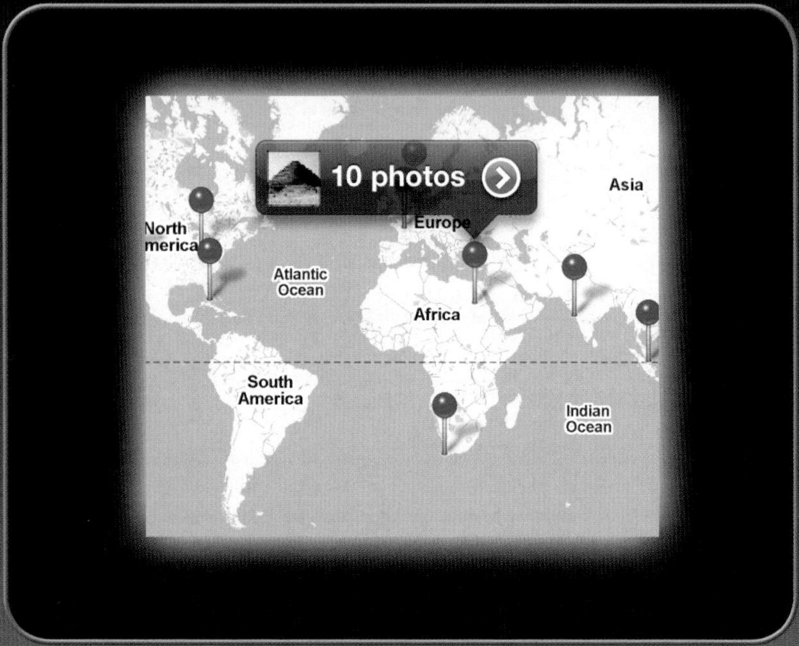
10 photos
Asia
North
merica
Europe
Atlantic
Ocean
Africa
South
America
Indian
Ocean

11

Céréales Killer

Trucs et astuces ultimes

Puisque nous en sommes à la quatrième édition américaine de ce livre, nous en profitons pour faire plus qu'une simple mise à jour. Nous voulons que nos livres se bonifient d'une édition à la suivante. Mais c'est sans doute parce que quelque chose cloche dans le câblage de nos neurones. En effet, la plupart des auteurs se contentent de mettre à jour leurs livres. Terry et moi-même les observons, ces auteurs minimaux, avec leurs autres occupations, une vie de famille, des amis, des loisirs et des carrières splendides en dehors de l'écriture. Et nous nous disons : « Regarde-les. Les voilà encore sortis passer du bon temps en famille alors qu'ils pourraient s'astreindre à leur chaise et à leur clavier et tapoter jusqu'à avoir les doigts en sang. » Nous rions de bon cœur sur le compte de ces « auteurs du dimanche » parce qu'ils ne sont visiblement pas assez dédiés à leur plume pour risquer leur couple, leur travail et leur réputation en cherchant à produire des livres toujours meilleurs. C'est dans cet état mental que Terry m'a suggéré un jour d'ajouter ce chapitre, alors même que nous venions de boucler toute la mise à jour et que le livre était prêt à partir chez l'imprimeur. Vous imaginez que cette annonce a engendré un peu de stress et vous savez comme moi quels sont les dégâts du stress sur votre bien-être et votre santé. D'ailleurs, de nombreux guérisseurs *new age* prétendent que l'écriture de chapitres d'astuces comme celui-ci peut entraîner de véritables problèmes de santé, notamment au niveau cardio-vasculaire. C'est cette menace d'infarctus qui nous a guidés vers le titre du chapitre, *Cereal Killer* étant aussi une chanson de Method Man and Redman. Nous avions brièvement songé à *Death Trip*, mais juste en passant.

Couper, Copier, Coller et le mode Paysage

En cours de saisie, lorsque vous double-touchez au milieu d'un mot, vous voyez apparaître des points de sélection bleus permettant de choisir ce que vous voulez copier. Vous pouvez ainsi sélectionner du texte mais aussi une image, par exemple depuis un courriel ou une page web dans Safari. Si vous double-touchez en dehors d'un mot ou touchez puis maintenez le doigt appuyé quelques secondes, vous obtenez un autre menu qui propose soit de sélectionner (avec les points de sélection) soit de tout sélectionner. Une fois votre sélection faite, touchez le bouton Copier puis rendez-vous dans l'application qui doit recevoir ce que vous avez copié, touchez pour faire apparaître le bouton Coller et touchez-le. Une nouveauté importante de la dernière génération d'iPhone est que vous pouvez tourner votre iPhone d'un quart de tour pour voir apparaître le clavier en mode Paysage, avec des touches plus larges. Cela fonctionne notamment dans Mail, Messages et Notes.

iAstuce : copier et coller une photo

Vous pouvez copier puis coller une photo depuis l'application Photos. Placez-vous dans l'album contenant la photo désirée puis touchez l'icône de boîte à flèche de l'angle inférieur gauche de l'écran. Vous pouvez alors sélectionner une ou plusieurs photos puis toucher le bouton Copier en bas d'écran. Rebasculez dans l'application destinataire (par exemple Mail), touchez l'écran puis touchez le bouton Coller.

Maîtriser le clavier virtuel

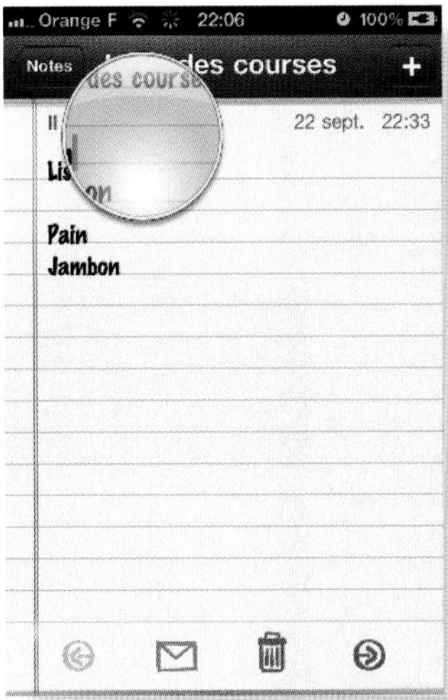

Lors de vos premiers pas dans l'utilisation du clavier de l'iPhone, vous serez tenté de corriger vos fautes juste après les avoir faites. Sachez que l'iPhone peut vous aider en ce domaine. Il compare ce que vous avez saisi au contenu des touches voisines pour suggérer le mot correct. Vous pouvez donc continuer la saisie. Si vous voulez faire une correction, il n'est pas nécessaire de supprimer tout le mot. Touchez et maintenez le doigt sur le mot pour faire apparaître une loupe qui vous permet de positionner plus aisément le curseur à l'endroit exact de la correction. Si vous saisissez le début d'un mot que l'iPhone connaît, il en suggère en général la fin. Si la suggestion est correcte, il suffit de toucher la barre d'espace ou bien de poursuivre la saisie dans le cas contraire. En fin de phrase, vous pouvez éviter de toucher le point puis la barre d'espace. Touchez deux fois la barre d'espace pour faire insérer un point et une espace. La touche Maj est activée d'office pour le début de la phrase suivante. Le blocage des majuscules n'est pas actif par défaut, mais vous pouvez l'activer dans les réglages du clavier (depuis l'écran d'accueil, touchez Réglages puis Général puis Clavier). Après ce réglage, il suffit de double-toucher la touche Maj pour activer le verrouillage des majuscules.

iAstuce : désactiver la correction automatique

Si vous avez besoin de désactiver la correction de l'iPhone, allez dans les Réglages puis dans Général puis dans Clavier, et désactivez l'option Correction auto.

Accéder aux caractères accentués

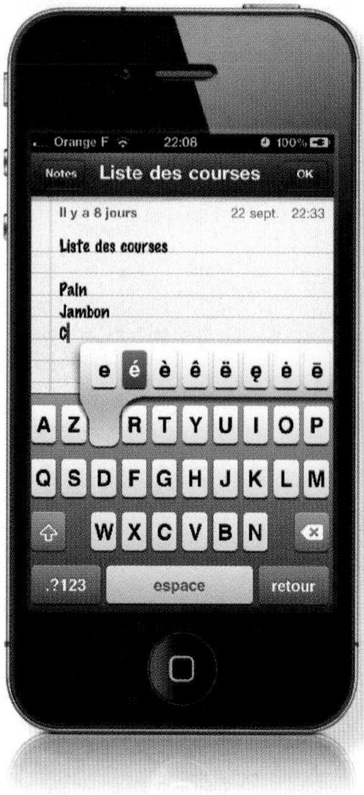

Pour insérer une lettre accentuée, touchez et maintenez la touche de base pour faire apparaître la liste de ses variantes. Faites alors glisser le doigt jusqu'au caractère à insérer et relâchez. D'autres caractères particuliers sont disponibles. Vous pouvez par exemple toucher et maintenir le point pour insérer des points de suspension (...).

iAstuce : désactiver le son des touches

Vous avez certainement remarqué que les touches du clavier virtuel de l'iPhone produisent un clic faisant penser à celui d'un clavier réel. Je préfère désactiver ce son (allez dans les Réglages puis dans Sons), mais je sais que certaines personnes préfèrent l'entendre. Si vous avez besoin de le désactiver temporairement, par exemple pendant une réunion, il suffit de mettre le téléphone en mode Silence au moyen de l'interrupteur sur la tranche gauche de l'iPhone (poussez-le vers l'arrière pour passer en mode Silence).

Synchroniser les notes sans fil

Les notes peuvent être synchronisées sans fil, avec MobileMe ou tout autre service de courriel IMAP. Rendez-vous dans les réglages de n'importe quel compte de messagerie IMAP (à partir de l'écran d'accueil, touchez Réglages, puis Mail, Contacts et Calendrier), puis activez la synchronisation des Notes dans le compte de messagerie. Lorsque vous effectuez des modifications sur votre iPhone ou sur votre ordinateur, Notes est synchronisé sans fil, de la même manière que les contacts, les calendriers et la messagerie. Vous pouvez également activer cette option à partir d'iTunes en cliquant sur votre iPhone dans la liste Appareil à gauche, puis en choisissant l'onglet Infos. Activez l'option Synchroniser les notes (ainsi que les autres options que vous souhaitez synchroniser).

Saisie facile des suffixes de domaines .org et autres dans Safari

Toutes les adresses web ne se terminent pas par le nom de domaine .com (en France, vous utiliserez souvent .fr). Le bouton .com du clavier donne accès à quelques autres noms de domaines d'Internet. Lorsque vous êtes dans l'application Safari, dès que vous avez commencé la saisie de votre adresse web, il suffit de toucher et de maintenir le doigt sur le bouton .com pour faire apparaître les variantes disponibles, parmi lesquelles le fameux .fr. Faites glisser le doigt sur la variante désirée pour l'insérer.

Le bouton secret .com dans Mail

Vous aurez sans doute remarqué qu'il existe un bouton .com dans le clavier de Safari, mais pas dans celui de Mail. En fait, il est caché. Lorsque vous avez besoin de saisir la fin d'une adresse de messagerie avec une extension .com, .fr ou autre, touchez et maintenez le bouton du point pour faire apparaître le petit menu. Faites glisser le doigt sur l'extension désirée. Cette fonction est en fait disponible dès que le clavier comprend un signe point. J'ai ainsi pu m'en servir dans certaines applications téléchargées.

Utiliser le clavier d'un autre langage

Vous pouvez activer plusieurs claviers pour basculer ensuite de l'un à l'autre au besoin. Il faut d'abord activer les claviers que vous voulez rendre disponibles. Depuis l'écran d'accueil, choisissez Réglages, puis Général, puis International. Touchez alors Claviers. Vous voyez apparaître une liste de tous les langages supportés. Activez le ou les claviers désirés. Lorsque vous vous placez dans une application dans laquelle il faut saisir quelque chose, vous remarquez que le clavier contient en bas à gauche le symbole d'une mappemonde. Touchez ce bouton pour passer tour à tour à l'un des claviers activés.

Taille de la photo de l'appelant

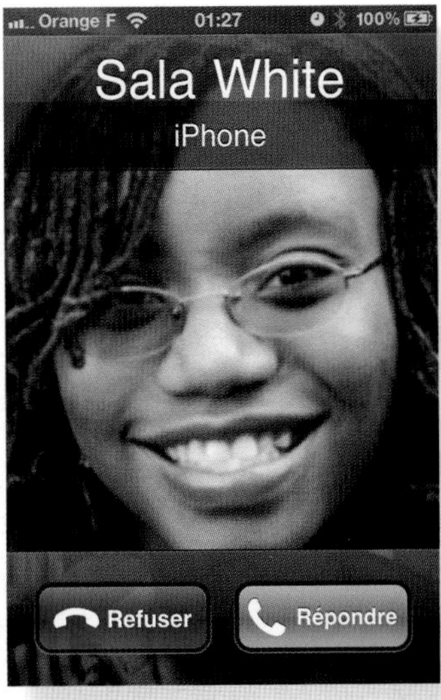

TERRY WHITE

Si vous avez associé des photos à vos contacts, vous aurez peut-être remarqué que certaines s'affichent en plein écran mais d'autres seulement sous forme de vignette dans le coin supérieur droit au moment d'un appel entrant. Cette divergence est liée à la manière dont la photo a été associée au contact. Si vous avez associé la photo depuis le Carnet d'adresses de votre ordinateur, il est possible qu'elle apparaisse sous forme de petite vignette. Si vous l'avez associé directement sur votre iPhone, soit en prenant la photo avec l'appareil interne, soit en partant d'une photo de la Photothèque, le portrait sera affiché en plein écran lorsque cette personne vous appellera.

iAstuce : deux noms s'affichent lors de l'appel

Vous aurez peut-être remarqué que pour certains de vos correspondants, deux noms apparaissent lors d'un appel entrant. C'est lié au fait que deux contacts différents de votre iPhone sont associés au même numéro de téléphone. L'iPhone ne choisit pas et présente les deux noms lors d'un appel entrant en provenance de ce numéro.

Conseils pour voyager à l'étranger

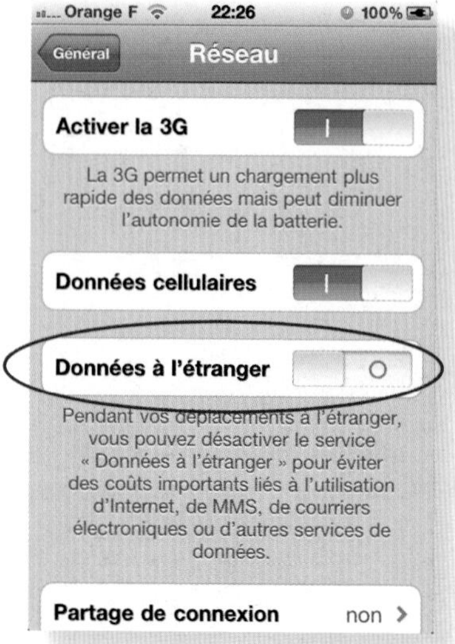

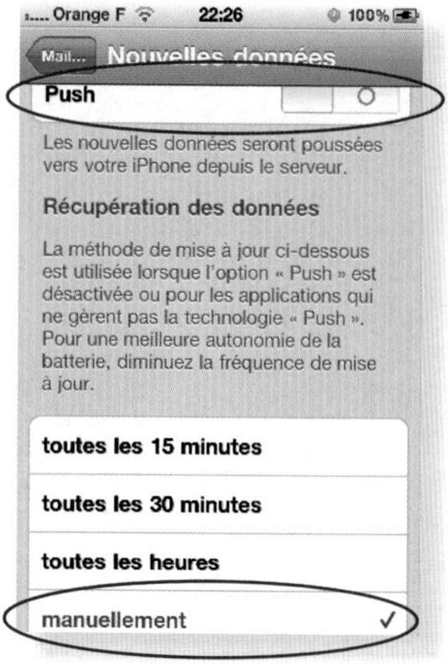

Même si vous disposez d'un forfait avec volume de données illimité chez votre opérateur, cet avantage ne s'applique souvent pas lorsque vous êtes à l'étranger. Les coûts d'itinérance (*roaming*) peuvent devenir astronomiques, rien que pour consulter votre messagerie. Vous risquez de devoir payer chaque kilo-bit qui entre et sort de votre iPhone. Heureusement, il existe des protections pour éviter de retrouver la mère patrie surendettée. Vous devez d'abord décider si vous voulez pouvoir émettre des appels à l'étranger. Contactez votre opérateur téléphonique pour être certain que les appels internationaux sont autorisés. Assurez-vous ensuite que vous n'utilisez pas l'itinérance pour les données. Il suffit de désactiver l'option Données à l'étranger (depuis l'écran d'accueil, touchez Réglages puis Général puis Réseau). Bien sûr, vous ne pourrez plus surfer sur le Web ni vérifier vos messages par le réseau cellulaire lorsque vous serez à l'étranger. En revanche, vous pourrez toujours vous connecter à une borne WiFi. Si vous êtes d'accord pour payer l'itinérance, activez l'option correspondante, mais je vous conseille de désactiver l'option Push dans ce cas (dans les Réglages, touchez Mail, Contacts, Calendriers puis Nouvelles données) en sorte que l'iPhone ne scrute pas périodiquement la boîte de réception. Choisissez en outre l'option Manuellement pour les nouvelles données. Vous ne consommez ainsi de flux de données que lorsque vous choisissez de vérifier si vous avez de nouveaux messages, de surfer sur le Web ou d'utiliser une application nécessitant le Web.

Créer vos sonneries avec GarageBand

Vous pouvez créer vos sonneries au moyen du logiciel GarageBand d'Apple (version 4.1.1 au minimum). Cette application fait partie de la suite iLife '09 installée sur tous les nouveaux Mac. Pour créer une sonnerie dans GarageBand, lancez GarageBand sur votre Mac, choisissez dans la fenêtre de nouveau projet Sonnerie iPhone puis lancez-vous dans la création de votre œuvre. Vous pouvez combiner vos propres pistes grâce aux instruments logiciels, ajouter de vrais instruments (si vous êtes musicien), des boucles logicielles ou une voix captée *via* le microphone intégré ou un microphone externe. Si vous n'êtes pas musicien, vous pouvez vous contenter d'importer un fichier dans l'un des formats reconnus, comme le MP3. Raccourcissez votre morceau pour qu'il dure moins de 40 secondes et vérifiez que vous avez activé le mode Boucle. Une fois votre superbe sonnerie réalisée, ouvrez le menu Partage et choisissez Envoyer la sonnerie vers iTunes. Votre sonnerie personnalisée sera disponible dans la catégorie Sonneries de la Bibliothèque iTunes. Une synchronisation suffira pour la transférer sur l'iPhone.

Créer vos sonneries dans iTunes

Vous pouvez créer une sonnerie à partir d'un fichier sonore ou d'un morceau qui ne se trouve pas dans l'iTunes Store, par exemple celui de votre rejeton en train de chanter. Mais préparez-vous à quelques étapes. Tout d'abord, dans les préférences d'iTunes, vérifiez que l'option Importer avec indique Encodeur AAC en choisissant Préférences depuis le menu iTunes (ou le menu Édition sous Windows), puis en cliquant sur Général et sur Réglages d'importation. Importez ensuite le morceau de départ dans iTunes (les formats MP3 et AAC sont excellents). Repérez alors les 30 secondes au maximum qui vont servir de sonnerie. Notez sur un papier les temps de début et de fin qui sont affichés dans la jauge de progression en haut de fenêtre. Dans le menu Fichier, choisissez Obtenir des informations, cliquez sur l'onglet de la page Options et saisissez l'heure Début et l'heure Fin puis cliquez sur OK. Choisissez alors dans le menu Avancé la commande Création de la version AAC pour obtenir une version abrégée du morceau, juste sous l'original. Contrôle-cliquez (cliquez-droit sous Windows) pour choisir la commande Afficher dans le Finder (ou Afficher dans l'Explorateur Windows). Dès que vous voyez le fichier, faites-en une copie et changez l'extension du nom de fichier de la copie de .m4a en .m4r (le r signifiant Ring, soit Sonnerie). Lorsque vous revenez dans iTunes, vous pouvez supprimer la version abrégée que vous venez de créer. Revenez dans la fenêtre du Finder ou de l'Explorateur et repérez votre sonnerie au format .m4r. Faites-la glisser sur l'icône d'iTunes dans le Dock (ou dans la Bibliothèque des Sonneries sous PC dans iTunes). La prochaine fois que vous connecterez votre iPhone à iTunes, la sonnerie sera transférée par synchronisation. Pensez à revenir aux informations du morceau de départ pour supprimer l'heure de Début et de Fin en décochant les cases afin que le morceau soit lu en entier.

Transférer un SMS/MMS

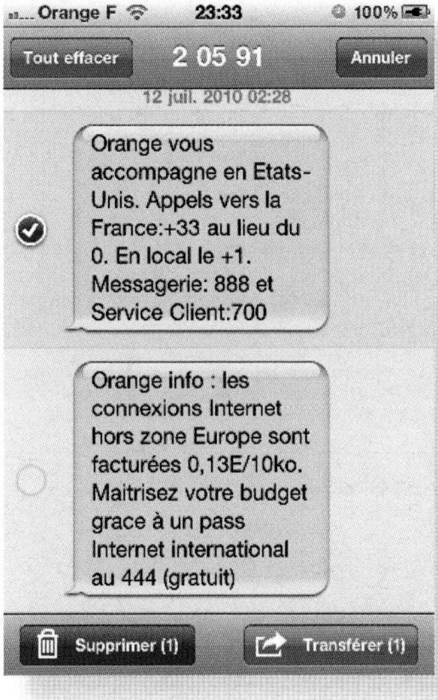

Démarrez l'application Messages puis affichez le message que vous souhaitez transférer. Touchez le bouton Modifier dans le coin supérieur droit de l'écran afin d'afficher des cercles en regard de chacun des messages. Sélectionnez les messages en touchant les cercles correspondants, puis touchez le bouton Transférer. Vous obtenez l'écran Nouveau message contenant les messages sélectionnés. Saisissez le numéro de téléphone ou le nom du contact puis touchez Envoyer.

Enregistrer ou copier une image depuis un site web

Lorsque vous tombez sur une image qui vous intéresse sur un site web, vous pouvez l'enregistrer directement dans la Pellicule de votre iPhone (pour l'envoyer ensuite par Mail, par MMS, la retransférer sur l'ordinateur, vous en servir comme fond d'écran ou l'associer à un contact), mais aussi la copier et l'utiliser dans une autre application. Lorsque vous êtes dans Safari, affichez la page web contenant l'image puis touchez et maintenez le doigt sur l'image pour faire apparaître un menu qui propose d'enregistrer ou de copier l'image. Lorsque vous avez effectué votre choix, le menu disparaît et l'image est enregistrée dans votre Pellicule ou copiée dans le Presse-papiers. Vous accédez ensuite à cette image depuis l'écran d'accueil en touchant Photos puis Pellicule ou en allant dans une autre application (telle que Mail) dans laquelle vous double-touchez et où vous choisissez Coller pour coller l'image.

Versions mobiles de vos sites préférés

De plus en plus de sites web proposent une version dans un format spécifique aux téléphones portables, ou même spécifique à l'iPhone. Par exemple, j'ai optimisé mon blog pour les périphériques mobiles. Si vous visitez **www.terrywhite.com** ou **www.bestappsite.com**, vous obtiendrez des versions des sites adaptées aux mobiles. Contrôlez si les sites que vous visitez fréquemment proposent une version mobile. Par exemple, pour le journal **lemonde.fr**, la version pour mobile correspond à l'adresse **mobile.lemonde.fr**. En général, les variantes pour mobiles comprennent soit le préfixe mobile., soit le préfixe m.

Trouver un aéroport rapidement avec Plans

Quelle est l'adresse du plus proche aéroport ? Comment savoir ? Vous n'avez pas vraiment besoin de connaître son adresse postale parce que Plans dispose d'une fonction étonnante. Il vous suffit de connaître le code à trois lettres de l'aéroport (vous le connaissez si vous l'utilisez assez fréquemment). Si vous voulez par exemple obtenir un plan d'accès de l'aéroport de Chicago O'Hare, ouvrez l'application Plans et saisissez les trois lettres ORD dans le champ de recherche. Pour l'aéroport de San Francisco, ce sont les trois lettres SFO. Pour Roissy-Charles-de-Gaulle, le code est CDG (Orly = ORY, Francfort = FRA, Londres Heathrow = LHR, etc.). Dès que vous touchez le bouton Rechercher, l'application Plans centre l'affichage sur l'aéroport. Vous pouvez ensuite demander un itinéraire pour le rejoindre depuis le centre-ville, par exemple.

Rechercher un contact dans Plans

Si vous avez saisi l'adresse postale de vos contacts, vous pouvez les localiser dans l'application Plans. Supposons que vous cherchiez à obtenir un itinéraire pour vous rendre chez l'un de vos contacts. Vous voulez également le prévenir de votre visite. Vous pouvez tout faire depuis l'application Plans. Commencez par y accéder en touchant l'icône Plans depuis l'écran d'accueil. Saisissez les premières lettres du contact dans le champ de recherche. L'application Plans affiche les résultats possibles à partir de vos contacts. Touchez le contact désiré. Plans affiche son adresse sur la carte. Vous pouvez appeler votre contact en touchant le bouton de flèche bleue du côté droit du repère. Cela vous amène à la fiche du contact, dans laquelle vous pouvez toucher le numéro de téléphone à composer.

Créer un contact à partir de Plans

Si vous cherchez et trouvez par exemple une entreprise dans l'application Plans et voulez mémoriser cette entreprise en vue d'une visite ou d'un appel, vous pouvez la faire ajouter à votre Liste de contacts sans quitter l'application Plans. Depuis l'écran d'accueil, touchez l'icône Plans puis cherchez votre contact. Lorsque vous l'avez trouvé, posez un repère et touchez la flèche bleue à droite du nom. Vous accédez à l'écran Infos. Faites défiler le contenu jusqu'à atteindre le bouton Ajouter aux contacts. Touchez le bouton puis touchez Créer un nouveau contact et enfin le bouton Terminé. Une nouvelle fiche est créée pour ce contact.

Afficher le pourcentage de batterie

Sur votre iPhone, vous pouvez faire afficher le pourcentage du niveau de la batterie, ce qui donne une indication plus précise de la quantité d'énergie restante. Ce pourcentage est affiché sur l'icône de la batterie dans l'angle supérieur droit de la barre d'état en haut d'écran. Pour l'activer, touchez Réglages puis Général puis Utilisation. La première option correspond à Niveau de la batterie.

Support de l'iPhone en entreprise

Si vous travaillez pour une entreprise qui dispose de Microsoft Exchange pour les fonctions de messagerie, de calendrier et de gestion des contacts ou bien d'un système VPN Cisco, vous avez de la chance ! En effet, votre iPhone est compatible avec Active Sync, de Microsoft, et avec de nombreux routeurs VPN Cisco, ce qui permet d'établir des connexions sécurisées à travers un pare-feu (tous les routeurs VPN Cisco ne gèrent pas les capacités VPN de l'iPhone actuellement). Votre département informatique vous fournira les paramètres du compte Exchange ou de la configuration VPN. Dans certains cas, vous pourrez même récupérer un profil sur le Web pour configurer automatiquement l'iPhone afin d'accéder à la messagerie et aux autres services de votre entreprise. Le service informatique de ma société m'a fourni une adresse web grâce à laquelle j'ai pu paramétrer mon iPhone presque automatiquement. Des profils ont été définis pour imposer des stratégies d'accès, et notamment un code pour bloquer l'iPhone après quelques minutes d'inactivité. De plus, si je me fais voler ou si je perds mon iPhone, je peux contacter mon support technique pour qu'il procède à distance à l'effacement de l'iPhone (nous avons montré au Chapitre 5 comment créer un code et effacer l'iPhone à distance). Une fois que le processus d'effacement a été déclenché, rien ne peut l'arrêter, pas même l'extinction de l'appareil ou l'extraction de la carte SIM, car le processus reprend dès que vous rallumez l'iPhone. Si vous configurez l'iPhone pour recevoir vos contacts par Exchange, vous aurez accès à l'annuaire LDAP de l'entreprise et pourrez lancer des recherches depuis votre iPhone. Les configurations étant variables d'une entreprise à une autre, je vous invite à contacter votre service informatique pour qu'il vous aide à configurer votre iPhone. Notez enfin que le support des VPN Cisco dans l'iPhone vous permettra d'accéder aux pages web de l'intranet intérieur à votre entreprise.

Profiter des notes des contacts et du calendrier

Il vous est déjà peut-être arrivé en descendant dans un hôtel de constater avec dépit que vous n'aviez pas noté votre numéro de réservation. La personne à l'accueil de l'hôtel vous le demande et vous fouillez dans vos poches désespérément. Il est pourtant simple de faire mémoriser ce genre de petites informations dans le champ Notes d'un contact ou de l'événement dans le calendrier. Lorsque je prépare un voyage, je crée en général un événement dans mon calendrier. J'en profite pour noter l'adresse de l'hôtel et mon numéro de réservation dans le champ Notes de cet événement. Je suis ainsi certain de ne pas être dépourvu en arrivant à l'accueil de l'hôtel. En quelques gestes sur mon iPhone, je retrouve les informations nécessaires. Vous pouvez aussi ajouter ces petites notes dans le calendrier sur votre ordinateur, car elles seront transférées sur l'iPhone lors de la prochaine synchronisation. Pour créer une note dans un événement de l'iPhone, il suffit de toucher le bouton Modifier de l'écran de l'événement du calendrier puis de toucher le bouton Notes en bas. Saisissez les informations requises et enregistrez. Vous verrez l'information par simple accès à cet événement dans le calendrier.

Importer ses films personnels

Vous pouvez acquérir et louer des séries TV et des clips vidéo sur l'iTunes Store (des films, plus tard) mais il est probable que vous ayez des films personnels ou d'autres que vous avez achetés au format DVD. Hélas, le logiciel iTunes permet de convertir des CD audio vers le format compatible iPhone et iPod, mais pas des DVD du commerce. Il y a pourtant une solution mais, avant d'aller plus loin, je vous invite à prendre connaissance des réglementations en vigueur dans votre pays quant à vos droits sur les DVD que vous possédez, en sorte de ne pas vous placer en situation d'illégalité. Voyez notamment au niveau de la copie pour usage privé. Cette mise en garde cruciale étant faite, découvrons les différentes méthodes de conversion. Si vous partez d'un film familial au format QuickTime, vous pouvez l'importer dans iTunes (*via* la commande Ajouter le fichier à la bibliothèque ou Ajouter à la bibliothèque du menu Fichier). iTunes saura le convertir dans un format compatible iPhone (*via* la commande Créer la version pour iPod ou iPhone dans le menu Avancé). Si vous partez d'un DVD du commerce, il vous faut une autre application. Celle que je préfère pour réaliser ce type de conversion se nomme Handbrake. Elle fonctionne sur plusieurs plates-formes et est gratuite. Rappelons que cette application et les traitements qu'elle permet sont destinés à votre strict usage personnel. Vous ne devez vous en servir que pour les vidéogrammes pour lesquels vous avez le droit de procéder ainsi.

DVD commerciaux avec copie numérique

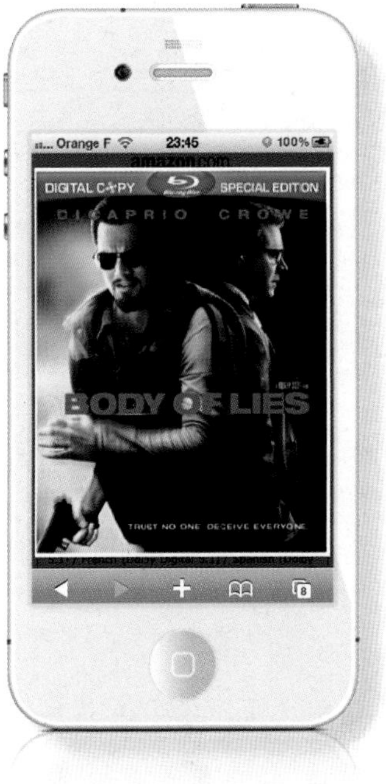

Certains éditeurs de vidéos proposent des DVD comprenant sur un second disque une copie numérique dans un format adapté à votre iPhone. Vous avez ainsi le meilleur des deux mondes. Vous profitez d'un DVD ou d'un BD (Blu-ray Disc) pour votre grand écran plat et d'un autre disque que vous insérez dans votre ordinateur. Vous associez cette copie numérique à votre compte iTunes puis vous la copiez dans iTunes, ce qui la rend disponible pour la prochaine synchronisation avec votre iPhone. Si cette possibilité vous intéresse, vérifiez lors de vos prochains achats de DVD ou de disques Blu-ray si une telle copie numérique est contenue dans le produit.

Les magnétoscopes numériques TiVo

Ceux qui disposent d'un magnétoscope numérique de la marque TiVo (Series 2, Series 3 ou TiVo HD) peuvent transférer quasiment toutes leurs émissions TV enregistrées ou leurs films depuis TiVo vers leurs ordinateurs grâce à l'option TiVo-To-Go. (N.d.T. : la marque TiVo est très connue sur le territoire des États-Unis, mais beaucoup moins en Europe pour l'instant.) Sous Windows, l'application TiVo-To-Go permet de télécharger directement depuis le site web de TiVo (logiciel TiVo Desktop Plus pour PC). Sur Mac, la fonction est disponible dans le logiciel de gravure de CD/DVD nommée Toast Titanium de Roxio. Une fois la fonction TiVo-To-Go configurée, vous pouvez transférer les séries et les films directement depuis le magnétoscope TiVo vers le Mac ou le PC *via* le réseau local. Le logiciel TiVo ou Toast permet ensuite de convertir le document vidéo dans un format approprié à l'iPhone. Ce processus peut prendre de plusieurs minutes à plusieurs heures selon la durée du vidéogramme et sa qualité (standard ou HD).

iAstuce : configurer TiVo pour l'iPhone

Si vous utilisez TiVo, vous pouvez accéder à la plupart des fonctions du site web principal de TiVo en visitant la version du site adaptée à l'iPhone via Safari (à l'adresse ***m.tivo.com****). Une fois que vous êtes connecté, votre mot de passe est mémorisé. C'est une excellente solution pour programmer des enregistrements en votre absence !*

Préparer un ancien iPhone pour le donner

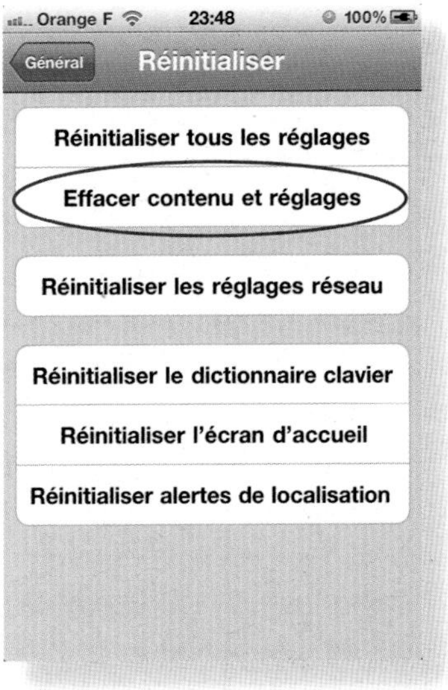

Si vous remplacez votre iPhone par un iPhone 4 ou 3GS, voici ce que vous pouvez faire de votre ancien modèle.

Option 1 : offrez-le à un proche. Dès que vous avez votre nouveau téléphone, vous pouvez donner votre ancien modèle à un proche. Si nécessaire, il prend un abonnement chez un opérateur pour obtenir une carte SIM, puis il active l'iPhone.

Option 2 : utilisez-le comme iPod Touch. Comme l'iPhone est déjà activé, vous pouvez retirer la carte SIM et utiliser l'iPhone en tant qu'iPod et périphérique Internet en utilisant le WiFi.

Option 3 : vendez-le, si vous souhaitez en retirer un peu d'argent. Même si le marché est un peu surchargé, vous pouvez en tirer un prix raisonnable dans des magasins tels que Cash Express (**www.cashexpress.fr**) ou sur des sites de ventes tels que 2xMoinsCher (**www.2xmoinscher.com**) ou PriceMinister.com (**www.priceminister.com**).

Avant de donner ou de vendre votre iPhone, assurez-vous d'effacer les informations qu'il contient. À partir de l'écran d'accueil, touchez Réglages, Général puis Réinitialiser. Touchez ensuite le bouton Effacer contenu et réglages.

Restaurer l'écran principal par défaut

À coups de glisser-déplacer, vous pouvez aisément aboutir à une distribution un peu chaotique des icônes dans les pages de l'écran principal. Il peut donc être parfois utile de restaurer la configuration usine des icônes. Depuis l'écran d'accueil, touchez Réglages puis Général puis Réinitialiser. Dans cet écran, touchez la commande Réinitialiser l'écran d'accueil principal puis confirmez en touchant le bouton Réinitialiser.

iAstuce : réinitialiser l'iPhone à partir d'iTunes

Vous pouvez également utiliser iTunes pour effacer les données de votre ancien iPhone en connectant ce dernier à l'ordinateur. Cliquez l'onglet Résumé dans les préférences de l'iPhone, puis cliquez sur Restaurer dans la section Version (l'effacement en utilisant l'option Réinitialiser sur l'iPhone est mieux sécurisée).

Est-ce que ce courriel est important ?

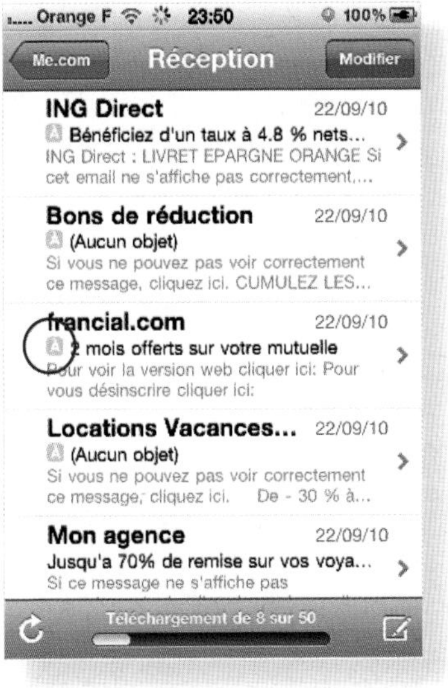

Normalement, un courriel dont vous êtes le destinataire principal a plus d'importance que ceux pour lesquels vous n'êtes qu'en copie. L'application Mail de l'iPhone vous permet de distinguer les messages dans lesquels vous êtes cité dans le champ À de ceux dans lesquels vous êtes dans le champ Cc. Une mention « À » ou « Cc » apparaîtra devant chaque message dans la liste de boîte de réception. Si vous ne voyez pas ces préfixes, il suffit d'activer l'option correspondante. Depuis l'écran d'accueil, touchez Réglages puis Mail, Contacts, Calendriers, et activez l'option intitulée Vignette À/Cc.

Envoyer des courriels depuis un serveur de sauvegarde

Si vous possédez plusieurs comptes de messagerie, il est possible que vous deviez jongler avec plusieurs serveurs de messages sortants SMTP. Si votre fournisseur d'accès le permet, vous pouvez configurer un serveur de messagerie secondaire depuis lequel seront envoyés les messages quand vous êtes en déplacement. Par exemple, lorsque je suis chez moi aussi bien que lorsque je suis en déplacement, j'envoie mes messages depuis mon serveur Comcast. Si ce serveur est inaccessible, je dois pouvoir envoyer mes messages soit *via* mon serveur yahoo.com, soit *via* mon serveur MobileMe. Vous pouvez définir un serveur de secours dans les paramètres de messagerie de l'iPhone. Depuis l'écran d'accueil, touchez Réglages, puis Mail, Contacts, Calendriers. Sélectionnez le compte à configurer avec un serveur d'envoi SMTP de secours, faites défiler la liste jusqu'à atteindre SMTP et touchez cette mention. Vous obtenez une liste de serveurs complémentaires parmi lesquels vous pouvez choisir un autre serveur. Touchez la mention Désactivé à droite du ou des serveurs SMTP que vous voulez utiliser et touchez enfin Désactivé à côté de la mention Serveur primaire tout en haut pour l'activer.

Gérer manuellement votre musique

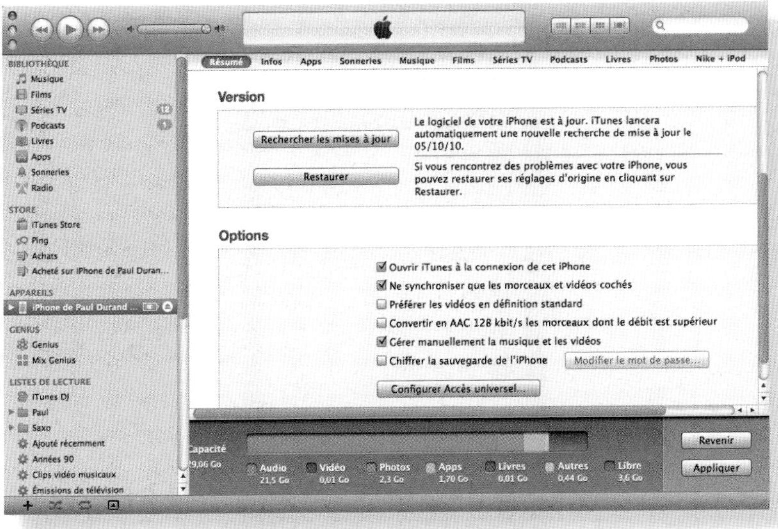

Votre iPhone synchronise automatiquement vos fichiers de musique, de séries TV, etc. lorsque vous le connectez à un ordinateur sur lequel est installé iTunes. Dans certains cas, vous voudrez déposer manuellement des morceaux audio et des vidéos, par exemple lorsque vous gérez de la musique sur plusieurs ordinateurs (un portable et un ordinateur de bureau). Il suffit d'activer l'option d'iTunes nommée Gérer manuellement la musique et les clips vidéo. Connectez votre iPhone à votre Mac ou à votre PC *via* le câble USB. Dès qu'iTunes est ouvert, activez la case à cocher dans l'écran Résumé après avoir sélectionné votre iPhone dans la liste des appareils à gauche.

Accès WiFi en avion ?

Lorsque vous êtes dans un avion, il vous est normalement demandé d'éteindre votre iPhone ou de le basculer en mode Avion. Dans ce mode, vous n'avez plus accès à aucun service sans fil donc plus au WiFi. En revanche, vous pouvez utiliser les fonctions locales de votre iPhone (baladeur iPod, les jeux et autres applications). Mais de plus en plus de trajets aériens proposent un service WiFi. Vous pouvez dans ce cas réactiver uniquement le WiFi. Vous basculez votre iPhone en mode Avion pour le décollage et l'atterrissage (depuis l'écran d'accueil, touchez Réglages puis activez l'option Mode Avion en haut du premier écran). Une fois en vol de croisière et qu'un message vous autorise à utiliser un appareil électronique, retournez dans l'écran Réglages et choisissez WiFi, puis sélectionnez le réseau WiFi disponible dans l'avion afin de vous y connecter. (Remarque : votre iPhone reste en mode Avion et les fonctions téléphoniques restent inaccessibles.)

Créer un fond d'écran en cas d'urgence

C'est une bonne idée que créer comme image de fond d'écran une photo comprenant des informations utiles en cas d'urgence médicale (ou bien votre nom et de quoi vous contacter au cas où vous perdriez votre iPhone). Il suffit de faire apparaître les informations cruciales (par exemple si vous avez des contre-indications médicales) directement en surimpression de l'image que vous choisissez. Vous pouvez créer cette image sur votre ordinateur avec un logiciel tel que Photoshop ou bien prendre une photo sur laquelle vos informations sont lisibles. Ainsi, même lorsque votre iPhone est verrouillé par un code, l'information reste lisible (vous voyez une partie de ce fond d'écran lorsque l'iPhone est verrouillé). S'il vous arrive quelque chose, le personnel médical saura qui contacter ou quels sont vos problèmes spécifiques.

iAstuce : Close Call pour créer l'image d'urgence

Il existe une application gratuite dans l'App Store appelée Close Call qui sert à créer une telle image d'urgence. Grâce à elle, vous pourrez créer l'image à partir d'une photo se trouvant actuellement dans votre iPhone. C'est ce logiciel que j'ai utilisé pour le fond d'écran qui sert d'illustration ci-dessus.

Utiliser un fond d'écran personnalisé

Vous avez la possibilité de choisir deux fonds d'écran pour votre iPhone. Le premier sert pour l'écran verrouillé (comme sur la page précédente) et le second s'affiche derrière vos applications, sur la page d'accueil. Rendez-vous dans Réglages, touchez Fond d'écran, puis touchez les images d'écrans pour choisir les images à utiliser. Touchez Fond d'écran ou l'un de vos albums de photos, choisissez une image, définissez-la puis choisissez à quel fond d'écran vous l'attribuez.

Faire une capture d'écran de l'iPhone

Vous pouvez aisément réaliser une capture de l'écran de votre iPhone. L'astuce consiste à appuyer sur et à maintenir le bouton Accueil sous l'écran et à appuyer brièvement sur le bouton Marche/Veille sur la tranche supérieure de l'iPhone. L'écran va s'illuminer pendant 1 seconde comme un flash d'appareil photo, et ce qui était affiché sur l'écran sera stocké dans un fichier .PNG dans votre dossier Pellicule. Vous pouvez ensuite envoyer ce fichier à quelqu'un par messagerie ou le retransférer sur votre ordinateur lors de la prochaine synchronisation.

Astuces iPhone pour les photographes

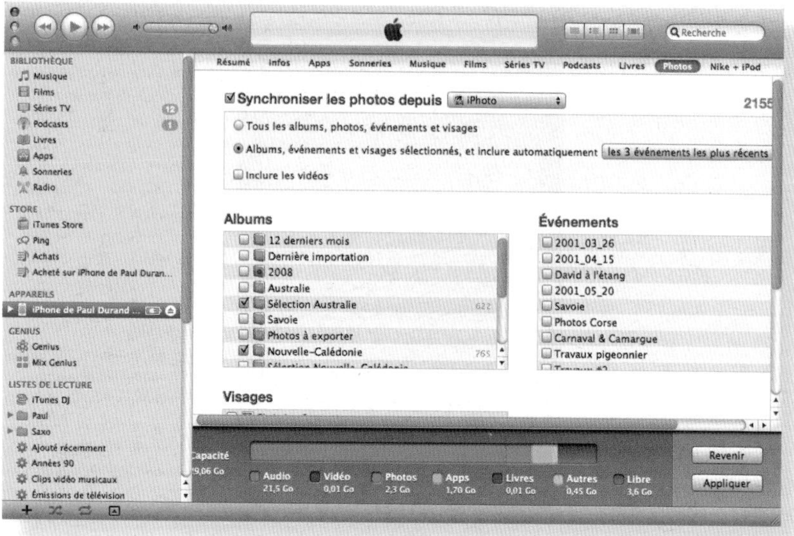

Si vous êtes photographe professionnel ou amateur éclairé, vous avez certainement remarqué que votre iPhone constituait un excellent outil pour montrer vos œuvres. Mais il peut également vous servir dans d'autres situations. N'oubliez pas tout d'abord que l'iPhone peut contenir plusieurs albums photos. Vous pouvez ainsi distinguer les photos pour les amis, pour la famille et pour les clients. L'iPhone peut également servir à tester différents éclairages en prévision d'une séance de prise de vue, et à faire des clichés préliminaires de repérage. Vous pouvez également envisager un album contenant plusieurs poses. Vous vous déplacez avec votre iPhone pour montrer à votre modèle ce que vous souhaitez, sans l'obliger à quitter le plateau pour lui montrer sur votre ordinateur comment vous aimeriez qu'il pose. Les possibilités sont très nombreuses. Et une synchronisation avec votre ordinateur suffit à tout transférer sur votre machine de travail.

Secouer pour annuler et pour changer de morceau

Lorsque vous faites une erreur de saisie, il n'y a pas de raccourci clavier équivalant aux Cmd+Z ou Ctrl+Z conventionnels sur les ordinateurs. En revanche, votre iPhone propose une fonction équivalente. Elle me fait penser à ce jouet de notre enfance, le Télécran. Il suffit de secouer l'iPhone pour faire apparaître un petit menu dans lequel vous pouvez toucher le bouton Annuler la saisie. Pour l'instant, cette annulation par action physique ne fonctionne que pour la saisie. Par ailleurs, vous pouvez secouer votre iPhone lorsque vous écoutez un morceau sur l'iPod intégré pour passer à un autre morceau au hasard. Si vous êtes amateur de jogging, rassurez-vous : il existe une option pour désactiver ce mécanisme dans les paramètres de l'iPod (depuis l'écran d'accueil, touchez Réglages puis iPod).

Exploiter les données GPS des photos

TERRY WHITE

Par défaut, lorsque vous prenez une photo ou une vidéo avec votre iPhone, les données de localisation sont associées au document grâce au GPS intégré à l'iPhone. Certaines applications peuvent vous indiquer à l'aide de Google Maps l'emplacement où vous avez pris vos photos. Le géomarquage permet également de placer vos photos sur une carte directement sur l'iPhone. Touchez Photos sur l'écran d'accueil, puis touchez Lieux au bas de l'écran (ce bouton s'affiche si vous avez au moins une photo avec des infos de géolocalisation). Touchez un repère sur la carte pour afficher le nombre de photos que vous avez prises à l'emplacement concerné. Touchez ensuite la flèche pour afficher ces photos. Si vous transférez vos photos vers le serveur **www.flickr.com**, vous pouvez activer la géolocalisation dans les préférences de votre compte Flickr afin que les photos issues de votre iPhone apparaissent automatiquement sur la carte de votre compte Flickr.

iAstuce : marquer les photos avec Face

Si vous utilisez un Mac et que vous importiez vos photos dans iPhoto ou Aperture, vous pouvez marquer vos photos avec Visages et ces groupes de photos apparaîtront lorsque vous toucherez le bouton Visages dans l'application Photos.

Utiliser l'iPhone pour géomarquer des photos avec iPhoto

Chaque fois que vous prenez une photo avec votre iPhone, ce dernier enregistre les informations sur les lieux, et vous pouvez utiliser ces informations pour géomarquer les photos prises avec votre appareil photo numérique standard (s'il n'est pas équipé d'un GPS). Commencez par prendre une photo avec votre iPhone, puis laissez-le pour continuer à prendre vos clichés à l'aide de votre appareil photo numérique (assurez-vous de prendre une photo avec votre iPhone chaque fois que vous changez de lieu). Importez les photos de votre iPhone et de votre appareil photo numérique dans iPhoto'09 (qui est préinstallé sur tous les nouveaux Mac). Sélectionnez la première photo de l'iPhone du premier lieu, effectuez un Ctrl+clic, puis choisissez Copier. Sélectionnez ensuite les autres photos prises au même emplacement, puis choisissez Coller l'emplacement. iPhoto ajoute les informations sur la longitude et la latitude à toutes les autres photos. Répétez l'opération pour les autres photos.

Répondre en citant seulement une partie d'un courriel

Si vous souhaitez citer uniquement une partie d'un message dans votre réponse, il vous suffit de sélectionner la partie que vous souhaitez conserver, comme si vous alliez utiliser la fonction Copier. Double-touchez la partie que vous souhaitez conserver, puis faites glisser les poignées. Touchez la flèche pointant vers la gauche, au bas de l'écran, puis touchez le bouton Répondre. Seule la partie sélectionnée dans le courriel d'origine se trouve au bas de votre réponse.

Connaître la quantité de données échangées

Pour être certain de ne pas dépasser une éventuelle limite dans la quantité de données transférées sur votre iPhone, vous pouvez contrôler votre consommation à tout instant. Si vous êtes abonné chez Orange, démarrez l'application Téléphone, composez #123# puis touchez Appeler. Vous recevez un message auquel vous pouvez répondre pour obtenir le suivi de votre consommation.

Activer le calendrier Anniversaires

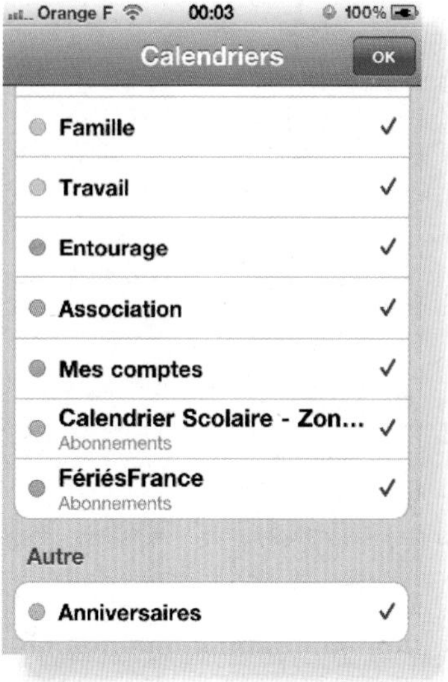

Si vous avez ajouté les dates d'anniversaire à vos contacts, vous pouvez vous servir du calendrier Anniversaire. Ce dernier s'affiche en même temps que vos autres calendriers lorsqu'il est activé (à partir de l'écran d'accueil, touchez Calendrier, puis touchez le bouton Calendriers en haut à gauche afin d'afficher Anniversaires dans la section Autres). Les anniversaires de vos contacts s'affichent lorsque vous avez saisi les dates (dans l'écran des infos d'un contact, touchez Modifier, puis vers le bas touchez Ajouter un champ, puis touchez Anniversaire. Saisissez la date d'anniversaire, puis touchez OK). Malheureusement, il n'est pas possible d'être averti à l'avance. Toutefois, il existe de nombreuses applications tierces qui permettent cela (par exemple, j'aime bien l'application appelée Occasions).

Faire un autoportrait

Avec l'iPhone 4, vous pouvez utiliser la caméra frontale pour prendre des photos. À partir de l'écran d'accueil, touchez Appareil photo pour démarrer l'application, puis touchez le bouton de changement de caméra, placé dans le coin supérieur droit. Vous pouvez ainsi vous voir et prendre une photo. Gardez à l'esprit que la caméra frontale n'offre qu'une qualité VGA, ce qui est loin d'égaler la caméra de 5 mégapixels placée à l'arrière. Toutefois, la résolution est suffisante pour les applications qui ne nécessitent pas de photo haute résolution.

Utiliser FaceTime à la place du forfait

L'un des avantages cachés de la fonctionnalité FaceTime de l'iPhone 4 est qu'elle fonctionne uniquement sur le réseau WiFi. Cela signifie que, puisque vous et l'autre personne avec qui vous conversez êtes sur le réseau WiFi, vous pouvez converser sans limite et sans consommer les minutes du forfait de votre téléphone mobile. C'est intéressant lors de voyages à l'étranger ou dans toute autre situation où l'itinérance coûte cher.

iAstuce : changer de caméra lors d'un appel FaceTime

Lors d'un appel FaceTime, vous pouvez montrer ce que vous voyez en basculant sur la caméra placée à l'arrière à l'aide du bouton placé en haut à droite de l'écran FaceTime. Vous utilisez ce même bouton pour revenir à la caméra frontale. De plus, vous pouvez basculer le téléphone pour offrir une vue en mode paysage.

Protéger l'iPhone

Protection par code. Si vous perdez votre iPhone ou si on vous le vole, non seulement vous devrez le remplacer mais vous souhaiterez éviter que l'on puisse accéder aux informations qu'il contient. Par conséquent, touchez Réglages, Général puis Verrouillage par code. Touchez Activer le code, puis configurez un code. Vous devrez saisir le code après l'intervalle de temps que vous indiquez (en touchant Exiger le code), mais c'est un faible prix à payer pour votre tranquillité.

Acheter AppleCare. Si vous envisagez de conserver votre téléphone pendant une durée de 2 ans (parfois la durée d'engagement auprès de l'opérateur mobile), vous pouvez envisager d'opter pour un contrat AppleCare. La garantie d'origine Apple est de 1 an et le contrat AppleCare prolonge de 1 an cette garantie contre les pannes (les erreurs d'utilisation ne sont pas couvertes ni les chutes, les immersions, etc.).

Abonnez-vous à MobileMe. MobileMe est un service en ligne proposé par Apple qui offre une messagerie, une synchronisation sans fil des données, un espace de stockage, un hébergement web ainsi que d'autres fonctionnalités telles que Localiser mon iPhone. Ce dernier service permet non seulement de retrouver votre iPhone partout dans le monde mais aussi de le bloquer ou de l'effacer à distance ou d'afficher un message pour indiquer comment vous le retourner.

Sauvegarde. Avec toutes les fonctionnalités de synchronisation sans fil, vous êtes tenté de moins synchroniser votre iPhone avec votre ordinateur. Vous devez tout de même le connecter et le synchroniser régulièrement.

Afficher des PDF avec l'application iBooks

Vous affichez les fichiers PDF à l'aide de l'application iBooks (vous téléchargez gratuitement cette dernière sur l'App Store) soit en touchant le bouton Ouvrir dans (par exemple dans Mail), soit en effectuant une synchronisation dans iTunes et en les ouvrant dans l'application iBooks. Supposons que vous receviez une pièce jointe PDF dans un courriel. Lorsque vous touchez cette pièce jointe, Mail l'affiche. Toutefois, dans le coin supérieur droit vous trouvez un bouton Ouvrir dans, si plusieurs applications sont compatibles avec les PDF, sinon vous trouvez un bouton Ouvrir dans iBooks, etc. En touchant iBooks, le fichier est copié dans l'application et vous le trouvez dans la section PDF. Dès lors, vous n'avez plus besoin de rechercher dans vos courriels pour afficher le PDF, et c'est aussi un excellent moyen de transporter des manuels en PDF.

Avantage du chiffrage des sauvegardes

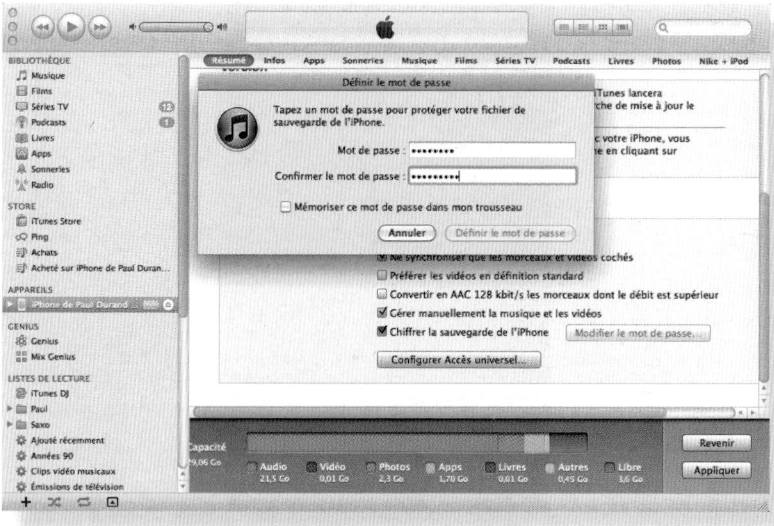

iTunes permet de chiffrer les sauvegardes de l'iPhone ; si vous pensez que cela est exagéré, il y a toutefois un avantage à ce chiffrage. Si vous changez d'iPhone, lorsque vous restaurez une sauvegarde chiffrée, iTunes restaure également les mots de passe des différentes applications. Sans le chiffrage, iTunes (Apple) ne prendrait pas le risque de restaurer les données du trousseau de l'iPhone. Par exemple, si une personne vole votre ordinateur, elle peut restaurer vos données sur un iPhone différent et accéder à vos différents mots de passe. Si la sauvegarde est chiffrée, les mots de passe ne sont pas restaurés sans un mot de passe. Par conséquent, dans iTunes activez l'option Chiffrer la sauvegarde de l'iPhone, puis saisissez un mot de passe. Vous serez un peu plus sécurisé et vous aurez l'avantage d'avoir votre nouvel iPhone configuré avec les mêmes informations (applications et mots de passe) que sur votre ancien iPhone.

Utiliser le contrôle vocal

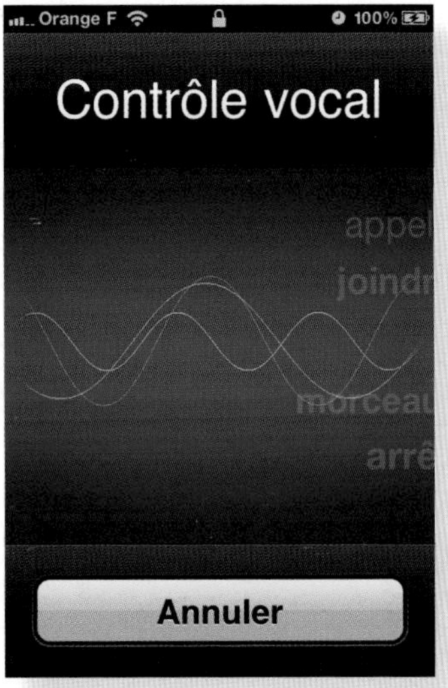

L'iPhone possède une fonctionnalité appelée Contrôle vocal que vous pouvez utiliser pour effectuer des appels mains libres. Il est également possible de contrôler d'autres fonctions de l'iPhone. Pour activer le contrôle vocal, appuyez sur le bouton Accueil et maintenez-le enfoncé quelques secondes jusqu'à ce que l'écran Contrôle vocal apparaisse. Après 1 ou 2 secondes vous entendez un beep indiquant que le contrôle vocal attend votre commande. Dites ce que vous souhaitez que l'iPhone fasse. Par exemple, vous pouvez composer le numéro d'un contact en disant « Appeler Terry White » (si Terry White fait partie de vos contacts). Si le contact possède plusieurs numéros de téléphone, vous pouvez dire « Appeler Terry White travail », afin de composer le numéro du travail et non pas celui du domicile ou du mobile. Vous pouvez aussi dicter les chiffres que vous souhaitez composer. Encore une fois, vous n'êtes pas limité aux commandes d'appel, vous pouvez contrôler l'iPod. Dites, par exemple, « Lecture », « Qui chante cette chanson », « Titre suivant », « Démarrer la lecture », « Écouter [nom de l'album] », « Écouter [Nom de l'artiste] », « Genius ». De plus, vous pouvez dire « Quelle heure est-il ? » pour connaître l'heure, et vous annulez le contrôle vocal en disant « Annuler » ou « Stop ». Le contrôle vocal fonctionne même si votre iPhone est verrouillé et peut s'utiliser avec une oreillette Bluetooth si celle-ci est compatible. Par exemple, il me suffit d'appuyer quelques secondes sur le bouton de mon oreillette ICON de Jawbone pour activer le contrôle vocal.

Suivre les colis

Si vous recevez un courriel de confirmation d'expédition d'un colis avec un lien vers les informations de suivi, il vous suffit de toucher ce lien pour que Safari s'ouvre et affiche les informations. Toutefois, si l'on vous envoie un courriel avec uniquement le numéro de suivi sans lien vers le service, votre iPhone détecte automatiquement les numéros de suivi les plus courants et les transforme en hyperliens. Touchez et restez appuyé sur le numéro de suivi puis touchez le bouton Suivre la livraison pour vous rendre sur le site du transporteur. Cela ne fonctionne pas avec tous les transporteurs, mais UPS est bien reconnu.

Déverrouiller

12

Les enfants terribles

Dépanner votre iPhone

Terry m'a demandé d'écrire l'introduction de ce chapitre pour deux raisons : 1) c'est à moi d'écrire les introductions et 2) je ne suis pas vraiment qualifié pour écrire autre chose dans un chapitre sur le dépannage. En effet, depuis que j'ai acheté mon iPhone, je n'ai jamais eu le moindre problème ni donc la moindre occasion de le dépanner. De plus, Terry (spécialiste reconnu des gadgets et notamment de l'iPhone) est très calé en technologie.

Lorsque je passe chez lui, il n'est pas rare qu'il soit en train de prendre en charge un nouveau gadget de style iPhone pour lui faire subir les pires sévices, le faisant souffrir bien plus que ce qu'un utilisateur moyen pourrait lui infliger (à moins de préparer une expédition en Antarctique ou de le maltraiter tellement que le propriétaire ne peut qu'habiter dans cet endroit étouffant qu'est la ville de Phoenix, en Arizona). Donc, Terry m'a demandé d'écrire cette introduction, et je dois vous dire que c'est un honneur pour moi de partager ces pages avec lui. Peu de gens le savent, mais Terry est le champion en titre du test en free style de mise à l'épreuve de gadgets de tout le Midwest (catégorie des 35-45 ans masculin). Il participe d'ailleurs à des conventions de test de solidité parmi lesquelles la Clogapalooza 2009, dans laquelle il est arrivé troisième en free style senior. Je l'en ai d'ailleurs félicité, mais il a subi une horrible injustice. En effet, un des juges travaillait pour Microsoft et ce n'est pas un hasard s'il a été le seul à avoir attribué un 8,2 à Terry alors que tous les autres juges lui avaient attribué un 10.

Appels coupés et mauvaise réception

Il se peut que vous soyez dans une zone mal couverte. Toutefois, si vous avez l'impression que ces problèmes se produisent plus souvent que cela ne devrait, voici quelques points que vous devez garder à l'esprit. L'antenne de l'iPhone 4 se trouve sur les côtés. Certaines personnes disent que la réception diminue lors d'un contact physique (votre main) avec les petites bandes noires placées sur le côté. Si vous avez des problèmes, vous pouvez investir dans un étui ou un *bumper* vendu par Apple. De plus, vous devez vous assurer que vous possédez la dernière version du logiciel pour votre iPhone (dans iTunes, allez dans les préférences de l'iPhone, puis dans l'onglet Résumé, cliquez sur Rechercher les mises à jour, dans la section Version). Vous pouvez également essayer de réinitialiser les paramètres réseau (à partir de l'écran d'accueil, touchez Réglages, Général, puis Réinitialiser. Touchez alors le bouton Réinitialiser les réglages réseau). Pour certaines personnes, cela règle immédiatement les problèmes. Notez que cette opération efface tous les mots de passe WiFi enregistrés.

Améliorer la réception

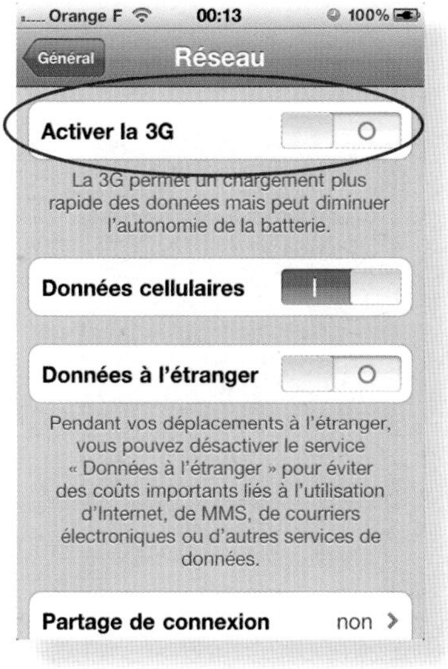

Si l'endroit où vous vous trouvez ne permet pas une bonne réception en mode 3G, cela peut influer sur la qualité de la réception téléphonique. Dans ce cas, désactivez la 3G. Conseil étrange ! Qui voudrait se passer d'un meilleur débit pour ses transferts de données ? Mais, si vous n'êtes pas en train de naviguer sur le Web ni d'utiliser votre messagerie, le mode 3G ne vous est d'aucune utilité. Essayez de le désactiver pour voir si cela améliore votre réception. Depuis l'écran d'accueil, touchez Réglages puis Général puis Réseau. Touchez l'interrupteur Activer la 3G pour le désactiver (mention O).

Pour résoudre la plupart des problèmes

Vous pouvez résoudre la plupart de vos problèmes simplement en éteignant puis en rallumant votre iPhone. Pour ce faire, maintenez l'appui sur le bouton Marche/Veille de la tranche supérieure. Au bout de quelques secondes, vous voyez apparaître un message qui vous propose Éteindre. Touchez le bouton rouge et faites-le glisser vers la droite. Une fois qu'il est éteint, vous rallumez l'iPhone en appuyant sur le même bouton Marche/Veille. Une fois votre iPhone rallumé, testez ce qui ne fonctionnait plus.

L'iPhone ne s'allume pas ou ne répond pas

Vérifiez d'abord que votre batterie n'est pas déchargée. Connectez l'appareil à un port USB de l'ordinateur ou à l'adaptateur secteur en utilisant le câble USB fourni avec l'iPhone. L'écran doit s'allumer lorsque vous connectez l'appareil à une alimentation et doit montrer le témoin de charge de la batterie. Dans le cas contraire, essayez de redémarrer l'appareil. Appuyez et maintenez l'appui sur le bouton Accueil et sur le bouton Marche/Veille de la tranche supérieure jusqu'à voir apparaître le logo Apple. Vous pouvez relâcher le bouton à ce moment. Si votre iPhone est allumé mais ne répond plus à vos actions, essayez de le redémarrer. Il doit se remettre en route normalement.

iAstuce : préférer le câble USB fourni avec l'iPhone

Prenez soin de bien utiliser le câble USB fourni avec votre iPhone 3GS ou 4 car d'autres câbles et adaptateurs peuvent ne pas être compatibles. Par ailleurs, les chargeurs plus anciens pour FireWire ne permettent pas de recharger un iPhone 3G, 3GS ou 4 ni un iPod Touch 2e génération.

Aucun son

Plusieurs raisons peuvent rendre votre iPhone muet. Vérifiez d'abord que vous ne l'avez pas forcé en mode Silencieux en regardant dans quelle position se trouve l'interrupteur Sonnerie/Silencieux de la tranche gauche de l'iPhone. Si vous voyez un point orange sur l'interrupteur, c'est que vous êtes en mode Silencieux. Repoussez l'interrupteur vers l'avant. Vérifiez ensuite le volume. Appuyez sur la partie supérieure du bouton de réglage de la tranche gauche de l'iPhone, sous l'interrupteur Sonnerie/Silencieux (la position de ces boutons est indiquée sur l'illustration). Si vous n'entendez toujours rien, allez vérifier le volume dans l'application que vous utilisez. Vérifiez que rien n'est branché dans la prise casque. Si vous utilisez un casque ou des écouteurs, vérifiez que le connecteur est enfoncé à fond. De nombreux écouteurs standard ont un jack qui ne permet pas un enfoncement complet dans la prise. Enfin, si votre iPhone est posé sur une station d'accueil ou un haut-parleur externe pour iPhone, vérifiez que ce système est alimenté, qu'il est allumé et que son volume est correct.

Connecté au WiFi mais l'iPhone utilise la 3G

Si vous rencontrez ce genre de problème, vérifiez d'abord que vous avez bien entré le mot de passe d'accès au WiFi en accédant aux Réglages puis à WiFi. Touchez la flèche bleue du réseau concerné puis touchez Oublier ce réseau. Essayez de vous reconnecter au WiFi en saisissant le mot de passe. Si le mot de passe web ne fonctionne pas, essayez la clé hexa. Si votre routeur utilise le filtrage d'adresses MAC (rien à voir avec Macintosh), vous devez vous connecter à l'interface d'administration du routeur pour saisir l'adresse WiFi de l'iPhone. Vous trouverez cette adresse dans l'écran Informations de la catégorie de réglages Général.

Renouveler manuellement le bail DHCP

Si vous êtes connecté à un hot spot WiFi commercial, par exemple dans votre café ou restaurant favori, et que vous rencontriez des problèmes pour vous rendre sur Internet, essayez de renouveler votre bail DHCP. À partir de l'écran d'accueil, touchez Réglages, WiFi, puis touchez la flèche bleue en regard du réseau avec lequel vous êtes connecté. Faites défiler puis touchez le bouton Renouveler le bail. Ceci indique à l'iPhone d'obtenir une nouvelle adresse IP et, si possible, de mettre à jour les infos DNS.

Effacer vos données personnelles

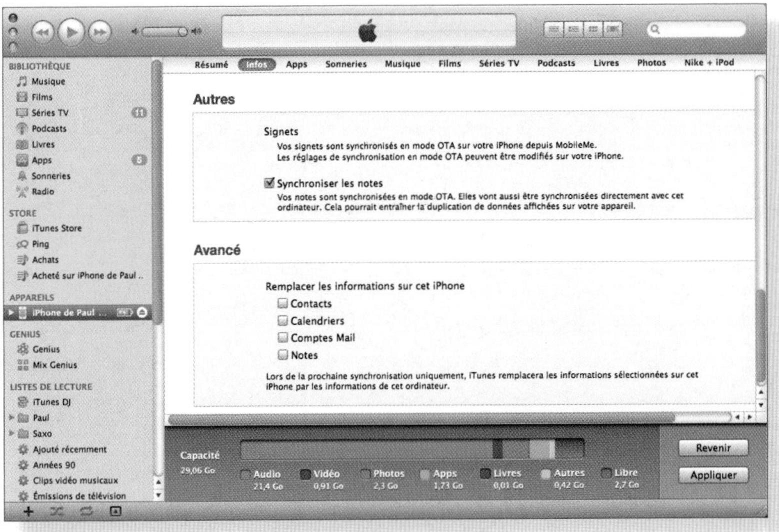

Il peut vous arriver d'avoir besoin de supprimer toutes les données de vos contacts, de vos calendriers, vos signets (favoris), vos notes et vos paramètres de comptes de messagerie de l'iPhone pour y transférer ceux qui sont sauvegardés sur votre ordinateur. L'opération est possible dans iTunes. Connectez d'abord l'iPhone puis sélectionnez l'appareil dans la liste de gauche et affichez la page de préférences Infos. Descendez tout en bas de la fenêtre principale jusqu'à trouver la catégorie Avancé. Cochez les cases des catégories de données qui doivent remplacer celles se trouvant actuellement sur l'iPhone (Contacts, Calendriers, Signets, Notes et Comptes de messagerie). Votre iPhone se synchronisera normalement la prochaine fois.

Synchroniser votre iPhone avec Entourage (Mac)

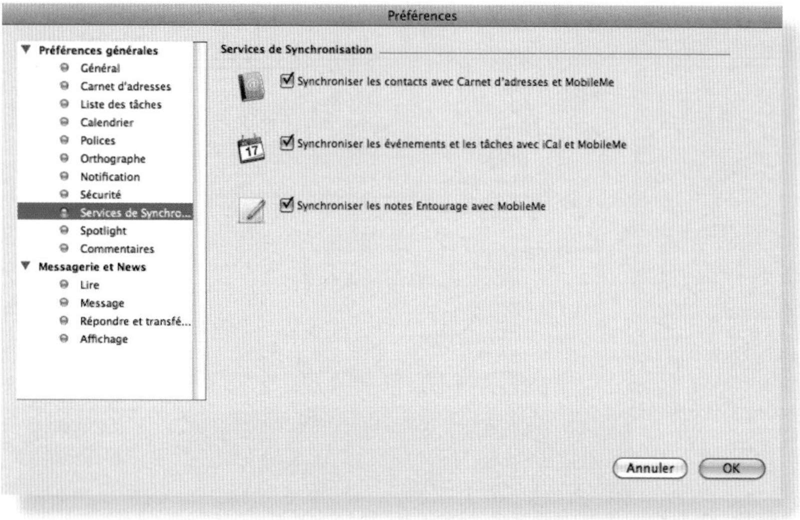

Sur un Mac, l'iPhone se synchronise directement seulement avec Carnet d'adresses et iCal de Mac OS X ainsi qu'avec le Carnet d'adresses en ligne de Yahoo!. Toutefois, vous pouvez continuer d'utiliser Microsoft Entourage comme gestionnaire d'informations personnelles. Vous devez toutefois utiliser les versions d'Entourage livrées avec Office 2004 ou Office 2008, toutes deux prennent en charge les services de synchronisation de Mac OS X. Pour configurer cela, démarrez Entourage, puis choisissez Préférences dans le menu Entourage et, dans la boîte de dialogue qui s'affiche, cliquez sur Services de synchronisation. Activez la synchronisation avec le Carnet d'adresses et iCal. Il vous est demandé de préciser ce que vous souhaitez faire pour la première synchronisation. Si vous n'avez rien dans le Carnet d'adresses et dans iCal, vous pouvez demander à Entourage de remplacer les informations contenues dans ces deux programmes. Tous les contacts sont transférés et un nouveau calendrier « Entourage » apparaît dans iCal. Gardez à l'esprit que la synchronisation peut demander plusieurs minutes si elle met en jeu de nombreuses informations. Ensuite, la synchronisation continue en arrière-plan et, chaque fois que vous apportez des modifications dans l'une des applications, elles sont reportées dans l'autre. Maintenant, vous pouvez synchroniser votre iPhone avec le Carnet d'adresses et iCal parce que ces derniers contiennent les informations d'Entourage.

Effacer totalement l'iPhone

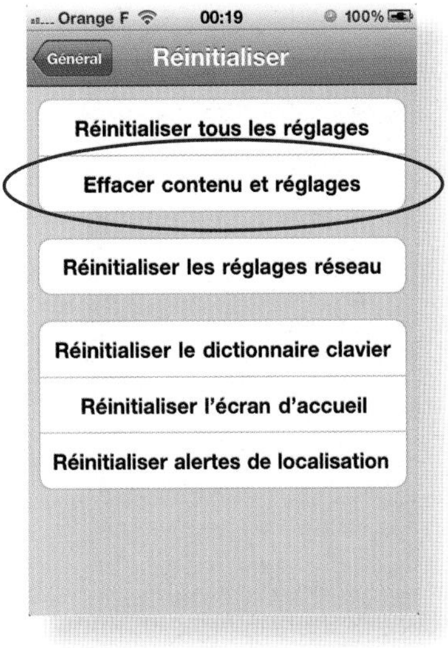

Si vous souhaitez recommencer à zéro avec votre iPhone et le retrouver tel qu'à la sortie d'usine, touchez Réglages sur l'écran d'accueil, puis touchez Général. Vous voyez un bouton Réinitialiser au bas de l'écran Général qui vous conduit à un écran proposant les boutons Réinitialiser tous les réglages, Effacer contenu et réglages, Réinitialiser les réglages réseau, Réinitialiser le dictionnaire clavier, Réinitialiser l'écran d'accueil et Réinitialiser les alertes de localisation. Vous choisissez l'un des deux premiers boutons. Le premier (Réinitialiser tous les réglages) réinitialise tous les réglages et toutes les préférences mais laisse les données dans l'iPhone (contact, musique, etc.). Le deuxième (Effacer contenu et réglages) est celui que vous utilisez pour restaurer l'iPhone comme en sortie d'usine et supprimer tout ce qu'il contient.

Impossible d'émettre un appel

Pour pouvoir émettre un appel téléphonique, votre iPhone doit être actif et à portée d'un réseau de téléphone mobile. Le nom de l'opérateur doit être affiché dans l'angle supérieur gauche à côté de la jauge de qualité de signal. Si vous êtes en itinérance, donc sur un autre réseau, son nom doit être affiché. S'il n'y a pas de nom de réseau ou si vous voyez une mention d'absence de service, vous ne pouvez pas appeler tant que vous n'êtes pas revenu à portée de réseau. Si vous êtes en dehors des zones couvertes par votre opérateur, vérifiez que vous disposez de l'option International. Contactez votre opérateur à ce sujet. Vérifiez enfin que vous n'êtes pas en mode Avion. C'est le cas si vous voyez une petite icône d'avion dans l'angle supérieur gauche de l'écran. Dans ce cas, vous ne pouvez ni émettre ni recevoir d'appel. Rebasculez en mode Normal en accédant aux Réglages.

iAstuce : votre iPhone et les interférences

Vous utilisez probablement d'autres appareils sans fil chez vous ou à votre bureau (téléphone d'intérieur sans fil, haut-parleur, équipement d'enregistrement audio/vidéo, etc.). L'émetteur de l'iPhone peut générer des interférences audio. Pour les supprimer, basculez le téléphone en mode Avion (dans le menu Réglages). Bien sûr, vous ne pouvez ni émettre ni recevoir d'appel dans ce mode (ni accéder à Internet).

Lors de la synchronisation les nouvelles applications disparaissent

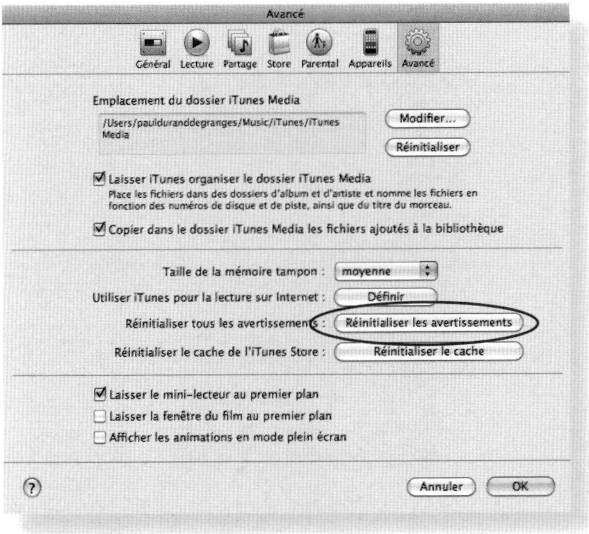

Si vous avez acheté/téléchargé une application directement sur votre iPhone et que vous notiez que, parfois, lors de la synchronisation, l'application disparaît de votre iPhone, vous avez peut-être indiqué accidentellement à iTunes de faire cela. La première fois que vous synchronisez et qu'iTunes trouve sur votre iPhone des achats qui ne se trouvent pas dans la bibliothèque iTunes, une boîte de dialogue s'affiche et vous demande si vous souhaitez transférer ces achats sur votre ordinateur (cela vaut aussi pour les applications). Si vous cliquez sur Non et, plus important, activez l'option indiquant de ne plus vous avertir, iTunes ne transférera pas les nouveaux éléments. Comme la synchronisation crée un miroir de ce qui se trouve dans iTunes, les applications doivent être supprimées. Vous pouvez réinitialiser cette mise en garde (et toutes les autres) dans les préférences iTunes. Dans l'onglet Avancé, cliquez sur le bouton Réinitialiser les avertissements. Lors de la prochaine synchronisation, vous devrez indiquer si vous souhaitez transférer les achats. Cette fois-ci, cliquez sur Oui.

Quand une application se bloque

Les applications n'ont pas toutes bénéficié du même effort de mise au point, et vous risquez de temps à autre de vivre un blocage de programme. Il est bon de savoir que le système d'exploitation de l'iPhone (iOS) est basé sur Mac OS X, un système très stable. Même lorsqu'une application se bloque (se plante), cela n'a normalement aucun impact sur le fonctionnement général de l'iPhone. Vous revenez simplement à l'écran d'accueil. Mais, parfois, l'application semble ne plus répondre et bloque tout l'appareil. Vous pouvez dans ce cas la forcer à quitter manuellement. Il suffit d'appuyer et de maintenir l'appui sur le bouton Marche/Veille de la tranche supérieure de l'iPhone jusqu'à voir apparaître un bouton rouge avec la mention « Éteindre ». Cliquez alors et maintenez l'appui sur le bouton Accueil sous l'écran pendant au moins 6 secondes. Vous devriez revenir à l'écran d'accueil.

Quitter une application manuellement

Si vous avez une application qui n'est pas bloquée mais qui ne semble pas fonctionner correctement, ou si vous souhaitez redémarrer une application, vous devez quitter manuellement cette application. Double-cliquez sur le bouton Accueil pour afficher la barre multitâche. Faites défiler la barre (en balayant sur les côtés) pour afficher l'application concernée. Touchez-la et restez appuyé comme lorsque vous organisez les icônes de l'écran d'accueil. Toutes les applications de la barre multitâche s'agitent et un bouton avec un signe moins (–) s'affiche dans le coin supérieur gauche de chacune d'elles. Touchez le bouton de l'application que vous souhaitez quitter. Vous pouvez appuyer sur le bouton Accueil puis, si vous le souhaitez, relancer l'application.

Faire une sauvegarde et une restauration

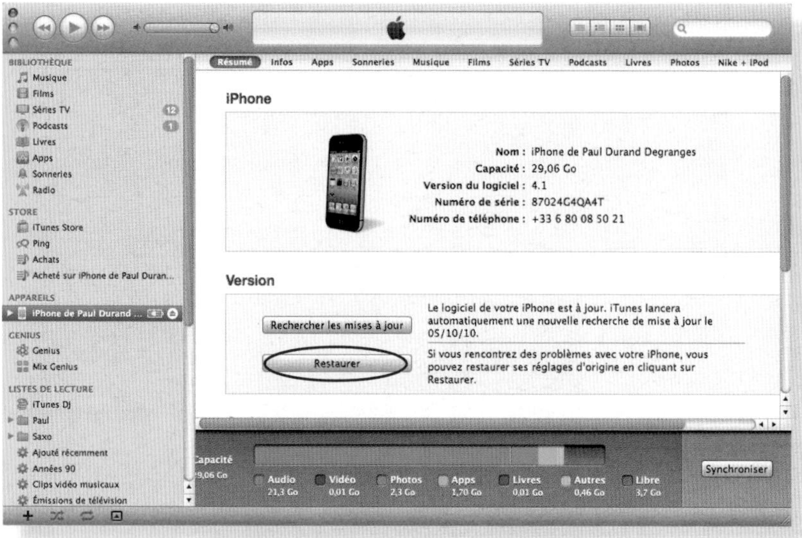

Si votre iPhone semble fonctionner de manière étrange, vous pouvez envisager de restaurer son système. Avant tout, effectuez une synchronisation de l'iPhone pour que les données qu'il contient puissent être restaurées. Une fois cela fait, laissez l'iPhone connecté à l'ordinateur et accédez à la page de préférences de votre iPhone nommée Résumé puis cliquez sur le bouton Restaurer. L'opération réinstalle le logiciel système de l'iPhone puis restaure toutes les données depuis la sauvegarde. Notez que l'ensemble du processus peut durer quasiment une demi-heure. Organisez-vous pour ne pas avoir besoin de votre téléphone pendant ce temps.

Illustrations d'album manquantes

Vous récupérez les pochettes des albums de la grande majorité des morceaux de votre bibliothèque iTunes directement dans le logiciel. Il suffit d'ouvrir le menu Avancé et de choisir Obtenir les illustrations d'albums. Si vous constatez que quelques morceaux ne sont pas dotés d'une illustration dans iTunes ou sur votre iPhone, utilisez la technique suivante. Dans iTunes, sélectionnez les pistes sans illustration puis Ctr-cliquez (sous Windows, cliquez-droit) sur l'un d'eux pour choisir la commande Effacer les illustrations téléchargées. Ctrl-cliquez ou cliquez-droit à nouveau pour choisir Obtenir les illustrations d'albums. iTunes va télécharger les images graphiques de toutes les pistes pour lesquelles il trouve une référence dans son catalogue. Lancez ensuite une resynchronisation de votre iPhone.

Astuces pour augmenter l'autonomie de la batterie

L'autonomie de la batterie de votre iPhone dépend de votre manière d'utiliser l'appareil. Toutes les astuces qui suivent vous seront bénéfiques. Plus vous les exploiterez, plus vous augmenterez l'autonomie entre deux recharges.

Ne laissez pas votre iPhone au soleil. C'est le plus important pour conserver l'autonomie. La chaleur est ce qui affecte le plus la batterie, évitez de laisser votre téléphone à la chaleur, comme dans la boîte à gants d'une voiture.

Réduisez la luminosité de l'écran. Il s'agit d'un des plus gros consommateurs d'énergie, en réduisant la luminosité vous réduisez la consommation. Pour effectuer ce réglage, accédez aux Réglages puis à Luminosité.

Désactivez le WiFi et le Bluetooth dès que vous n'en avez plus besoin. Lorsque vous êtes dans un endroit où il n'y a pas de WiFi ou si vous passez d'un hot spot à un autre, il n'y a aucune raison à chercher sans cesse un réseau. Désactivez le WiFi dans les Réglages. De même, si vous n'utilisez pas d'oreillette Bluetooth, désactivez-le. Notez que la recharge de l'iPhone est plus rapide lorsque ces deux fonctions sont désactivées.

Laissez la batterie se vider complètement. Comme tous les appareils électroniques fonctionnant avec un accumulateur rechargeable, il est toujours conseillé de laisser la batterie se vider complètement de temps à autre. Considérez l'opération comme une sorte d'exorcisme qui prolonge la vie de la batterie.

Autres astuces concernant la batterie

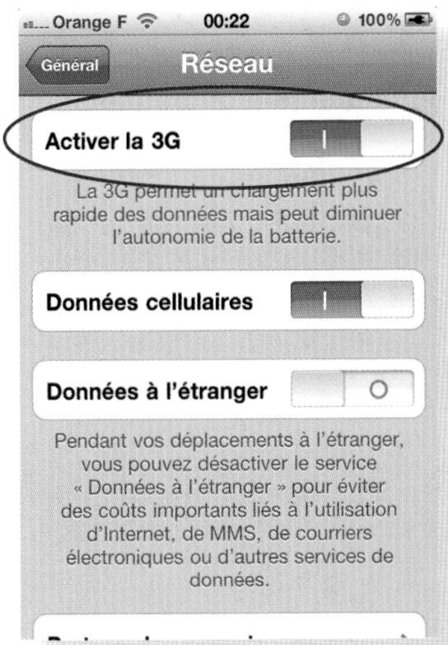

Voici quelques autres astuces permettant d'économiser sa batterie. Dès que vous n'avez pas besoin de naviguer sur le Web, désactivez le mode 3G pour réduire la consommation. Depuis l'écran principal, touchez Réglages puis Général. Touchez alors Réseau puis désactivez l'option Activer la 3G. Si vous avez activé le mode Push (les messages, événements et contacts sont automatiquement transférés), vous pouvez désactiver ce mode. Vos données seront mises à jour périodiquement et non quasiment en permanence. J'ai remarqué que le fait de neutraliser le mode Push améliorait fortement l'autonomie de mon iPhone 3GS. Depuis l'écran d'accueil, touchez Réglages puis Mail, Contacts, Calendriers puis Nouvelles données. Désactivez l'option Push. Enfin, si vous n'avez pas besoin des services GPS (pour les itinéraires et les photos), désactivez l'option Service de localisation dans les réglages de la catégorie Général.

iPhone non détecté dans iTunes

Vous devez disposer de la version iTunes 10 au minimum pour pouvoir synchroniser votre iPhone avec iTunes. Sur Mac, il faut que le système soit Mac OS X Tiger (version 10.4.11 ou ultérieure ou version 10.5.8 ou ultérieure si vous voulez synchroniser Notes ou vous servir de votre iPhone comme modem). Il faut qu'il reste assez de charge dans la batterie pour que l'iPhone puisse être détecté. Si elle est totalement déchargée, laissez l'appareil se recharger au moins 10 minutes avant de tenter une nouvelle synchronisation avec iTunes. Si cela ne marche pas, connectez votre iPhone à un autre port USB 2. Si vous utilisez un concentrateur USB (hub), vérifiez si le problème ne se résout pas en vous branchant directement sur un port de l'ordinateur. Déconnectez en outre les autres périphériques USB. Si cela ne marche toujours pas, éteignez puis rallumez votre iPhone avant de tenter une nouvelle connexion. Enfin, essayez de réinstaller iTunes afin de vous assurer qu'il possède les éléments nécessaires pour détecter les périphériques mobiles.

Carte SIM non détectée dans l'iPhone

iPhone 4 *iPhone 3GS*

Votre iPhone est un téléphone mobile GSM. Il fonctionne donc avec une carte SIM. Si cette carte n'est pas reconnue par l'iPhone, essayez d'abord de l'extraire puis de la remettre en place. Pour l'extraction, utilisez la pointe d'un trombone (ou utilisez le petit outil livré avec votre iPhone 3G/3GS, il est fixé à l'écrin contenant le petit guide). Insérez la pointe dans le trou de l'emplacement de la carte et appuyez jusqu'à ce que le tiroir de la carte SIM surgisse. Vérifiez que la carte est propre avant de la réinsérer. Le tiroir de la carte SIM se trouve sur le côté de l'iPhone 4 et sur la partie supérieure sur l'iPhone 3GS. Notez que l'iPhone 4 utilise une carte Micro SIM ; celle-ci ne peut pas s'insérer dans un connecteur SIM standard sans utiliser d'adaptateur. Si vous avez besoin d'un tel adaptateur, vous pourrez en trouver sur des sites tels qu'Amazon.

iAstuce : enlever la carte SIM avant tout envoi au SAV

Si vous devez renvoyer votre iPhone pour réparation, pensez à retirer la carte SIM. Vous pouvez l'insérer dans un autre téléphone GSM (cela vous permet de continuer à communiquer pendant la durée de la réparation. Comme indiqué précédemment, si vous possédez un iPhone 4 vous pouvez avoir besoin d'un adaptateur). D'ailleurs, Apple vous demande instamment d'enlever la carte SIM avant d'expédier l'appareil pour réparation.

De l'importance des mises à jour

Bien qu'il soit maintenant possible de synchroniser la messagerie électronique, les contacts et les calendriers par liaison sans fil avec MobileMe et/ou Microsoft Exchange, il reste utile de connecter de temps à autre votre iPhone physiquement à un port USB de votre Mac ou de votre PC pour lancer une synchronisation. Cela vous permet d'une part de réaliser une sauvegarde des données et des réglages de votre iPhone et d'autre part d'être averti lorsqu'une mise à jour du logiciel de l'iPhone est disponible chez Apple. Ce genre de mise à jour apporte souvent des correctifs de sécurité très importants ainsi que des optimisations permettant d'améliorer les performances de l'iPhone.

Problèmes de synchronisation iCal & Carnet d'adresses sur Mac

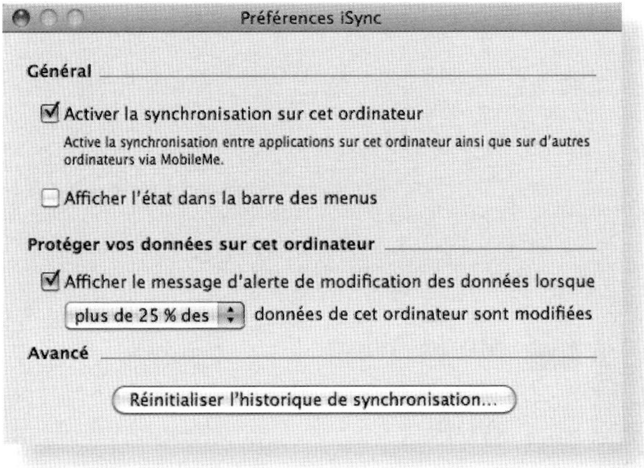

Sous Mac OS X, votre iPhone se synchronise automatiquement avec le contenu de votre Carnet d'adresses et avec les événements d'iCal. Si vous constatez que la synchronisation semble se bloquer, patientez encore un peu puis prenez la décision de réinitialiser l'historique de synchronisation dans iSync. Je vous conseille fortement de réaliser au préalable une sauvegarde de votre Carnet d'adresses et de vos fichiers iCal. Pour le Carnet d'adresses, ouvrez l'application, ouvrez le menu Fichier puis le sous-menu Exporter et choisissez Sauvegarder le carnet d'adresses. Cette sauvegarde complète vous permettra de restaurer tous vos contacts. Lancez ensuite le programme iCal et choisissez dans le menu Fichier la commande Sauvegarder la base de données. Une fois les deux applications sauvegardées (vous pouvez également utiliser un disque Time Machine), lancez iSync depuis votre dossier Applications. Dans le menu iSync, choisissez Préférences puis Réinitialiser l'historique de synchronisation. Toutes les données des services de synchronisation de votre Mac seront ainsi remises à zéro. Vous pouvez ensuite refaire un essai de synchronisation de l'iPhone. Les contacts et le calendrier doivent correctement se synchroniser.

Mode Avion
Wi-Fi
désactivé
Notifications
oui

13

Setting Me Off

Tout sur les réglages de votre iPhone

Ce n'est pas sans crainte que j'ai envisagé d'intituler ce chapitre « Setting Me Off » (N.d.T. : « Je vais exploser »). Je trouvais le titre trop agressif pour un chapitre qui aborde des sujets ne portant nullement à controverse : les paramètres d'un téléphone portable. Mais, en faisant une petite recherche dans le magasin iTunes Store, j'ai découvert qu'un groupe avait enregistré un morceau portant ce nom, le groupe Speed\Kill/Hate (sur son album Acts of Insanity). Je me sentais immédiatement mieux. Mais c'est alors que je remarquai que ce morceau était agrémenté dans l'iTunes Store d'une étiquette Explicite (servant à avertir les parents que les paroles de la chanson ne sont pas destinées aux enfants. À vrai dire, je suis certain que, lorsqu'un adolescent voit ce label à côté d'une chanson, il pense que cela signifie que c'est justement pour lui). Ayant vu la mise en garde, j'ai agi en adulte responsable : j'ai double-cliqué pour lire la préécoute de 30 secondes. C'était du heavy metal. Pour être honnête, je dois avouer que je commence à prendre de la bouteille parce que je n'ai pas réussi à comprendre un seul mot. Le type aurait pu lire un script de la série TV des Sopranos contenant chacun des termes sur quatre lettres de la marine marchande que je n'aurais pas pu le vérifier. Fort heureusement, mon fils avait un lecteur de CD (du style de ceux utilisés par les DJ) qui permettait de ralentir la vitesse de lecture. J'ai ainsi pu discerner le début des paroles de ce fameux Setting Me Off : « Don't go changin'…to try and please me. You never let me down before… oooh, oooh, oooh…oooh, oooooh. » J'étais donc rassuré.

Utiliser votre iPhone en avion

Une majorité de compagnies aériennes demandent de n'utiliser aucun appareil émettant des ondes pendant les vols. En revanche, vous pouvez continuer à utiliser les autres fonctions de l'appareil, et c'est pourquoi Apple propose le mode Avion. Dans ce mode, tous les émetteurs-récepteurs sont coupés (téléphone, WiFi, Bluetooth et GPS). Pour activer ce mode, touchez Réglages depuis l'écran d'accueil puis touchez l'option Mode Avion en haut. Lorsque vous êtes en mode Avion, vous voyez une petite icône d'avion dans l'angle supérieur gauche de l'écran principal à la place du nom de l'opérateur. Dès que vous atterrissez, sortez du mode Avion en touchant à nouveau la même commande dans l'écran Réglages.

iAstuce : autres emplois du mode Avion

Le mode Avion a été conçu pour les voyages aériens, mais il peut vous servir dans d'autres situations. Votre iPhone peut par exemple être la cause d'interférences s'il est proche d'une sonorisation ou d'un appareil d'enregistrement. Si vous entendez un grésillement dans une source audio proche, il est peut-être généré par l'iPhone. Vous remédiez au problème en basculant en mode Avion.

Connexion à un réseau WiFi

Depuis l'écran d'accueil, touchez Réglages puis WiFi. Vous disposez dans cet écran d'un interrupteur pour activer ou désactiver le WiFi. Tous les réseaux sans fil détectés par l'iPhone sont présentés. Lorsqu'un nom de réseau comprend un petit cadenas, c'est que l'accès à ce réseau est sécurisé par un mot de passe (l'iPhone gère le WEP et le WPA). Dans ce cas, le mot de passe vous est demandé pour vous connecter. Lorsque vous savez qu'un réseau est proche mais qu'il ne diffuse pas son nom, touchez la commande Autre pour saisir ce nom puis choisir le type de sécurité qui le protège et saisir le code approprié en lettres ou en hexadécimal. Vous disposez enfin d'un bouton Confirmer l'accès qui mérite une explication. Lorsque vous êtes en zone urbaine, vous risquez de détecter de nombreux réseaux WiFi. Si vous avez besoin d'échanger des données, votre iPhone va vous demander de vous connecter à un des réseaux WiFi qu'il a détectés, en remplacement du réseau cellulaire 3G ou EDGE. Si vous êtes gêné par ces questions incessantes, vous pouvez désactiver la confirmation. Vous devrez alors opérer manuellement pour rechercher des réseaux auxquels vous connecter.

Contrôler l'utilisation de l'iPhone

L'écran de réglages Utilisation propose une synthèse de l'utilisation de l'appareil (depuis l'écran d'accueil, touchez Réglages puis Général puis Utilisation). Vous pouvez activer par la première option l'affichage du pourcentage d'autonomie restant à côté de l'icône de la batterie en haut de l'écran principal. L'écran des utilisations indique le nombre d'heures et de minutes d'utilisation en communication et en veille depuis la dernière charge. Vous pouvez ainsi évaluer la consommation de la batterie. Vous disposez également de statistiques concernant la durée des appels et le volume de données échangées. Pour remettre ces valeurs à zéro, faites défiler jusqu'en bas de l'écran pour toucher le bouton Réinitialiser les statistiques. Notez que cela ne remet pas à zéro la Durée d'appels totale ni la durée d'utilisation de la batterie.

Choisir et gérer la sonnerie

L'écran Sons (depuis l'écran d'accueil, touchez Réglages puis Sons) permet de personnaliser les différents sons d'alerte de votre iPhone. Vous pouvez activer le Vibreur (il est actif par défaut dans les deux modes Sonnerie et Silencieux. Voilà pourquoi votre téléphone vibre même si vous avez basculé l'interrupteur de la tranche gauche sur Silencieux). Vous pouvez modifier le réglage du Vibreur indépendamment pour le mode Silencieux et pour le mode Sonnerie. Vous réglez également le volume de la Sonnerie grâce au curseur et vous pouvez choisir votre sonnerie par défaut. Si celle de départ est réglée sur Marimba, vous disposez de vingt-cinq sonneries d'usine et de toutes celles que vous avez téléchargées. Cette sonnerie sera utilisée pour tous les appels entrants, sauf ceux provenant des contacts pour lesquels vous avez personnalisé la sonnerie. Par ailleurs, votre iPhone émet un son à chaque réception d'un nouveau courrier électronique, d'un SMS, d'un événement de calendrier ou d'un message vocal. Il émet également un son lorsque vous envoyez un message, lorsque vous utilisez le clavier ou que vous verrouillez l'iPhone. Tous ces sons peuvent être modifiés individuellement. En ce qui me concerne, j'aime laisser mon téléphone allumé la nuit quand je suis en déplacement afin de pouvoir recevoir des appels d'urgence de chez moi. En revanche, je ne veux pas être interrompu par la messagerie. Je désactive donc totalement les sons pour Nouveau message et Nouveau courrier avant de me coucher. Je ne risque ainsi d'être réveillé que par des appels téléphoniques.

Gérer les services de localisation

Il existe de nombreuses applications qui tirent profit des informations du service de localisation. Avec iOS 4, vous pouvez indiquer si une application peut ou non accéder au service de localisation. Par exemple, si vous souhaitez trouver le restaurant le plus proche mais que vous ne vouliez pas que les photos que vous prenez chez vous permettent de vous géolocaliser, pas de problème, à partir de l'écran d'accueil touchez Réglages, puis Général et Service de localisation. Activez ou désactivez les services que vous souhaitez.

iAstuce : désactiver le service de localisation pour économiser la batterie

Le service de localisation est formidable ; toutefois, il vide rapidement votre batterie. Si vous n'utilisez pas d'application qui tire profit de la géolocalisation, désactivez totalement le service de localisation (en haut de l'écran, Service de localisation) pour économiser la batterie.

Ajuster la luminosité

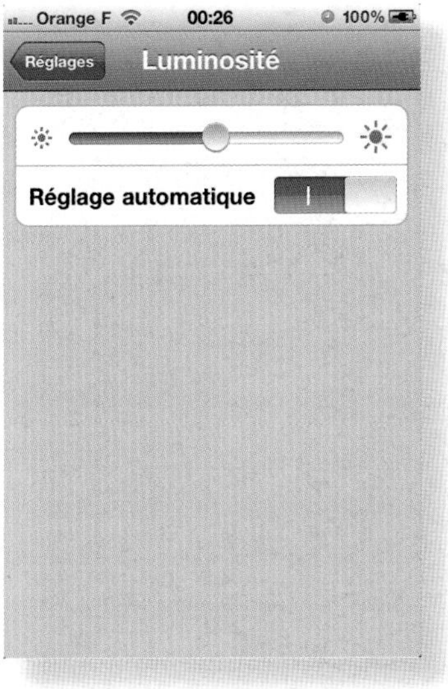

L'écran de votre iPhone est assez lumineux, mais il se règle automatiquement en fonction des conditions extérieures pour économiser la batterie. Vous pouvez régler manuellement la luminosité grâce au bouton Luminosité de l'écran Réglages. Déplacez le curseur vers la gauche pour réduire la luminosité. Vous pouvez même désactiver le Réglage automatique au moyen de l'interrupteur.

Personnaliser votre fond d'écran

TERRY WHITE

Au départ, lorsque vous allumez votre iPhone ou que vous le sortez du mode Veille, il affiche des gouttes d'eau sur un fond gris. Pour changer ce fond d'écran, touchez le bouton Fond d'écran dans l'écran Réglages. Vous pouvez choisir parmi les photos proposées par Apple ou utiliser une de vos propres photos, prises avec l'appareil de l'iPhone ou transférées depuis l'ordinateur. Sélectionnez la photo et touchez-la. Vous pouvez alors la retailler avec deux doigts et la repositionner avant de toucher le bouton Définir. Ensuite, vous indiquez si le fond d'écran s'applique à l'écran verrouillé, à l'écran de veille ou aux deux. Cela signifie que vous pouvez utiliser deux fonds d'écran différents : un pour l'écran verrouillé et un pour l'écran de veille.

Réglages généraux de votre iPhone

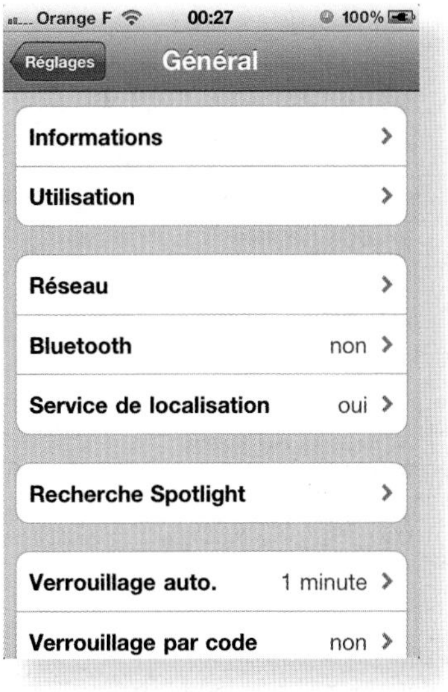

Dans la catégorie Général des Réglages, l'option Informations vous donne accès à de nombreuses informations techniques concernant votre iPhone. Vous y trouverez le nombre de morceaux, de vidéos et de photos, la quantité de mémoire disponible, le numéro de série de l'iPhone, la version du logiciel et du firmware, les adresses Mac pour les circuits WiFi et Bluetooth. En revenant dans la catégorie Général, vous disposez d'un bouton Bluetooth pour activer ou désactiver ce système. La partie Clavier sert notamment à activer le Verrouillage des majuscules. C'est également ici que vous pouvez définir un code sur quatre chiffres pour verrouiller votre iPhone. Ceux qui ont besoin de configurer un réseau privé virtuel VPN pour se connecter au réseau de leur entreprise utiliseront la partie Réseau (vous devez obtenir les paramètres VPN auprès de votre service informatique). Vous pouvez enfin définir des Restrictions d'accès *via* la catégorie du même nom au cas où l'appareil doive être utilisé par un adolescent (le Chapitre 8 explique en détail les réglages des restrictions).

Gérer les notifications Push

L'une des excellentes fonctionnalités d'iOS 4 s'appelle la notification Push. C'est ce système qui permet à une application de vous avertir d'une modification sans qu'elle fonctionne en arrière-plan. Par exemple, une application telle que RTL (de la radio éponyme) peut afficher un message dès qu'il y a une information importante. L'application Facebook peut vous avertir qu'une personne a laissé un commentaire sur votre photo, l'application TextNow peut vous indiquer que vous avez reçu un nouveau message, et ainsi de suite. Vous indiquez si vous souhaitez un son, une pastille et une alerte (n'importe quelle combinaison). Bien entendu, des alertes provenant de plusieurs applications produisent de nombreuses interruptions. Par chance, vous pouvez configurer la manière dont les applications envoient des notifications (à partir de l'écran d'accueil, touchez Réglages, puis Notifications). Par exemple, si une personne envoie un message sur mon mur Facebook, ce n'est pas une urgence et cela peut attendre. Je ne souhaite pas entendre de sonnerie chaque fois que cela se produit. Si je désactive l'alerte, je conserve uniquement le badge sur l'icône de Facebook, ce qui me permet de connaître le nombre d'alertes que j'ai ratées. Vous pouvez activer/désactiver chaque type de notification pour la plupart des applications.

Configurer la recherche avec Spotlight

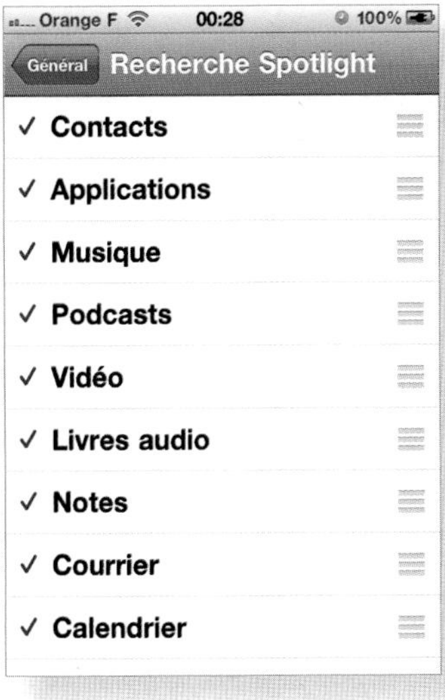

Avec iOS 4, vous avez la possibilité de contrôler les résultats de recherche obtenus avec la recherche globale Spotlight. À partir de l'écran d'accueil, touchez Réglages, Général puis Recherche Spotlight. Vous pouvez non seulement cocher ou décocher les catégories à utiliser pour les recherches mais, plus important, organiser l'ordre des catégories pour attribuer une priorité dans les résultats de recherche (touchez le bouton avec les trois barres en regard d'une option pour la déplacer). Par exemple, j'utilise rarement Spotlight pour rechercher de la musique et je ne veux pas que des résultats de ce type s'affichent en premier. J'ai déplacé Musique, Podcast, Vidéo et Livre audio au bas de la liste (si je recherche Janet, c'est certainement un contact nommé Janet et non pas Janet Jackson).

Régler le fuseau horaire

Si vous changez souvent de fuseau horaire, vous devez choisir comment votre iPhone va gérer les heures utilisées pour les événements du calendrier. Supposons par exemple que vous ayez un rendez-vous à midi pile à Bucarest. Lorsque vous êtes à Paris (une heure de moins), voulez-vous que l'événement indique 12:00 ou 11:00 ? Si vous laissez l'option Heure locale inactive, l'heure de l'événement sera automatiquement ajustée au fuseau horaire dans lequel vous êtes. Dans ce cas, le rendez-vous sera donc indiqué comme étant à 11 heures. Pour l'afficher en heure locale quel que soit l'endroit où vous vous trouvez, activez Heure locale. Depuis l'écran d'accueil, touchez Réglages puis Mail, Contacts, Calendriers et faites défiler la section Calendrier jusqu'à l'option Heure locale. Par défaut, l'option Fuseau horaire est active. Touchez cette mention puis saisissez votre lieu de résidence. Si vous n'êtes pas dans une grande ville, vous ne la trouverez pas dans la liste. Choisissez la grande ville la plus proche dans le même fuseau horaire.

Réglages de Mail, Contacts et Calendriers

La section Mail, Contacts, Calendriers des Réglages permet d'afficher, de modifier et d'ajouter des comptes de messagerie. Vous y trouverez plusieurs options pour personnaliser la manière de gérer vos comptes de messagerie, vos contacts et vos calendriers. Au départ, votre iPhone affiche les 50 derniers messages, mais vous pouvez choisir d'en afficher 25, 75, 100 ou 200. Il affiche par ailleurs les deux premières lignes des messages entrants dans la liste (vous pouvez changer la valeur entre zéro et cinq). C'est également ici que vous pouvez décider de la taille des caractères, ce qui peut être utile si vous avez du mal à lire sur le petit écran de l'iPhone. L'option Vignettes À/Cc ajoute la mention À ou Cc à gauche de votre nom pour que vous sachiez si vous êtes le destinataire principal de chaque message. Lorsque vous supprimez un message sur l'iPhone, l'opération est immédiate mais vous pouvez demander l'affichage d'une confirmation grâce à l'option Confirmer suppression et empêcher le chargement automatique des images grâce à l'option Charger les images. Vous pouvez demander de recevoir systématiquement une copie des messages que vous émettez grâce à l'option M'ajouter en Cci. Le bouton Signature sert à modifier le message qui est ajouté systématiquement à la fin de chaque message (du style « Envoyé depuis mon iPhone »). Vous pouvez enfin contrôler l'affichage et le tri des contacts, et importer les contacts se trouvant sur la carte SIM si elle provient d'un autre téléphone. Concernant le calendrier, enfin, vous pouvez définir des alertes et la profondeur temporelle de synchronisation des événements passés (nombre de jours en arrière pris en compte pour rechercher les anciens événements).

Réglages de la partie téléphone

Dans l'écran des réglages Téléphone se trouve une section intitulée Appels dans laquelle vous pouvez activer le Renvoi d'appel pour que les appels entrants soient réacheminés vers un autre numéro. L'option Signal d'appel peut être désactivée pour qu'un appel entrant alors que vous êtes en ligne soit immédiatement envoyé dans la boîte vocale. Vous pouvez également désactiver l'affichage de votre numéro, mais sachez que de plus en plus de personnes refusent les appels secrets. Certaines versions de l'iPhone proposent l'option TTY (Teletypewriter), destinée aux malentendants (Apple vend un adaptateur de téléscripteur permettant de se connecter à l'iPhone depuis une telle machine). L'option suivante sert à modifier le code d'accès à votre boîte vocale. Dans le bas de l'écran, vous trouvez des options pour activer le PIN de la carte SIM afin de protéger la carte et pour accéder aux services de votre opérateur.

Réglages du navigateur web Safari

L'écran de réglages Safari est celui dans lequel vous pouvez changer de moteur de recherche par défaut, par exemple en choisissant Yahoo! plutôt que Google. Par défaut, les options JavaScript, Modules externes et Bloquer les pop-up sont actives et Safari est paramétré pour accepter les cookies des seuls sites visités. C'est le réglage le plus usité en dehors du mode Jamais. Vous stockez vos informations de connexion ou vos habitudes par rapport à un site dans un cookie du navigateur de l'iPhone (les cookies accélèrent votre navigation en évitant aux sites que vous visitez de devoir sans cesse rétablir une connexion). Cet écran permet en outre d'effacer vos traces grâce aux options Effacer les cookies et Vider le cache. Vous pouvez activer l'option Autoremplissage pour pouvoir toucher directement le bouton de même nom lorsque vous visitez un site qui vous demande de saisir un mot de passe ou une donnée spécifique. Ces informations sont ainsi insérées automatiquement.

Réglages de l'iPod

La section iPod des réglages propose quatre options. La première permet d'activer le changement aléatoire de morceau en secouant l'appareil. La deuxième s'appelle Égaliseur de volume (c'est en fait un lisseur). Elle demande au baladeur iPod de tenter d'harmoniser les niveaux sonores des différents morceaux. En effet, il vous arrivera sans doute parfois de devoir régler le volume parce qu'un morceau est plus fort ou moins fort que le précédent. Cette option réduit ces écarts. La troisième option concerne l'Égaliseur qui sert à régler la coloration du son en terme de graves, de médiums et d'aigus. Choisissez un réglage pour chacun des morceaux de votre iPod, Rock pour vos morceaux de rock, R&B pour les morceaux de rythm and blues, jazz pour les morceaux de jazz, etc. Vous pouvez aussi définir un réglage par défaut pour tous les morceaux qui n'ont pas reçu de réglage spécifique. Choisissez un réglage convenant à la plupart de vos morceaux. La dernière option sert à définir un Volume maximum. Vous pouvez même définir un code numérique sur quatre chiffres pour que ce volume maximum ne puisse pas être modifié par exemple par un adolescent. La section Vidéo permet de choisir de reprendre la lecture d'une vidéo au début ou à l'endroit où vous en étiez et d'afficher ou non les sous-titres codés.

Réglages des diaporamas photo

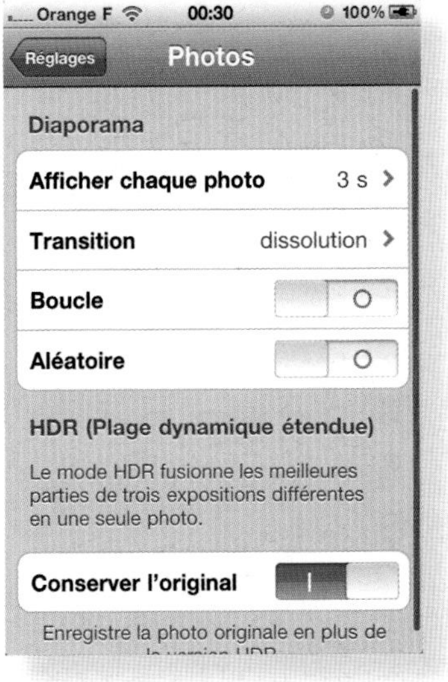

Vous disposez de quatre options pour l'application Photos. La première sert à choisir la durée d'affichage de chaque photo pendant un diaporama. Vous pouvez régler le délai entre 2 et 20 secondes (3 secondes par défaut). L'option suivante permet de décider du mode de Transition (entre deux photos). Les choix sont Cube, Dissolution (par défaut), Vague, Balayage horizontal et Balayage vertical. La troisième option, Boucle, inactive par défaut, permet de relancer le diaporama depuis le début ou pas. Enfin, l'option Aléatoire (inactive par défaut) fait afficher les images dans un ordre pris au hasard.

Réglages des applications téléchargées

Si vous avez téléchargé des applications sur votre iPhone, il est possible que leurs concepteurs aient prévu certains réglages. Les applications correspondantes sont présentées tout en bas de la liste de l'écran principal Réglages. Touchez le nom de l'application désirée pour accéder à ses paramètres. Lorsque vous supprimez l'application, les réglages correspondants disparaissent aussi.

Réglages du magasin iTunes Store

Depuis l'écran d'accueil, vous touchez Réglages puis Store pour Visualiser le compte iTunes Store. Cela vous permet de connaître le solde courant, les informations de paiement et votre adresse de facturation actuelle. Vous pouvez également décider de vous abonner aux informations et aux offres spéciales iTunes.

Connecter un portable à Internet *via* votre iPhone

Pour permettre à un ordinateur non connecté à Internet (un portable en déplacement) de s'y connecter grâce aux fonctions 3G de votre iPhone, vous devez mettre en place un partage de connexion (*tethering*). (Remarque : si vous effectuez ce partage avec un Mac, il doit disposer de Mac OS X 10.5.8 ou ultérieur.) Votre iPhone peut être connecté *via* Bluetooth ou *via* USB (grâce au câble de synchronisation). Le partage de connexion n'est possible que si vous y avez accès dans votre formule d'abonnement. Sachez que vous supporterez peut-être des coûts spécifiques mensuels. Une fois que vous disposez de l'option Partage de connexion, vous devriez voir le paramètre nommé Configurer le partage de connexion dans l'écran des réglages Réseau (de la catégorie Général). Activez cette option puis connectez l'iPhone à l'ordinateur. Vous voyez apparaître un bandeau bleu dans le haut de l'écran de l'iPhone. Si votre ordinateur portable possède Bluetooth, vous pouvez activer ce mode dans les options du groupe Général. Vous pourrez ensuite vous connecter à Internet n'importe où dans la zone de couverture du réseau 3G, sans même avoir besoin de sortir l'iPhone de votre poche. La technologie Bluetooth fonctionne jusqu'à une distance d'environ 10 mètres.

Index

C

D

E

F

G

H

I

J

K

L

M

N

O - P

R

S

T

Achevé d'imprimer sur les presses
de l'Imprimerie Darantiere à Dijon-Quetigny
en novembre 2010

Dépôt légal : octobre 2010
N° d'impression : 10-1334

Imprimé en France